本书系2015年最高人民检察院
检察理论研究“检察机关柔性执法的理论与实践”课题成果（GJ2015D25）

检察机关柔性司法的理论与实践

以广州市海珠区人民检察院为样本的分析

陈卫东　蔡世葵　陈复军／主编

中国检察出版社

《检察机关柔性司法的理论与实践》

编　委　会

ROUXING SIFA

主编简介

陈卫东 山东蓬莱人。中国人民大学法学院博士生导师，长江学者讲座教授，国务院政府特殊津贴专家，2012年度CCTV中国“法治人物”评选获奖者。现担任中国人民大学诉讼制度与司法改革研究中心主任，中国人民大学律师业务研究所所长，中国人民大学法学院学术委员会主席。同时担任中国刑事诉讼法学研究会常务副会长、中国法学会审判理论研究会副会长、中国检察学研究会副会长、国际刑法学会中国分会副主席，国际证据科学协会理事；受聘担任最高人民检察院专家咨询委员会委员、最高人民法院特约监督员、公安部特邀监督员等；并于北京师范大学、山东大学等多所高等院校担任兼职教授。

在《中国社会科学》、《中国法学》、《法学研究》等学术刊物上发表论文400余篇；出版专著《转型与变革：中国检察的理论与实践》、《反思与建构：刑事证据的中国问题研究》、《程序正义之路》（一、二卷）、《检察监督职能论》、《审判监督程序论》等多部；主编、参编《模范刑事诉讼法典》、《刑事诉讼法学》、《量刑程序改革理论研究》、《公民参与司法研究》、《中欧遏制酷刑机制比较研究》等教材、著作数十部。

蔡世葵　广东潮安人。现任广东省广州市人民检察院党组成员、副检察长，历任广州市芳村区人民检察院、荔湾区人民检察院、海珠区人民检察院党组书记、检察长，广州市第九届、第十届政协委员。曾被评为广州市首届十佳青年检察官、广州市机关十佳青年、广州市十杰青年岗位能手、被最高人民检察院记个人一等功。2016年，被最高人民检察院评为首批“全国检察机关调研骨干人才”。

在《人民检察》、《法治论坛》等学术期刊上发表论文20余篇。2014年以来，作为课题负责人共开展《取保候审适用问题研究》、《规范司法行为研究》等5项课题研究，其中国家级课题1项、省级课题2项、市级课题2项，以扎实的理论研究促进检察工作科学发展。

陈复军　湖南长沙人。现任广州市花都区人民检察院党组书记、检察长，历任广州市海珠区人民检察院党组成员、副检察长，广州市海珠区人民检察院党组副书记、副检察长兼反贪局局长。曾被评为广州市优秀共产党员、广州市先进工作者、广州市优秀公诉人、广州市十佳检察官、广州市检察机关先进个人、第四届广东省十佳公诉人、广东省检察机关专门型人才（公诉业务类）、广东省检察业务专家、第三届全国优秀公诉人。

累计撰写论文30余篇，其中，有20多篇在国家、省、市各级刊物上发表；多篇文章入选广东省法学会检察学研究会年会，被评为优秀论文。

前　言

柔性执法是一种“理性、平和、文明、规范”的执法，强调以人为本，尊重和保障人权，体现人文关怀，是建立在执法观念和执法手段相结合基础上的一种新的执法机制。基于这样的一种执法理念，2011 年，广州市海珠区人民检察院开始实施“执法关爱人”制度，此后，在此基础上进一步扩大执法对象、内容、方式，形成了新的柔性执法制度，要求办案检察官对涉案人员开展人权保障、生活帮助和心理抚慰“三位一体”的人文关怀，即以生活关爱为基础，做犯罪嫌疑人的送炭人；以情法交融为途径，做犯罪嫌疑人的贴心人；以阳光关爱为契机，做犯罪嫌疑人的指路人。

广州市海珠区人民检察院是检察系统的老先进，获得五届“全国先进基层检察院”称号，先后被评为“全国文明单位”、“全国五一劳动奖章”、“全国先进基层党组织”。2014 年 12 月，最高人民检察院党组书记、检察长曹建明同志莅临该院调研时，盛赞该院“不愧是广东检察机关的一面旗帜，不愧是全国检察系统的排头兵”。在广州市海珠区人民检察院众多亮点工作中，职务犯罪案件侦查工作可谓亮点中的“亮点”。该院的职务犯罪案件立案数十余年来一直位于广东省基层检察院的前列，自二十世纪九十年代开始就注重办理大案要案、窝案串案，如该院侦办的原交通部广州海监局原局长金某某受贿案是广东省基层检察院办理的第一个正厅级领导干部受贿案；广东省疾病预防控制中心计划免疫所原所长罗某某受贿案涉案数额近两千万，在当时来看不啻是个天文数字。广州市海珠区人民检察院的反贪队伍被媒体和群众称为是一支“无坚不摧的反贪铁军”。其后，随着法治的不断发展和司法理念的进步，广州市海珠区人民检察院的自侦干警们逐渐意识到，法律也需要温度，人文关怀的感化作用更有利于改造犯罪嫌疑人。一些柔性司法的做法开始被该院的自侦干警们自发地采用，越来越多地应用到自侦办案中，随之，该院职务犯罪案件的办理效果也受到越来越广泛的好评。

对此，广州市海珠区人民检察院的同志们希望把在执法方式上的探索理论化、系统化、制度化，形成可复制、可推广的经验。于是，他们一方面把散落在各个部门的相关做法收集、提炼、整理，形成方案、制度；另一方面，找到上级科研单位——国家检察官学院报告相关做法。国家检察官学院党委书记胡卫列同志看到这个课题后，认为这是来自基层，关于转变司法理念、落实人权保障的重要探索，当即表示会给予大力支持。在国家检察官学院的牵线下，中国人民大学法学院陈卫东教授的研究团队也欣然加入。2014年初春，广州市海珠区人民检察院联合国家检察官学院、中国人民大学诉讼制度司法改革研究中心在北京举行“检察机关柔性司法课题研究”前期论证会。与会专家认为，海珠区人民检察院提出的柔性执法反映了司法人文化倾向，体现了程序公正和人权保障的价值追求，符合当前中国社会向法治社会、人权社会、和谐社会转变的时代特征，有利于进一步提升检察工作的亲和力和公信力，在司法实践中具有极强的导向意义。至此，检察机关柔性司法课题研究正式启动。随后，广州市海珠区人民检察院将该课题申报至最高人民检察院获批。

在研究中，所有的案例和数据都来自于广州市海珠区人民检察院的司法实践。研究方法采用了胡卫列教授推荐的“行动研究法”。即通过对司法实践的总结，形成一种做法或者经验，又用经验做法来指导实践，在实践中不断摸索改进，通过二者的相互促进，逐步形成较为完善的制度和理念，对所有司法行为进行规范和指引。同时，根据实践中出现的新情况新问题，课题研究不断深入，理念和制度也跟着不断地调整和完善，最后形成《广州市海珠区人民检察院改进司法理念与司法办案方式暂行规定》规范性文件。

全书由陈卫东、蔡世葵以及陈复军统稿审定。具体编写分工如下：

第一章：蔡世葵、陈复军、狄　波；

第二章：陈卫东、孔祥承、许静文；

第三章：杨　军、王宏卫、亢晶晶、张瀚文；

第四章：胡　波、刘　婷、程　雷、杜　磊；

第五章：周　良、黄　凡、赵　恒；

第六章：石　川、黄　凡；

第七章：姜　昕、杨　帆、聂友伦；

第八章：孙　麒、亢晶晶；

第九章：狄　波、周　新。

作为国内第一部研究检察机关柔性司法的书籍，我们只是在检察机关柔性司法方面做了初步的探索和尝试，囿于本书作者在人权理论与实践方面的学养，错误和疏漏在所难免。我们愿意通过本书的出版，与同行们交流人权案例分析与教学应用之道，敬希学界和实务部门特别是广大检察官批评指正。

出版之际，谨向对本书付梓出版给予极大关注和支持的国家检察官学院胡卫列书记、中国人民大学法学院陈卫东教授表示诚挚的谢意！也对研究团队国家检察官学院、中国人民大学法学院、广州市海珠区人民检察院有关同志们的辛勤付出表示感谢！中国检察出版社总编辑朱建华先生以及第三编辑室主任李健女士为本书的出版给予了大力支持并付出了辛苦的劳动，谨致谢忱！

蔡世葵

2017年3月8日

目 录

第一章　广州市海珠区人民检察院柔性司法实践概述

科学把握一项新生事物的内涵，考察其产生和发展过程无疑是一条重要途径。对于广州市海珠区人民检察院柔性司法而言，同样如此。为此，我们通过柔性司法的萌芽、柔性司法的提出和柔性司法的发展三个阶段考察海珠区人民检察院柔性司法模式的探索与实践概况。

第一节　广州市海珠区人民检察院柔性司法的萌芽阶段（2009—2011 年）

20 世纪 90 年代以来，海珠区人民检察院就一直处于高速发展阶段，各种荣誉接踵而至，如全国精神文明建设先进单位、全国“五一”劳动奖状、首届全国十佳检察院、全国先进基层检察院、首届全国十佳反渎局等集体荣誉和中国十大杰出检察官、全国优秀侦查员、全国优秀公诉人等个人荣誉。这些荣誉既是对该院工作的肯定，同时也是一种要求继续敢为人先的鞭笞。为此，该院在工作强度不断加码的同时，坚持将管理创新和检察工作创新列入每年工作的重点，以创新突破荣誉的包袱，提升持续发展的能力。

2008 年底，该院要求自侦部门在提高办案效率和案件质量的基础上，加大创新力度，从优化案件效果方面探索，提升侦查工作水平。在此之前，一般认为职务犯罪侦查中检察机关与犯罪嫌疑人处于敌对地位，双方在侦查过程中斗智斗勇，所以类似“舍得一身剐，也要把贪官拉下马”之类的说法长期作为媒体报道的标题。而有关案件效果的内容也多集中在挽回损失、案件的社会影响等方面。2009 年，该院点题要求自侦部门转变思路，着力降低犯罪嫌疑人与检察机关的对抗性，尽量避免办案后犯罪嫌疑人与检察机关产生矛盾。

该院自侦部门在解题这一创新的过程中，也意识到其必要性。随着时代发展，社会法制知识的普及，尤其是人权保障意识快速提高以及司法信息公开向纵深推进，犯罪嫌疑人在庭审阶段翻供的情形逐渐增多。当然，其中一部分因为确实存在这样或那样的问题，而影响了判决，并在社会上引发对侦查机关的诟病，但更多情况下，则是犯罪嫌疑人出于侥幸心理和抵赖动机的翻供。作为职务犯罪而言，一方面，犯罪嫌疑人的供述稳定性对于判决作用重要；另一方面，犯罪嫌疑人在立案前大多身份特殊，且具有一定的影响力，翻供和无罪判决造成的影响更加恶劣。而该院之前在调研过程中发现，职务犯罪无理翻供的主要根源在于犯罪嫌疑人供述后，特别是被羁押后，在封闭的空间内，心理上存在被抛弃的自我认知，且将审讯中的对抗情绪发酵后，产生的赌徒心理。

为此，该院将目光放在了预审阶段，换位思考，从被羁押犯罪嫌疑人的心理需求出发，缓和其对抗性，增加犯罪嫌疑人对侦查人员和侦查工作的心理理解和认同。为增强这种举措的针对性，切实从每个被羁押犯罪嫌疑人心理需求出发，做到以人为本，该院自侦部门明确在职务犯罪案件预审阶段，为每个侦查对象指定一名检察干警专司对侦查对象的心理需求的了解，从人权保障、生活帮助和心理抚慰三个方面对犯罪嫌疑人予以人文关怀。比如，明确遇到被羁押犯罪嫌疑人生日、传统节假日时的慰问，以及帮助犯罪嫌疑人了解诸如其家庭中小孩出生、考学等重大事项，并及时传达家属问候等。该院将这一做法称为“执法关爱人”。

经过一年的“执法关爱人”做法的尝试，在总结经验的基础上，2010年该院反贪和反渎两个自侦部门相继出台《执法关爱人实施细则》，在制度化“执法关爱人”前期探索做法的同时，进一步拓展了执法关爱的对象和方式，将关爱对象延伸到了犯罪嫌疑人家属或其他与犯罪嫌疑人关系密切的利害关系，同时将关爱方式延伸到帮助在押犯罪嫌疑人在生活和生产经营事务紧急情形中的意志参与。

如该院2010年在办理原广州某食品集团下属某厂的厂长郭某受贿一案时，执法关爱人了解到郭某作为长子，担心年事已高的父母因为自己的事情受到刺激，畏罪心理很重。检察官在履行好请示手续后，让其与其妹妹电话连线。并且考虑到其身体不好，经依法与看守所沟通后，也带了经过检查的炖汤给被羁押的郭某。郭某见到检察官带的炖汤，泪流满面，连连表示：“没想到，我一个犯了罪的人，你们还对我这么好，我一定认真悔过，争取早日出来，不辜负你们对我的好意。”①

---

① 朱剑轩：《帮疑犯放下心理包袱》，载《检察日报》2010年12月1日第2版。

“执法关爱人”的探索，对于稳定预审阶段犯罪嫌疑人供述、缓和犯罪嫌疑人及其家属与检察机关和检察人员之间的对抗性、降低职务犯罪查处对经济发展的负面影响等都效果明显。而从执法办案效果角度来看，“执法关爱人”的探索，更是严格规范执法的刚性与对办案过程中工作相对人的人文关怀的结合，虽然在“执法关爱人”制度中二者尚未真正融合，却为执法方式转型提供了思路和经验。而之后柔性司法的理念和内容，均是在此基础上的拓展与深化。因此，可以说这三年“执法关爱人”制度探索与形成过程是海珠区人民检察院柔性司法的萌芽，且一经提出，便展现出了其强大生命力，为该院柔性司法理念的提出与顺利践行奠定了基础。

第二节　广州市海珠区人民检察院柔性司法的提出阶段（2012—2013 年）

三年的“执法关爱人”制度探索不仅没有影响办案效率和质量，反而在放大案件效果的同时，也彰显出了对于侦查办案的促进作用。这激发了海珠区人民检察院进一步深入拓展这一制度的动力，也似乎找到了基层检察工作新的发展点。然而“执法关爱人”是实践先行的产物，同时其概念也具有局限性。要实现深入发展，就必须找到一个概念来统领，并在这一概念的范畴内按照合理、合法及可行性的要求来进行制度设计和探索。

一、“执法关爱人”的运行机理及其局限性

“执法关爱人”制度的运行，主要是为了平缓侦查过程中造成的侦查对象与侦查机关的对抗性，安排专人了解并协助对侦查对象开展的一种人文关怀举措。通过这种关爱，重新树立侦查对象与侦查机关（检察机关）在非侦查事项中的关系，进而达到化解因为侦查过程对抗性而造成的矛盾。这一制度虽然在解决对抗性矛盾关系方面有了很大的飞跃，然而也存在很大的局限性。

一是“执法关爱人”只是矛盾关系的修复，而非执法方式自身的转变。执法依然是刚性的，依然以双方之间的对抗性作为支点，只是相比传统做法而言，检察机关意识到了矛盾点，并着力所做的补救工作。即使是在侦查过程中开展的“执法关爱人”，也是一种与刚性执法并行的对于修复和平缓两者对抗性的一种补充性制度安排。

二是“执法关爱人”的逻辑起点是外在的，而非内在的。“执法关爱

人”的逻辑起点在于以执法对象的权利需求保障为逻辑起点，通过满足其需求而实现关系修复。而非基于执法理念自身，以执法工作的需要为逻辑起点去实现执法中人文关爱的自身逻辑周延，进而全面转型执法模式。

三是“执法关爱人”的制度安排强调“关爱人”的专人责任，其制度覆盖面狭窄。在“执法关爱人”制度下，作为侦查阶段就被羁押的犯罪嫌疑人而言，确实所需人力不多。但进一步拓展，这样的制度安排则捉襟见肘，且可操作性存在问题。如立案前，难以确定执法关爱人，且也不存在执法关爱的可操作空间。再如在刑检案件中，案件数量庞大，指定执法关爱人也存在诸多困难。

二、“柔性司法”概念的提出

海珠区人民检察院没有就此停步不前，而是大胆创新，在“执法关爱人”的基础上，寻求一种根本性的执法转型。2012 年初，正式提出了“柔性司法”的概念，试图为转机械的、刚性的执法为充满人文关怀的、柔性的执法提供一种理性指导和规划。该院提出的柔性司法是强调以人为本，尊重和保障人权，体现人文关怀，是建立在执法观念和执法手段相结合基础上的一种新的执法机制。这一柔性司法的提出是对“执法关爱人”的拓展和升华，是一种全新的执法机制。

（一）柔性司法丰富了执法理念

海珠区人民检察院柔性司法的理念为“求真求善”。“求真”，要求以获得事实真相，按照事实执法，从客观到客观。“求善”则要求在“求真”的同时，以善良的自我追求为出发点，主动释放善意，求取善果，注重执法的人性化。这种人性化不仅是对执法对象的人性化，更是要求执法人员首先要遵循自身的人性化，以善良人自居，以善良人自我定位。

（二）柔性司法丰富了执法方式

柔性司法是在依法执法的原则下，灵活采取更易为执法对象所接纳的方式，在实现执法目的的基础上，提升执法效果。强调在执法过程中，与执法对象之间的沟通，通过引导性的、非对抗性的方式，去实现执法目的和要求。

（三）柔性司法是执法的柔性化，是理念与行为的统一

将柔性司法的理念注入到执法行为中，让冰冷的执法行为软化，将对抗转为合作。实际上，就是针对执法规范中的空白环节和可裁量环节，在法律

规范的前提下，通过人性化的行为连接起来，最终实现从对抗性执法到合作性执法的转变，促进执法过程的和谐。

三、“柔性司法”的实践探索

提出“柔性司法”的概念后，海珠区人民检察院仍然选择了最具刚性和最具攻击性的，同时也是具有成熟的“执法关爱人”经验的自侦部门来探索。从2012年起，自侦部门以“执法关爱人”的原有做法为基础，进一步探索在实践中拓展柔性司法的对象、内容、方式。如积极探索立案前的初查阶段抓捕时机的选择、抓捕方式的选择等，再如关于审讯时间的控制、审讯中对于被审讯人员的人权保障与人文关怀等。在个案中，自侦部门不断摸索，认真总结比较采取的举措是否符合法律规定、是否对于侦办案件具有促进作用、是否能够促进执法和谐以及社会和谐等，仔细梳理。

由于没有既有的经验可以直接借用，海珠区人民检察院自侦部门边摸索边总结，从个案做起，终于在2012年底，初步摸索出了包括立案前的到案方式、到案时机、到案地点等柔性司法内容、审讯中的柔性化内容、强制措施适用的柔性化内容和执法关爱人等内容在内的一整套柔性司法举措，并形成包括实施柔性司法的程序和标准在内的制度性规定。

而在这段时间里，实践结果再一次证明了柔性司法的魅力。在经过短暂的摸索期后，办案效率大幅提高、办案质量明显提升，尤其是翻供率大幅降低，而社会上对于该院的做法也开始出现明显的集体认同感。

自侦部门在柔性司法上的显著成效，进一步坚定了该院对于柔性司法的信心。2013年1月，该院全部内设业务部门按照柔性司法的要求，在总结、创新和论证的基础上，制定了部门柔性司法方案，并由该院纪检部门负责监督柔性司法方案的执行。对于方案在现实中不可行的地方，及时修改调整；对于经实践有更好执法方式的，及时优化提升；而对于不按照方案落实又无正当理由的，明确相应的责任及其追责程序。

为了进一步提升柔性司法自觉完善的能力，该院通过学习沙龙内部交流、外请专家讲解法律精神与操作技巧、集中到高校学习国学、文学和艺术等方式，全面提升干警对于善的追求。

第三节　广州市海珠区人民检察院柔性司法的发展阶段（2014 年至今）

经过一年的方案运行与修正，通过对实践与方案的检验，2014 年，该院初步形成包括主要业务内容在内的《海珠区人民检察院柔性司法暂行规定》，从实体和程序，分业务、分环节，进行了规范整合。这也是该院柔性司法工作的重要阶段性成果。

为了进一步把握柔性司法的理论建构，进一步检验和推动柔性司法的制度化建设，2014 年，该院将检察机关大量的实践资源与高校丰富的理论资源有机结合，在全院范围内抽调资深检察官、法学博士、业务骨干等 10 余名组成专项课研组，与国家检察官学院、中国人民大学诉讼制度与司法改革研究中心正式就检察机关柔性司法立项研究。先后召开前期论证会、部门座谈会、理论研讨会等 10 多次，深入业务部门开展调研走访 20 多次，收集整理各类业务数据 300 多项，对柔性司法的理论构建、实践中的难点等一系列重点问题进行深入研究，制定出各检察环节柔性司法工作标准和制度规范，厘清检察机关柔性司法的内涵、价值、理论基础和法律依据，为柔性司法建立牢固的理论支撑。

同时，该院积极探索宣传推广柔性司法的新载体、新形式，根据办案实践拍摄制作了宣传片《温度》，以更加立体、真实地记录柔性司法的探索过程，传递法治正能量。

为进一步完善柔性司法办案模式，2015 年，该院在理论研究和办案实践过程中不断总结思考，修改完善了包含 67 条的《海珠区人民检察院柔性司法规定》，对职务犯罪侦查、审查逮捕与起诉等环节的办案方式作出了明确规定，突出检察官客观义务，有力促进办案方式转变。如规定犯罪嫌疑人为企业负责人的，若对其采取羁押性强制措施可能导致企业破产、停产、员工罢工等严重影响生产经营、社会稳定，根据案件情况可以采取非羁押性强制措施，已经羁押的可变更为非羁押性强制措施；规定犯罪嫌疑人子女处于中考、高考等重大考试期间的，除有碍侦查外，经检察长同意可以暂缓强制到案。目前看来，“柔性司法”符合最高检曹建明检察长在十二届全国人大四次会议上提出的转变司法办案方式和“三个慎重”的要求。下一步，该院将牢牢把握检察机关司法公信力建设的永恒主题，致力于解决司法实际问题，不断完善柔性司法规定，以指导检察实践发展。

海珠区院探索开展柔性执法有力促进司法办案质效提升

近年来，海珠区院积极探索开展柔性执法，坚持“求真求善”，切实推动司法理念更新和执法方式转变，执法质效得到有效提升。2016 年，人大代表对该院检察工作的满意率提升至 97.2%，并第五次获评“全国先进基层检察院”，在近期召开的“检察机关改进司法理念与司法办案方式理论与实践”研讨会上，该做法获得与会的多名国内刑诉法专家的一致好评。

一、强化两个支撑，夯实柔性执法基础

一是强化理论支撑。抽调法学博士、业务骨干等 10 余名干警组成课题组，联合国家检察官学院、中国人民大学等高校开展柔性执法理论与实践的研究，通过召开前期论证会、部门座谈会、理论研讨会及开展课题研究、深入业务部门调研走访、收集整理业务数据等形式，对柔性执法的理论构建、难点突破以及效果提升等重点问题进行深入研究，厘清柔性执法的内涵、价值、理论基础和法律依据，为开展柔性执法提供了理论支撑。

二是强化制度支撑。在实践探索及理论研究的基础上，制定实施了《海珠区人民检察院改进司法理念与司法办案方式暂行规定》，明确了检察机关开展柔性执法的任务、基本原则，在职务犯罪侦查、审查逮捕与公诉、诉讼监督及未成年人、妇女权益保护等环节，就如何开展柔性执法做出了明确规定，既为干警转变办案方式提供遵循，又为顺利开展柔性执法提供了制度支撑。

二、突出三个重点，确保柔性执法效果

一是突出抓好职务犯罪侦查环节的柔性执法。对情节轻微的职务犯罪嫌疑人一般采取口头或书面通知方式到案，弱化犯罪嫌疑人到案过程的对抗，

据统计，90%通知到案的犯罪嫌疑人在10个小时内配合完成检察机关的调查。对犯罪嫌疑人在接送未成年子女放学或上学途中，犯罪嫌疑人未成年子女处于中考或高考等重大考试期间等情形，除有碍侦查外，一般采取暂缓强制到案，减少或避免因抓捕行为给未成年人造成伤害。通过合理安排讯问和犯罪嫌疑人休息时间，根据犯罪嫌疑人的宗教信仰、饮食习惯等合理安排犯罪嫌疑人饮食，联系定点医院加强医疗协作等方式，既保障犯罪嫌疑人权益，体现以人为本、司法关怀，又促使犯罪嫌疑人配合检察机关的工作，保证了案件的进度和质量。如办案人员在办理黄某贿赂案中发现其身体异常，立即请定点医院医生对黄某进行诊治，确认黄某系紧张引起的心脏不适，检察机关的柔性执法得到了黄某的认同，其主动供述自己受贿的事实。对涉案企业采取冻结账户、查封账册、逮捕技术业务骨干等措施时持审慎态度，并进行严格保密，最大限度维护企业的正常生产经营秩序。如在办理广州市社会福利生产管理服务中心下属企业人员黄某贪污一案中，办案人员采取下班后搜查、带离询问等措施减少对企业的影响，并尽量做好保密工作，一方面促使犯罪嫌疑人主动配合调查并退回大部分涉案款项，另一方面又维护了企业正常经营秩序，取得了良好的办案效果。

二是突出抓好审查逮捕环节的柔性执法。严把案件证据关和质量关，对预备犯、中止犯、过失犯等犯罪情节轻微的；存在防卫过当、避险过当及有自首、立功、退赃等特定情节的；属于初犯、偶犯、未成年人、老年人等特定主体的；因邻里纠纷、家庭矛盾等引发刑事案件且达成刑事和解等情形，积极适用“无逮捕必要”原则，做到“少捕慎捕”，减少社会对立面。如在办理林某抢夺一案中，鉴于其为在校学生，在校表现良好，归案后悔罪态度较好，且获得被害人谅解，该院对其以无逮捕必要不批准逮捕，取得较好的法律效果和社会效果。在做好审查逮捕工作的同时，加强对不捕案件的释法说理，在案件作出不逮捕决定后，及时向被害人及其家属、犯罪嫌疑人、公安机关说明不逮捕的理由和依据，既消除被害人的猜疑和误解，化解各方矛盾，又促使犯罪嫌疑人遵守法律义务，保障诉讼活动的顺利进行。

三是突出抓好审查起诉环节的柔性执法。正确把握起诉、不起诉的法定条件，合理运用公诉裁量权，在从重打击严重刑事犯罪的同时，对初犯、偶犯、预备犯、中止犯、群体性案件的一般参与者以及亲友、邻里纠纷等引起的案件，坚持从宽处理的柔性执法政策，对符合不起诉条件的一般作不起诉处理。通过赋予辩方主动申请速裁程序启动的权利、案件集中办理、统一规范文书、开庭弃繁就简等方式深入推进刑事速裁试点工作，既提高了案件的办理效率，又使案件当事人免受诉讼之累，取得“双赢”效果。2015 年以来，共对 596 件案件启动刑事速裁程序，约占同期办案总量的 18%。创新证人服务机制，通过建立证人信息库、开通证人热线、制作证人出庭作证指南、设立证人补偿快速通道、强化证人人身保护等柔性措施，既缓解了证人出庭作证的紧张和抵触心理，又提高了证人的作证意识，保障庭审的顺利进行。2015 年以来，该院开庭审理的案件中，证人出庭 50 余人次，出庭作证人数和出庭率较往年均有大幅提升。

三、关注四类主体，拓展柔性执法领域

一是积极关注在押人员权益。积极推进羁押必要性审查，将在押的年龄超过 60 岁人员、未成年人以及送医返回继续羁押人员等作为审查重点，建立专门档案进行跟踪，凡发现没有继续羁押必要的，向有关部门发出予以释放或变更强制措施的建议。对于困惑大、顾虑重、情绪差的在押人员，通过日常约谈约见全面了解其家庭、生活和案发情况，找出原因并制定针对性的辅导方案，从源头上消除安全隐患。对有特殊困难的人员，尽心尽责帮其解决困难，消除其及家人顾虑，促进执法和谐。如该院驻所检察人员了解到在押人员赖某因驾驶证到期即将被注销，其多次向看守所反映无果的情况，立即与相关部门协调，联系其家人在赖某服刑前办理了更换手续，赖某对检察机关的柔性执法表达感激并表示会认真改造，争取早日回归社会。

二是积极关注未成年人权益。在办理未成年人刑事案件过程中，坚持把“教育、感化、挽救”的方针外化为“救人、帮人”的柔性工作理念，始终以未成年利益最大化为着眼点，尽可能挽救每一个未成年犯罪嫌疑人。建立亲情感化机制，明确所有未成年案件均要通知监护人到场，既保障未成年犯罪嫌疑人权益，又通过亲情感化犯罪嫌疑人。建立未成年人法律服务志愿者机制，与区关工委联合，吸收退休司法工作人员、教师、义工等组建法律服务志愿者队伍，承担合适成年人到场、缓刑未成年犯的考察与教育、附条件不起诉犯的考察工作。建立特约检察心理辅导员机制，聘任具有心理学基础的教师或专业人士为特约检察心理辅导员，对未成年犯罪嫌疑人有针对性的开展心理辅导，帮助解开心结。建立社会帮教预防管理机制，依托驻街检察室，协同未成年犯罪嫌疑人所在学校、单位及监护人对其进行帮教管理，解决其在回归校园、社会过程中遇到的困难。

三是积极关注民事和解当事人权益。在民事行政诉讼监督过程中秉持“和解化矛盾、群众更满意”的理念，在改进监督方式上下功夫，建立“和

解优先”常态化工作机制，通过建立听取申请人和被申请人陈述、认真分析案情、与上级检察机关及法院联动办案、严格把关和解协议、跟踪督办和解协议履行的“听、析、巧、严、督”的柔性和解五字决，促使当事人和解以化解社会矛盾。如该院在办理申请人广州市盈润投资顾问有限公司申请执行监督一案的过程中，在周密调查核实的基础上，经多次与争议双方沟通交流，最终促使双方当事人达成和解并及时履行，申请人收到了已拖欠4年的代理费185万元，成功化解了一起因执行难导致退伍军人多次群体上访的事件，实现了执法公信力和群众满意度的双提升。

四是积极关注刑事被害人权益。实行被害人救助权利义务告知制度，根据案件性质分类制作《国家赔偿权利义务告知书》等6大类告知书并发给案件当事人及家属，并为符合条件的犯罪嫌疑人提供法律援助，为当事人参与诉讼提供法律指引。积极践行“困难告诉我，满意带回家”的控申工作座右铭，主动告知符合条件的信访人可申请涉法涉诉专项救助，通过联合公益慈善组织拓展救助资金来源、建立多部门案件协调机制形成救助合力等方式，切实好做刑事被害人救助工作，取得较好效果。如针对信访人梁某因被骗参与投资生意失败而缠访、闹访一案，该院多次与有关公益组织联系沟通，后由广东狮子会支持定向救助梁某10万元，促使梁某息诉罢访。

（载《广州检察工作简报》2016年第12期）

海珠区检察院“用心、用爱、用情、用理”全面推进柔性执法

2013年以来，海珠区检察院制定《关于推进柔性执法的工作方案》，并与中国人民大学、国家检察官学院组建研究团队共同开展柔性执法研究，切实推动执法理念更新和执法方式转变，进一步促进了检察执法和谐，实现执法办案零投诉，人大代表对检察工作的满意率提升到95.22%。

一、改变单边执法，用心做到“三通”。一是善于倾听，做到意见无障碍互通。在侦查、审查逮捕、审查起诉等执法过程中，面对面听取当事人的意见和犯罪嫌疑人的辩解，听取辩护律师的辩护意见136次，保障当事人辩护权益。二是兼听各方，做到信息汇集畅通。针对未成年人附条件不起诉、刑事申诉、暂予监外执行等案件召开公开听证会17次，兼听各方代表建议，确保案件处理公正。三是说理疏导，做到深度沟通。在采取强制措施、作出不予立案、不批准逮捕、不起诉、不抗诉、不受理申诉等决定时，用浅显易懂的语言文字从情、理、法方面充分说明理由，对仍存有疑虑的执法对象，及时通过会谈、电话等方式直接疏导，避免产生新的矛盾。

二、改变冷漠执法，用爱排解“三困”。一是主动告知，解决法律之困。根据案件性质分类制作《国家赔偿权利义务告知书》等6大类告知书并发给每一位案件当事人及家属，并为131名符合条件的犯罪嫌疑人提供法律援助，为当事人参与诉讼提供法律指引。二是快捷服务，解决奔波之困。及时将案件办理情况、终结性法律文书在互联网上予以公告，实行律师网上预约并安排律师数字化阅卷1242人次，避免当事人及其法定代理人、近亲属、辩护律师来回奔走。三是开展救助，解决生活之困。对不符合涉法涉诉专项救助，但在生活、医疗、交通等方面确又存在困难的21名刑事被害人开展救助，救助金额约46.99万元，解决其生活上面临的窘困。

三、改变生硬执法，用情派送“三心”。一是开展“暖心执法”，要求审慎选择抓捕、搜查的时机，避免老、弱、病、残、幼等家属在场时对犯罪嫌疑人实施抓捕或进行搜查。二是开展“爱心执法”，节假日看望、慰问在

押犯罪嫌疑人，采用检察信箱、约谈等方式收集、解决在押人员诉求；委派心理咨询师对43名未成年犯罪嫌疑人实施心理干预，并在看守所设置流动图书馆，帮助顺利回归社会。三是开展“仁心执法”，在采取强制措施前开展羁押必要性论证，扩大非羁押措施的适用比率，2013年不捕率达到17.01%，其中自侦案件达到28%；羁押后进行定期审查，侦查机关（部门）对14名犯罪嫌疑人依法变更强制措施。

四、改变机械执法，用理修复“三系”。一是促进和解，修复社会关系。对于符合刑事和解和民事和解条件的案件，积极促成和解；对已达成和解协议的，认真审查和解的自愿性、合法性及履行情况，共促成和解121件。二是巡访基层，修复劳动关系。通过检察官进街道、进社区、进企业，发现和解决重大劳动纠纷35件，及时修复企业主与劳动者之间的关系，稳定正常生产经营秩序，保障劳动者合法权利。三是发送建议，修复管理关系。对税务、公安等行政部门在管理、执法过程中出现的轻微违法行为，优先运用检察建议要求予以纠正，共发出检察建议152份，帮助执法部门修复与执法对象之间的管理关系。

（载《海珠检察情况反映》2014年第53期）

广州海珠：柔性执法彰显执法亲和力

本报讯（王新友　钟亚雅　莫燕珍）珠江静流，在广州之南环抱形成一个90平方公里的“海岛”，被誉为“海上明珠”，“海岛”因此得名海珠岛。广东省广州市海珠区检察院就坐落在海珠岛上。近年来，该院先后获得“全国模范检察院”、“全国文明单位”、“全国五一劳动奖状”等荣誉。今年，该院第四次荣获“全国先进基层检察院”。

走进海珠区检察院，首先映入眼帘的是一楼大厅的“理性、平和、文明、规范”八个大字。据该院政工办主任蔡景婷介绍，该院正在打造的“柔性执法”模式，核心和灵魂就是这八个字。

上善若水，水至柔至刚，海珠区检察院检察长蔡世葵告诉记者，柔性执法是一种“理性、平和、文明、规范”的执法，强调以人为本，尊重和保障人权，体现人文关怀，是建立在执法观念和执法手段相结合基础上的一种新的执法机制。

2011年，海珠区检察院开始实施“执法关爱人”制度，此后在此基础上进一步扩大执法对象、内容、方式，形成了新的柔性执法制度，要求办案检察官对涉案人员开展人权保障、生活帮助和心理抚慰“三位一体”的人文关怀，即以生活关爱为基础，做犯罪嫌疑人的送炭人；以情法交融为途径，做犯罪嫌疑人的贴心人；以阳光关爱为契机，做犯罪嫌疑人的指路人。“实施该制度的主要目的是加强人文关怀，让犯罪嫌疑人从内心深处反思自己的行为，加深对犯罪行为的理解和认识，从而促进社会和谐稳定。”蔡世葵说。

实施柔性执法制度以来，该院检察干警人性化办案能力得到较大提升，职务犯罪嫌疑人庭上翻供现象大幅下降，案件法律效果、社会效果、政治效果都取得了可喜的跨越。2011年，该院立案侦查职务犯罪案件54件54人，查办的广州市肉食品行业贿赂案、黄埔海关系列受贿案分别被评为广州市十大精品案件、广东省十大精品案件，促进了国家机关工作人员公正廉洁执法和勤勉行政。2012年，该院查处职务犯罪案件82件84人，其中，副处级以上要案14件15人，办理了广州市工商系统何某滥用职权、受贿案及市公安系统梁某玩忽职守、受贿案等一批大要案。

在修改后刑事诉讼法突出人权保障的背景下，今年1月，该院进一步提出将柔性执法制度从职务犯罪侦查部门推行至全院所有业务部门。

人大代表点评

陈舒（第十二届全国人大代表、《广州律师》杂志主编）：

犯罪有其现实的复杂性，加强人文关怀，从内心深处促使犯罪嫌疑人反思其行为，既是对人权的保障，也可以很好地遏制职务犯罪嫌疑人庭上翻供的现象。从“执法关爱人”制度到柔性执法制度，我们看到了广州市海珠区检察院执法理念的不断转变深化，这一转变有助于提升检察机关执法公信力，赢得广大人民群众的支持。

（载《检察日报》2013年5月17日第2版）

“我把广东经验打包带走了”

岭南正是好时节。受最高人民检察院邀请，17位来自重庆、四川、湖南、海南、江西、安徽、江苏等地和解放军团的全国人大代表近日来到广东，围绕检察机关规范司法行为工作，开展了为期5天的视察。

从省检察院、市检察院到驻镇检察室，从珠三角经济发达的广州、佛山到相对欠发达的肇庆、广宁，从检务大厅、案管中心、检察指挥管理中心到讯问室、证人辨识室等办案区，从听汇报、查台账到现场体验视频接访，代表们通过全面、立体、深入地走访调查，认为广东省各级检察机关在规范司法行为工作方面确实下了不少功夫，做到了“严、实、细、深”，专项整治工作助推了检察业务工作科学发展。

一些检察院的创新做法和经验材料更被代表主动索要，“我把所有材料都打包带走了，准备带给一些欠发达地区的检察院学习。”

把所有司法行为装进规范的笼子里

规范体现在各项检察工作的流程和规程。据介绍，广东省各地检察机关针对群众反映集中的司法不规范问题，制定完善了职务犯罪线索管理规定、保障辩护律师依法执业的意见、涉案财物管理办法、国家赔偿监督办案规程、公诉出庭等业务操作规程，为把司法行为装进规范的笼子里提供了制度保障。

广州市海珠区检察院还创新制定了柔性执法暂行规定，培育柔性司法理念，要求干警在执法办案中求真求善，严格依法、以人为本、注重服务，灵活运用沟通、引导、和解、帮助、宣教等多种手段，促进执法和谐。

针对律师会见难、阅卷难等问题，各地检察机关在征求意见、充分调研基础上出台了一系列举措，保障律师执业权利和当事人合法权益。如广州市检察院出台了保障律师会见规定，明确规定犯罪嫌疑人逮捕1个月内保证律师会见1次，起诉前3天律师会见1次。广东省检察院、广州市检察院还设立了专门的律师会见和阅卷场所，耗资数十万元购置了复印机、扫描机等办公设备，专门供案件当事人和律师使用。这些人性化、便利化、人权化、规范化的做法，得到了代表们一致好评。

“信息化管理杜绝了办人情案的可能”

在对广东省检察院、广州市检察院、海珠区检察院、佛山市检察院、肇庆市检察院、广宁县检察院以及派驻大沥镇检察室的走访中，代表们对各院运用信息化管理手段促进办案规范化印象深刻，尤其是海珠区检察院智能化、数字化管理方式，让一些代表连称“想不到”。比如，该院依托可视化交互、大数据、“检察私有云”等技术，打造了覆盖侦查、审判、执行等诉讼环节监督的“云管理”平台，将远程提讯、审讯指挥、监所监控、检务督察、远程开庭、远程接访等视频、语音、数据信息采集到“云服务器”中，通过联网方式，实现对检察业务各个环节的可视化、实时动态监督。

其中有一个细节让代表们赞叹不已。在进入该院会议室听取情况介绍时，工作人员通过手机控制，会议室里的灯光立即打开，窗帘也自动拉上。

来自广西的韦国邱代表说，海珠区检察院是他参加各种视察活动以来看到的将信息化管理手段运用得最好的检察院，“云管理平台为检察机关规范化办案提供了很大帮助，可视化、实时动态监督，让粗暴办案、办人情案基本失去空间”。

韦国邱还对广东省检察院案管中心随机抽取检察官办案的做法表示高度肯定，“随机抽取检察官，你想托人打点关系也没办法，因为你不知道找谁”。

江苏的秦光蔚代表、江西的吴英代表持同样观点，她们感叹，没想到检察院数字化、网络化管理水平如此高，如在讯问室，里面的温度、湿度、影像全程监控，完全不像以前想象的那样可以办人情案或者刑讯逼供等，这真正推动了司法的公开公正，极大地提升了检察公信力。

涉案财物“双轨制”监管值得推介

规范还表现在细节管理上。在广东省检察院案管中心，有一间专门的涉案财物保管室，每一件物品都有“身份证”，信息全部录入电脑，一旦案件办理阶段发生转换，涉案财物信息即会跟着改变。

海珠区检察院更对涉案财物管理实行了线上监控和线下运行的“双轨制”监督。依托统一业务应用系统，线上阶段性跟踪案件办理进度，线下则通过文书审查实行监控，监督办案部门是否及时依法处理涉案财物。

对涉案财物进行实时动态监管，切实改变了涉案财物处置工作保管不规范、移送不顺畅等问题。“过去检察机关传统的涉案财物处置管理工作属粗放式管理，缺乏统揽全局、监督制约的统一平台。有些涉案财物由于堆放时间长、记录台账不完整，加之办案人员更替轮换、物品来龙去脉谁也说不清，不利于当事人合法权益的保护。”广东省检察院一名工作人员介绍，随着检察机关对传统案件管理模式进行全面革新，涉案财物管理不规范问题如今基本得到解决。

2014 年广东省检察院还部署开展了涉案财物专项检查活动，2015 年上半年又到部分地市级检察院及基层检察院调研，对发现的涉案财物管理中存在的问题，及时督促问题院进行了细致整改。

来自海南的两届全国人大代表余永华对检察工作比较熟悉，经常参加检察院组织的座谈、检察开放日以及听庭评议活动，他对广东省检察机关规范涉案财物监管工作之细之实热情点赞，“涉案财物处置不当，会引起很多矛盾甚至产生司法纠纷，广东检察机关采取的双轨制做法值得推介”。

文化建设让规范、敬业刻在心中

规范来源于文化的引导。在广州市检察院、海珠区检察院、佛山市检察院、广宁县检察院，处处可见办事流程图和规范司法行为标语，尤其是海珠区检察院，从检务大厅、思想政治工作成果展示厅、各科室门口到楼梯口、电梯内，都挂着各种与本职相关的标语以及干警撰写的对于开展专项整治活动的心得体会。

全国人大代表、重庆市作家协会副主席冉冉对此给予高度评价，她说，由于工作关系，她特别关注检察文化建设，通过几天的走访，广东检察机关在规范司法行为工作方面取得的成果，她看到了，但她更关注成果背后的成因。“心是行动的先导，为什么他们的工作做得如此好，除了制度和激励外，我想特殊的检察文化建设发挥了很大作用。广东检察官的责任意识、担当精神，以及身上油然散发出的正气、德行，让我特别感佩。他们确实是正能量的代表。”

她表示，广东各级检察院在文化建设方面投入了很多心力，令人感动，有很多标语她都记下来了。

来自安徽的刘丽代表、甘肃的康仁代表也认为，广东各级检察机关重视文化建设，推行文化上墙，既激励了检察干警自身，又感染了他人，促进了整个团队的进步，值得称道。

湖南的胡建文代表、安徽的杨杰代表、解放军团的鲍俊涛和巨孝成代表、辽宁的常薇代表和王家娟代表亦一致表示，通过多日走访，他们惊讶地发现广东各地的检察官们都呈现出饱满、热情的工作状态，完全没有此前想象中的压抑和忙乱，这应该与检察院处处营造出理性、平和、文明、规范的检察文化氛围相关。

江西的黄长林代表称，广东检察机关在规范司法行为、队伍建设、文化建设等方面下了不少功夫，创新能力强，成效显著，他把所有的经验材料都打包了，准备带回去，给一些欠发达地区的检察院学习。

四川的李旭代表、潘成英代表则希望广东各级检察机关能够总结好、巩固好这次规范司法行为专项整治成果，形成常态化机制，让检察机关规范司法行为“永远在路上”。

（载《检察日报》2016 年 1 月 11 日第 5 版）

“检察机关柔性执法”课题研究引起学界关注

本报讯（记者蒋安杰）2016 年 6 月 17 日，在国家检察官学院、中国人民大学诉讼制度司法改革研究中心、广州市海珠区检察院共同举办的“检察机关办案方式理论与实践研讨会”上，会议打破惯有的模式，屏幕上滚动的一个以检察官柔性执法为体裁、名为《温度》的宣传片，吸引了与会者的目光。

如何把柔性执法的理念转化到具体的司法实践，让冷冰冰的执法温暖起来，让硬邦邦的执法柔软起来，减少司法过程中执法者与被执法者之间的冲突，即是该宣传片的核心与灵魂。当代表们走进海珠区检察院，映入眼帘的“理性、平和、文明、规范”八个大字，形象地展示了该院正在打造的“柔性执法”模式。

海珠区检察院检察长蔡世葵解释说，柔性执法其实就是一种“理性、平和、文明、规范”的执法，强调以人为本，尊重和保障人权，体现人文关怀，是建立在执法观念和执法手段相结合基础上的一种新的执法机制。

他说：“几年间海珠检察院将柔性执法从对各部门的要求，上升到全院形成制度化，并且成立课题组，多次与中国人民大学、国家检察官学院一起研究，反复论证，不断创新。在实践中不断完善柔性执法的内涵，要求各部门都要有自己的座右铭，目的就是时刻提醒干警，在执法中要体现善的一面，这就是法律精神。”

基于这样的一种执法理念，2011 年，海珠区检察院开始实施“执法关爱人”制度，此后，在此基础上进一步扩大执法对象、内容、方式，形成了新的柔性执法制度，要求办案检察官对涉案人员开展人权保障、生活帮助和心理抚慰“三位一体”的人文关怀，即以生活关爱为基础，做犯罪嫌疑人的送炭人；以情法交融为途径，做犯罪嫌疑人的贴心人；以阳光关爱为契机，做犯罪嫌疑人的指路人。

这项改革，在陈卫东看来，经过双方两年多来共同合作的实证显示，取得了非常好的社会效果和法律效果的统一。

陈卫东评价："如此这样一种规范的运作推进，在海珠是首次，这个柔性执法它不是法律规范，它是执行法律规范过程的一种方式或者说方法，它体现在诉讼程序当中，这样一种执法体现了检察机关办案的文明，是社会发展的一个趋势。"

陈卫东教授认为，两年来，双方开了多次的研讨会。实践证明，用这种柔性的平和的理念去执法，实际上是减少了对抗，增加了合作，而且通过执法减少了社会的对立面，有助于社会的和谐与稳定，非常有推广的价值，一定会在全国范围内引起检察机关的共鸣和兴趣。

柔性执法也可以称为人性化执法

《温度》宣传片后，与会代表以广州市海珠区人民检察院探索的柔性执法为样本，围绕"检察机关改进司法理念和司法办案方式的理论与实践"这一主题进行了深入的研讨，大家一致表示，该项改革反映了司法人文化倾向，体现了程序公正和人权保障的价值追求，符合当前中国社会向法治社会、人权社会、和谐社会转变的时代特征，有利于进一步提升检察工作的亲和力和公信力，在司法实践中具有极强的导向意义。

卞建林认为，刑事诉讼法宗旨是要保障人权，通过法律适用过程和法律适用活动来提高司法公信力。因此，具体办案人员的言行举止可能比法律条文更重要。建议今后进一步深入探讨如何将柔性执法贯彻落实到审查批捕、审查起诉等具体诉讼环节过程中，促进干警将"理性、平和、文明、规范"牢记在心，落实到行动上，体现在职权行使上。

顾永忠的看法为，柔性执法看起来是一个执法的方式方法问题，但深层次思考它的内涵，从传统的考察角度来看：一是柔性执法有利于实现法的目的；二是柔性执法有利于体现法的精神；三是柔性执法有利于维护司法公正；四是柔性执法有利于提高司法效率。

在王敏远看来，柔性执法是超越规范执法的一种执法方式。柔性执法也可以称为"人性化执法"，要实现持续性发展，需要有超越功利的思维和行为。建议向全国推广海珠区检察院的柔性执法模式，提升法治文明发展水平。

熊秋红建议，海珠区检察院柔性执法的实践探索为刑事诉讼法研究提供了很好的源头。研究过程中要注重以下四个方面：一是应准确界定柔性执法的理念内涵和价值，特别是把握与其他司法理念之间的关系；二是处理好柔性执法与刚性执法的关系，应明确柔性执法并不意味着对刚性执法的否定，两者互为补充；三是关注柔性执法模式下检察机关社会功能延伸的边界问题；四是探索司法和谐与社会和谐关系。

陈瑞华认为，柔性执法是一种新型的刑事执法价值观，柔性执法的探索应与整个刑事诉讼相结合。他认为柔性执法的对象应有所拓展，一方面是不局限于犯罪嫌疑人、被告人，要拓展到被害人，充分保障被害人的权益；另一方面是给予辩护律师更多的支持与服务保障。

李奋飞发表观点，柔性执法是对以往司法机关存在的机械、单一执法方式的突破，具有很强的针对性。检察机关不能仅强调办案效果，仅代表国家利益，在法律范围内要更多的考虑尊重和维护人的尊严，平衡好国家利益与社会利益。

最高检司法改革办公室副主任高景峰表示，当前检察机关、公安机关执法方式改革具有重要性和紧迫性，柔性执法把人文和人道的关怀体现到了执法方式上，有利于我们更好地贯彻刑事诉讼法的人权保障原则、无罪推定原则、必要性原则、谦抑性原则，是规范司法行为、建立和谐警民关系、和谐社会的必要。希望通过海珠区检察院柔性执法的试点以及课题研究，能对今后刑事诉讼法的修改等提供指导性意见。

陈卫东总结道，下一步，海珠区检察院对于柔性执法问题的探索不应止步，要将现有的规范性文件规定运用到具体办案中，不断思考如何更好体现柔性执法的理念和表达方式，做到善始善终。同时，应该认真斟酌“柔性”的含义，既不能把“柔性”变成“懦弱”、“缩手缩脚”，也不能把柔性执法无限扩大化，使执法更加精准、更加符合人性。他建议，充分利用检察官学院的阵地，通过集中授课、播放教学片等方式加强柔性执法的学习推广。

（载《法制日报》2016 年 6 月 22 日第 9 版）

广东广州市海珠区检察院
联合高校开展柔性执法研究

本报讯（记者钟亚雅　通讯员孙麒　许洁霞）近日，广东省广州市海珠区检察院联合国家检察官学院、中国人民大学诉讼制度司法改革研究中心在北京举行“检察机关柔性执法课题研究”前期论证会。与会专家认为，海珠区检察院提出的柔性执法反映了司法人文化倾向，体现了程序公正和人权保障的价值追求，符合当前中国社会向法治社会、人权社会、和谐社会转变的时代特征，有利于进一步提升检察工作的亲和力和公信力，在司法实践中具有极强的导向意义。

（载《检察日报》2014 年 5 月 25 日第 2 版）

广东广州海珠区检察院为企业“定制”法律服务

本报讯（钟亚雅　许洁霞　王敏）今年以来，广东省广州市海珠区检察院根据辖区内企业的实际需求，有针对性地提供有利于企业廉洁发展的法律服务。该院以热线电话为龙头，搭建职务犯罪预防授课预约、行贿犯罪档案查询、法律纠纷服务“三位一体”的公共服务平台；将区内企业按地域划分为8个网格，由网格所在区域的派驻检察室干警负责接待企业员工来访、开展法制宣传等；针对民企劳资纠纷多发的特点，在大型民企园区内设立支援站，由控申、民行干警组成调解团队，帮助维护企业与员工双方的利益。

（载《检察日报》2014年9月1日第2版）

广东广州海珠区检察院与医院协作开通“三条通道”

本报讯（记者钟亚雅　通讯员孙麒）今年以来，广东省广州市海珠区检察院与辖区内两家三级甲等医院合作，建立医疗急救、检查、培训协作机制：开通绿色急救通道，由医院急救中心定期更换急救药品，通过专线联系实现快速出诊；开通羁押审查通道，由医院对拟羁押的职务犯罪嫌疑人和拟改变强制措施的在押人员进行身体检查，出具病情诊断证明；开通专业指导通道，由医院派员对检察人员开展每年两次的医药和急救知识培训，加强面对突发事件采取急救措施的能力。

（载《检察日报》2014 年 7 月 21 日第 2 版）

第二章　柔性司法的基本理论

毋庸置疑，我国检察机关自20世纪50年代建立以来便在我国的刑事法治建设中发挥着重要的作用。2012年《刑事诉讼法》的修改对检察机关的影响非常大，这既是由检察机关的职能，也是由它所处的地位决定的。与此同时，2012年，党的十八大报告提出要“进一步深化司法体制改革，坚持和完善中国特色社会主义司法制度，确保审判机关、检察机关依法独立公正行使审判权、检察权”。2013年，党的十八届三中全会通过了中共中央《关于全面深化改革若干问题的决定》，提出要“推进法治中国建设”，“确保依法独立公正行使审判权、检察权。改革司法管理体制，推动省以下地方法院、检察院人财物统一管理，探索建立与行政区划分离的司法管辖制度，保证国家法律统一正确实施”。① 2014年，党的十八届四中全会通过了中共中央《关于全面推进依法治国若干重大问题的决定》（以下简称《决定》），除了高屋建瓴地提出一系列制度和机制层面的改革举措，还针对制度实施层面，即执法、司法方式的方面也提出了相应的改革要求，即“必须完善司法管理体制和司法权力运行机制，规范司法行为，加强对司法活动的监督，努力让人民群众在每一个司法案件中感受到公平正义”。可以说，在全面深化司法体制改革的趋势下，检察机关必须顺应改革目标对检察工作作出新的调整。

在同一时期，社会治理方式也发生了变化，软法理念开始在社会治理的各个领域盛行。按照一般公共治理的理念，管理者要充分利用各种制度资源优势来全面实现法治目标，而在软法的语境下，执法模式正在由传统单一的硬法模式向软硬兼施、刚柔相济的混合法模式转变，硬法与软法日益发展成为现代法律的两种基本表现形式。② 此时，以软法理论为指导，以规范司法

---

① 参见陈卫东：《转型与变革——中国检察的理论与实践》，中国人民大学出版社2015年版，序。

② 参见罗豪才：《中国行政法治建设的回顾与前瞻》，载《中国法学》2008年第6期。

行为作为出发点，依托于司法改革大背景，以尊重和保障人权为指导思想的“柔性司法”理念的提出，不仅符合改革的发展，同时契合了当下司法改革精神的重大举措。但同时需要注意的是，柔性司法在本质上是在法治框架下的灵活执法，是贯彻严格执法的要求。[①] 而严格执法并不意味着“冷漠执法”。提倡柔性司法，就是要摆脱检察机关就案办案的传统执法模式，改变“冰冷”的执法形象，实现执法办案法律效果、社会效果、政治效果的有机统一。[②]

第一节　柔性司法的概念与特征

一、柔性司法的概念

柔性司法是指在理性、平和、文明、规范的执法理念指导下，灵活运用沟通、引导、和解、帮助、宣教等多种手段，促进执法和谐，实现执法办案法律效果、社会效果和政治效果的有机统一的执法方式。其指导思想是全面贯彻落实党的十八大和十八届三中全会精神，以邓小平理论、“三个代表”重要思想、科学发展观为指导，紧紧围绕“三大建设”总任务，牢牢把握“三个强化”总要求，坚持以执法办案为中心，以队伍建设为根本，以司法改革为动力，深入推进执法规范化标准化、队伍专业化职业化、管理科学化信息化、保障现代化实用化建设，牢固树立进取意识、机遇意识、责任意识，着力破解发展难题，不断开创基层检察院建设新局面，为推动检察工作科学发展，服务平安中国、法治中国建设，奠定坚实的基础。[③] 其执法理念包含尊重和保障人权以及理性、平和、文明、规范的执法理念。其实现途径包括沟通、引导、和解、帮助、宣教等多种执法手段，以及统筹执法办案法律效果、社会效果和政治效果有机统一的执法方式。其目标在于实现执法者与被执法者之间的柔和对抗，实现和谐执法。

柔性司法内涵广泛而深刻，具体而言，包含以下几个方面的内容：

---

① 参见罗豪才：《中国行政法治建设的回顾与前瞻》，载《中国法学》2008 年第 6 期。

② 参见唐润清、李利军：《反贪办案柔性执法之应用》，载 http：//www.hzjcy.com/XXXJS_ 708/GZYJ_ 722/201504/t20150423_ 288950.html，访问日期：2016 年 1 月 15 日。

③ 最高人民检察院：《2014—2018 年基层人民检察院建设规划》。

（一）将尊重和保障人权作为柔性司法的基本宗旨

刑事诉讼具有双重目的，即惩罚犯罪与保障人权，二者不可偏废。对于刑事诉讼程序而言，有学者将刑事诉讼这二重目的进一步区分为刑事诉讼程序的最终目的和直接目的。即保证刑事诉讼活动能够实现刑法（不枉不纵）是刑事诉讼程序的最终目的。作为刑事诉讼程序的直接目的，一方面表现为限制国家司法权力；另一方面则表现为保护人权。① 刑事诉讼法作为刑法的实施法，当然要强调惩罚犯罪的目的，这是落实刑法的规定，维护社会安全和稳定的必然要求。以往我们对刑事诉讼目的的认识存在误区，过于强调其打击犯罪的目的，导致实践中粗暴执法、野蛮执法行为大量滋生，侵犯公民权利的现象时有发生，不利于公民权利的保障。实际上，一直以来，党和政府始终把实现和保障广大人民群众的人权作为重要的奋斗目标。2004 年，十届全国人大二次会议通过的《宪法修正案》，即已将“国家尊重和保障人权”明确写入宪法。2012 年《刑事诉讼法》在第 2 条增加规定，要求“尊重和保障人权”，该规定不仅契合了社会主流价值取向，同时“既有利于更加充分的体现我国司法制度的社会主义性质，也有利于司法机关在刑事诉讼程序中更好地遵循和贯彻这一宪法原则”。②

落实到检察工作，在检察工作中尊重和保障人权，就是要把尊重和保障人权作为检察机关一切司法行为的基本宗旨。具体来说，一方面，要为广大人民群众共同和普遍的人权提供完善的法治保障。通过执法办案，打击、制裁违法犯罪行为，为人民群众提供安全舒适的生活环境、公正高效的法治环境，从而确保人民群众各项人身权、民主权和财产权的行使。特别是在执法办案过程中，要尤其注意那些无权、无势、无助被害者们的合法权益保护，保障被害人各项诉讼权利的实现。③ 另一方面，还要尊重和保障犯罪嫌疑人、被告人、被法律监督者的一切合法权利，树立打击犯罪与保障人权并重的观念。

（二）将规范司法行为作为柔性司法的价值追求

在最高人民检察院关于贯彻落实《中共中央关于全面推进依法治国若

---

① 陈卫东：《刑事诉讼法》（第三版），中国人民大学出版社 2012 年版，第 30 ~ 31 页。

② 王兆国：《关于〈中华人民共和国刑事诉讼法修正案（草案）〉的说明》，第十一届全国人民代表大会第五次会议，2012 年 3 月 8 日。

③ 潘祖全：《执法为民与检察权行使研究》，法律出版社 2013 年版，第 3 ~ 4 页。

干重大问题的决定》的意见中，提出了“建设过硬队伍，为检察机关推进依法治国提供组织保证”这一要求，并进一步明确提出了要“深入落实中央八项规定精神，坚决反对和克服特权思想、衙门作风、霸道作风，坚决反对和惩治粗暴执法、野蛮执法行为，切实防止作风问题反弹”的具体要求。

落实到检察工作，以规范司法行为作为价值追求的柔性司法，其体现的是执法过程和理念的宽容性和包容性，其要求是检察机关执法方式和具体执法手段的不断创新，体现人文关怀，坚持和贯彻“以人为本”的理念，时刻谨记尊重和保障人权。

二、柔性司法的特征

（一）非强制性

柔性司法理念的提出，是为了对抗所谓的“刚性执法理念”。而所谓“刚性执法”，是指“可以在不顾及对象是否情愿的情况下强迫对方服从一定意志的力量”。[①] 这种强制的执法方式不仅不能有效解决问题，更加剧了执法主体与被执法者之间的矛盾，这不仅导致了粗暴执法、野蛮执法的现象持续发生，在人民群众怨声四起的同时，更是致使暴力抗法事件频频发生的主要诱因。而柔性司法的理念是通过灵活运用沟通、引导、和解、帮助、宣教等多种手段，使被执法者在逻辑上首先认识到自己的不合理行为，进而实现执法的目标。这种执法方式与传统的“简单粗暴”式的执法方式有本质区别。因此，非强制性是传统意义上的“刚性执法”与“柔性司法”之间最明显的差别。

（二）互动性

检察机关传统的执法行为具有“命令—服从”的单方性特点。要求被执法者无条件地服从和遵守执法主体的要求或命令，因其具有强制性特征，而忽略了相对人作为个体的意志。但随着刑事诉讼法理论的成熟及契约行政观念的逐步发展，主体的意志不再具有绝对的正统性，被执法者的意志和利益受到了法律的同等尊重和认真对待，执法者与被执法者之间在行为上进而变成相互合作与支持的关系。从实际操作来看，柔性司法互动效果较之刚性执法能更好地解决互动性问题。在缓和执法者与被执法者之间矛盾的同时，

① 转引自黎慈：《论柔性执法与和谐行政》，载《四川行政学院学报》2007 年第 4 期。

又能提高执法机关公信力，一举两得。①

第二节　柔性司法的功能与价值

柔性司法的理念，主要源起于《行政强制法》。2012年颁布的《行政强制法》第5条明确规定："……采用非强制手段可以达到行政管理目的的，不得设定和实施行政强制。""不仅将学理上的非强制执法手段正式纳入我国的行政法律系统，而且非常明确地将'非强制相对于强制的优先适用'规定为行政执法的基本原则。"② 因此，无论是行政机关还是检察机关，根据比例原则，在采用多种方式均可实现某一特定执法目的时，应当采取对当事人权益损害最小的方式，这样做才是适当和合理的；对于执法手段而言，当强制手段和非强制手段都能达到执法目的时，应当采用非强制手段，不得采用强制手段。③

一、补充刚性执法，保障法治实现

党的十八届四中全会通过的《决定》强调："法律是治国之重器，良法是善治之前提。""法治是良法与善治的有机结合，法律是治国之重器，良法是善治之前提。良法应当反映人民的意志和利益，反映公平、正义等价值追求，符合社会发展规律，同时，应当反映国情、社情、民情，具备科学、合理的体系。善治是法治的目标，善治包括民主治理、依法治理、贤能治理、社会共治以及礼法合治等内容。建设法治体系，必须以良法推进善治。善治本身是规则之治，需要贯彻实施良法，同时需要以良法促善治、保善治。"④

善治中的"善"不止于一种纯粹的道德诉求，其在价值取向方面也有相应的诉求，其一，主张维护社会秩序、保障公民自由，并在实现社会公平的基础上追求效率的最大化；其二，主张在兼顾公益和私益的基础上实现社

① 黎慈：《论柔性执法与和谐行政》，载《四川行政学院学报》2007年第4期；王飞：《构建和谐社会条件下落实柔性执法理念的思考》，载《知识经济》2011年第22期。

② 刘福元：《政府柔性执法的制度规范构建——当代社会管理创新视野下的非强制行政研究》，法律出版社2012年版，第1页。

③ 转引自刘福元：《政府柔性执法的制度规范构建——当代社会管理创新视野下的非强制行政研究》，法律出版社2012年版，第2页。

④ 王利明：《法治：良法与善治》，载《中国人民大学学报》2015年第2期。

会整体利益的最大化。法治对检察机关执法的上述要求，只有通过刚性执法与柔性司法的兼收并蓄才能满足。这是因为，前者侧重于维护公共秩序，而后者侧重于维护被执法者的自由；前者的公益导向更明显，而后者则更关注私益诉求的满足；前者侧重于制约，而后者侧重于助成；前者主要属于执法主体其意愿的强加，而后者主要是被执法者需求的一种回应；前者更多地诉诸强制方式，后者更依赖非强制方式。不难看出，刚柔共济是法治目标在刑事诉讼领域得以实现的有效保障。①

二、降低执法成本，提高执法效率

按照经济分析方法，检察机关的执法行为也必须讲究效率，即以最少的人力、财力投入，取得最佳的执法效果，尤其是在当今执法环境日趋复杂化的情况下，更应降低检察机关执法行为的成本，提高执法的效率。

与传统的刚性执法相比，柔性司法活动本身具有高度的柔性和灵活性，可以根据不同的执法情境随机应变。如果每次遇有相同或相似的情境都需要重新筑构柔性司法的具体步骤，则会是一个较大的成本浪费，也无助于执法效率的提高。因此，通过将柔性司法规范化、制度化，那么执法人员在日后遇到这些已被制度化的情境时，就可以方便、快捷地采取制度中已经固定的应对方式，不仅提高了效率，也节省了“试错成本”。②

三、强化制度保障，规范执法行为

提出柔性司法理念的重要原因之一，即在于其尊重和保障人权的基本宗旨。然而，尽管相对于传统的刚性执法而言，其侵犯被执法者合法权益的可能性相对虽然降低了许多，但这个可能性并不为零。因此，出于规范检察机关执法行为的目的，柔性司法的理念应以制度化进行加固，并在构建时注重下述三个方面的问题：其一，柔性司法行为应有明确的法律依据，如其应遵守的基本程序规则，其应接受的相应监督等；其二，上述规定在规范柔性司法行为的同时，也将成为立法机关、司法机关、行政复议机关、上级机关、相关媒体和广大社会公众对其行为进行监督的一个重要依据和着力点，有利于加强被执法者的权益保护和救济；其三，有了上述完善的配套制度，被执

---

① 黎慈：《论柔性执法与和谐行政》，载《四川行政学院学报》2007年第4期。

② 刘福元：《政府柔性执法的制度规范构建——当代社会管理创新视野下的非强制行政研究》，法律出版社2012年版，第176～177页。

法者对于自己行为的后果就有了明确的预期，执法人员对于操作的步骤和时机就有了明确的预判，检察机关执法活动的整体运作就有了更长效的保证。①

第三节 柔性司法的任务

一、规范执法，以人为本，贯彻尊重和保障人权

2012 年，刑事诉讼法将“尊重与保障人权”纳入法典，这意味着“尊重与保障人权”成为刑事诉讼法的一项重要任务。而各机关也以保障人权为理念纷纷对自身进行改革，以适用保障人权的要求，检察机关亦不例外。最高人民检察院在《2014—2018 年基层人民检察院建设规划》中明确提出，基层检察院建设的主要任务之一，即在于“坚持以深化规范执法为主线，全面加强检察业务建设”。尤其是在规范检察业务层面，最高检提出“坚持严格、公正、规范、文明执法”，“树立理性、平和、文明、规范的执法理念”，“坚守防止冤假错案底线，努力让人民群众在每一个司法案件中都感受到公平正义”。在办案过程中，“坚持以执法办案为中心，因地制宜突出工作重点，敢于监督、善于监督、依法监督、规范监督，自觉融入社会治理体制创新，不断完善人权司法保障机制”。② 最高检要求各基层检察机关，按照保障人权理念，进行执法创新。正是在此背景下，海珠区人民检察院创造性地在检察办案中引入柔性司法，以期进一步贯彻人权保障理念。

二、促进司法和谐，实现“三个效果”有机统一

践行柔性司法，要将法律效果作为基本出发点，将政治效果作为基本前提，将社会效果作为最终目的，着力实现三个效果的有机统一。

（一）法律效果是柔性司法的基本出发点

所谓法律效果，是指基于柔性司法的理念，在具体办案的过程中，通过

---

① 刘福元：《政府柔性执法的制度规范构建——当代社会管理创新视野下的非强制行政研究》，法律出版社 2012 年版，第 178～179 页。

② 参见范跃红：《要敢于监督善于监督规范监督》，载《检察日报》2011 年 4 月 22 日第 1 版。

法律适用，使法律的公平、正义等基本价值得以较好地体现。①

法律的本质就是公平与正义。所谓公平，就是要求做到在法律面前人人平等，对任何公民、任何组织在适用法律时一视同仁。所谓正义，就是说法律是广大人民群众意志的体现，这种意志体现了正确的社会价值观和评判标准，且通常反映了社会发展规律和时代潮流。自党的十五大确立依法治国方略以来，运用法律进行社会治理以实现社会公平与正义的理念深入人心，而随着中共中央《关于全面推进依法治国若干重大问题的决定》的发布，更是为我们展现了一幅更全面、更具体、更有针对性的依法治国路线图。检察机关作为国家追诉权利的代言人，执法的出发点都应当是紧紧围绕着法律效果而展开。② 在具体措施运行过程中，要把握以下几个问题：③

第一，践行柔性司法必须坚持以法律效果为基础。这是由依法治国基本方略所决定的，检察机关作为法律实施机关，在适用法律时要恪守严格执法的原则。制定法如果得不到贯彻与实施，那么就会形成具文，这将会损害到法律的尊严与权威，无助于社会的发展。这就要求在执法“柔性”的过程中，不能无原则的“柔”，要“刚柔并济”，在“刚”的法律规定下灵活适用各种措施，在案件办理时，时刻将把严格依法办案、注重法律效果作为价值取向的首选。

第二，践行柔性司法要注意夯实法学理论基础。取得法律效果的前提在于对法律的准确理解和把握。法律条文有抽象性、原则性、滞后性等特征，这就要求检察人员在法律适用的过程中要准确理解法律条文，认真领会立法原意。要善于站在时代的高度，用发展的眼光创造性地应用法律，使法律条文背后蕴含的价值观念能得到准确体现。

（二）政治效果是柔性司法的基本前提

党代表最广大人民的根本利益，是中国各项事业建设的领导者，同样也是我国社会主义法治建设的领导者，确保党的领导是开展司法工作的基本前提，这就要求司法工作者要追求良好的政治效果。在司法实践中，通过公

---

① 参见周永年：《关于当前检察改革的若干理性思考》，载《政治与法律》2003年第5期。

② 参见周永年：《关于当前检察改革的若干理性思考》，载《政治与法律》2003年第5期。

③ 参见周永年：《关于当前检察改革的若干理性思考》，载《政治与法律》2003年第5期。

正、高效、权威的司法制度，维护党的执政地位，维护国家安全，维护人民利益，服务社会大局，保障党的事业顺利进行，使人民的意志得到体现，可以说，追求最大化的政治效果也是社会主义司法工作的内在追求之一。①

当然，自古以来政治和法律就是一对冤家，对它们关系的讨论是一个非常敏感的话题。若使法律成为政治统治的附庸工具，那么国家便走向了“人治”；当法律成为制约政治权力膨胀的监督工具时，国家的治理方式便转化为了“法治”，这两种统治方式的争论贯穿于人类文明发展历程的始终。由此可见，我们应当在司法工作中妥善处理好法律与政治的关系。在进行司法改革，建设社会主义法治国家的今天，追求政治效果，坚持党的领导，绝不是指以党代法、以权代法，而主要是要在宏观层面把坚持党的思想路线作为开展司法工作的基本前提，在社会主义法治理念的指导下独立地开展司法工作。从一定程度上来说，有了良好的法律效果，维护了个案公正和社会公正，也就保障了人民的利益，保障了党的事业顺利进行，法律效果与政治效果是一个问题的两个方面，在本质上都是为了维护人民群众的根本利益。因此，司法工作应当也只能在党的思想领导这一大前提下，依法独立公正地行使职权。② 总之，在柔性司法中不能片面追求政治效果，必须要以坚持法治为根本出发点，在依法办案的前提下，追求案件处理的政治效果最大化。

（三）社会效果是柔性司法追求的最终目的

“视法律为生命，把人民当父母”是每一个司法人员所必须恪守的誓言，应当将实现人民利益作为司法工作的终极目的，即司法工作在执法中要以实现良好的社会效果为依归。

司法工作中所追求的社会效果主要是社会公正、和谐与有序。社会主义司法工作就是要以人民利益为根本，以民意民需为原动力，在具体司法工作中既实现个案公平正义，又兼顾人民群众对司法结果公正权威的认同，最大

① 参见孙亚珍、黄宇、龚劲松：《司法工作中如何实现政治效果、社会效果和法律效果的统一》，载 http：//www. jcrb. com/jcpd/jcll/201010/t20101019_ 456174. html，访问日期：2016 年 1 月 18 日。

② 参见孙亚珍、黄宇、龚劲松：《司法工作中如何实现政治效果、社会效果和法律效果的统一》，载 http：//www. jcrb. com/jcpd/jcll/201010/t20101019_ 456174. html，访问日期：2016 年 1 月 18 日。

限度地增加社会和谐的因素。①

一方面，法律的最初目的是维护社会的秩序，其最终目的也是维护人民利益，包括统治阶级的利益、被统治阶级的利益，尤其是后者更是现代人权保障的重要内容，可以说本身就包含有社会效果的内容，这就要求司法工作人员在实施法律的过程中，依法判断，由此方可达到最好的社会效果。

另一方面，在追求社会效果时，如何处理现有法律与民意的关系也是现代司法亟须解决的一项重大难题。法律效果是验证执法活动是否依法实施和符合法治原则的尺度，社会效果则是检验执法活动是否符合社会发展、满足人民群众对公平正义的期待及构建和谐社会要求的标志。检察机关不仅要考察作为规范的法律是否得以实施，更重要的是看执法活动是否促进了社会的良性运转，是否维护了社会公众的实际利益。事实上，机械执法仅局限于法律和有关条文规定的条条框框，不考虑执法的社会效果，就是缺乏从宏观上把握案件性质的能力。②

总体来说，在我们践行柔性司法理念的过程中，既要确保在办案中坚持严把案件的事实关、证据关、程序关和法律适用关，真正做到有法可依、有法必依、执法必严、违法必究，杜绝一切违法办案、滥用职权的现象。③ 又要做到树立正确理念，坚持以人为本社会效果，运用统筹兼顾的方法，将以人民满意作为出发点和落脚点，把人民满意不满意作为衡量司法工作的尺子，着力追求案件处理的社会效果。④

第四节　柔性司法的基本原则

法律原则是一项制度建立的基本内容，其具有规范性、科学性、概括性、普适性和指导性的特点，既是制度与程序的前提和基础，又指导着制度

① 孙亚珍、黄宇、龚劲松：《司法工作中如何实现政治效果、社会效果和法律效果的统一》，载 http://www.jcrb.com/jcpd/jcll/201010/t20101019_456174.html，最后访问日期：2016 年 1 月 18 日。

② 吴飞飞、向少良、卢希起：《检察工作法律效果与社会效果相统一初探》，载《云南大学学报（法学版）》2010 年第 4 期。

③ 周永年：《关于当前检察改革的的若干理性思考》，载《政治与法律》2003 年第 5 期。

④ 奚晓明：《努力实现法律效果与社会效果的统一》，载 http://old.chinacourt.org/html/article/200809/23/322508.shtml，访问日期：2016 年 1 月 19 日。

的创制与实施。柔性司法作为一种新生事物，在具体实施过程中有很多需要注意的问题，虽然在不同的案件中会遇到不同情况，但一般应当遵守以下几项原则。

一、程序法定原则

柔性司法的首要原则就是程序法定原则，即柔性司法应当在法律规定的范围内实施。程序法定原则与罪行法定原则作为法治原则的两个维度，分别体现了法治原则对于程序、实体两个方面的具体要求。它的产生最早可以追溯到罗马法中“适用刑罚必须根据法律实体”的规定。至于程序法定的思想渊源，很多学者认为其滥觞于1215年签署的大宪章。在该文件第39条明确规定，“任何自由人非依同级贵族的合法判决，或遵照法律，国王不得对其加以逮捕、监禁、没收其领地、剥夺其法律所保护的权利或放逐出境”。[①] 而程序法定原则第一次以宪法和法律的形式出现，肇始于法国《人权宣言》的颁布，该宣言第7条规定，“除非在法律规定的情况下，并按照法律所规定的程序，不得控告、逮捕和拘留任何人”。[②] 从历史发展来看，程序法定原则自确定之日起便被赋予了重要意义，尤其是到了近现代，它更成为现代刑事诉讼的基本要求。

在宏观层面，它是作为法治原则的一个侧面而予以体现。法治国家的基本要求是，国家权力首先必须是一种法定权力，国家权力必须在作为民意代表的代议机关即立法机关制定的法律所授权的范围内行使，法律明确授权的范围就是国家权力行使的界限，越此界限则国家权力的行使应当归于无效。权力的存在是为了谋求公共福利，但权力时刻都有被滥用的可能。[③] 正如德国历史学家弗里德里希·迈内克（Friedrich Meinecke）指出的那样，一个被授予权力的人，总是面临着滥用权力的诱惑，面临着逾越正义与道德界限的诱惑。人们可以将它比作附在权力上的一种咒语——它是不可抵抗的。[④] 因

① 参见何文妍：《论刑事诉讼中的程序法治原则》，载《佳木斯教育学院学报》2010年第5期，第19页。

② 孙伊百：《论程序法定原则及其实现——以刑事诉讼程序为视角》，载《公民与法》2010年第7期。

③ 何文妍：《论刑事诉讼中的程序法治原则》，载《佳木斯教育学院学报》2010年第5期。

④ ［美］博登海默：《法理学——法哲学及其方法》，邓正来译，华夏出版社1987年版，第347页。

此，可以说法治原则实际上是基于国民主权的政治原则而强调国家权力行使的合法性。①

在微观层面，程序法定原则是以制约国家追诉权的面目出现，其旨在要求以国家立法机关制定的法律设置刑事诉讼中涉及公民重大法益的程序事项，实现立法权对国家追诉权的有效规制；不得因特定的案件或特定的人而事后设立刑事诉讼程序，以保证所有诉讼参与人受到公平对待。② 通过法律的明文规定，将刑事诉讼纳入法制的轨道，以防止国家机关滥用职权，恣意妄为，保证刑事诉讼的民主性、公开性，从而顺利实现刑事诉讼的目的和任务。

一般而言，程序法定原则包含三方面内容：其一，在立法层面，国家应当保证刑事诉讼的程序化和法制化；其二，在司法层面，要各司法机关、执法机关和诉讼参与人要严格按照法律的规定进行或参与刑事诉讼；其三，在法律救济层面，要确立制裁性措施，明确违反法定程序所要承担的法律后果。③

我国《刑事诉讼法》第 3 条第 2 款明确规定："人民法院、人民检察院和公安机关进行刑事诉讼，必须严格遵守本法和其他法律的有关规定。"这是程序法定原则在我国刑事诉讼法律文本中的体现。随着我国《刑事诉讼法》两次大修，条文数量激增，在成文法的基础上，公、检、法三机关又制定了多达数千条的刑事诉讼司法解释。可以说，法律规范涵盖了对国家机关诉讼职权的配置、诉讼程序的流程、重要诉讼行为的法定条件和操作规程、诉讼参与人的诉讼权利及权利救济途径等各个方面，总体来说，从立法层面来看我国已基本将国家追诉权限定在程序法定的框架内。④

柔性司法与实际司法实践紧密相连，在践行柔性司法理念时，在司法层面程序法定原则要求侦查机关、检察机关、法院和所有诉讼参加人进行刑事诉讼，都必须执行和遵守法律的规定，公正地实施程序的规定。同时，在进行柔性司法的过程中，要恪守两方面的底线。第一，对于柔性司法应当在法

---

① 何文妍：《论刑事诉讼中的程序法治原则》，载《佳木斯教育学院学报》2010 年第 5 期。

② 参见宋英辉：《刑事诉讼原理》，法律出版社 2003 年版，第 70 页。

③ 何文妍：《论刑事诉讼中的程序法治原则》，载《佳木斯教育学院学报》2010 年第 5 期。

④ 徐阳：《程序法定原则对刑事司法的规范意义》，载《法学》2014 年第 10 期。

律授权范围内进行的创新和发展，不得违背法律强制性规定，不得突破法律的边际，尤其在涉及行使检察自由裁量权时，办案人员应当切实履行检察官客观公正义务，不得滥用裁量权，不违背法律的刚性规定。第二，在制定柔性司法相关规范性文件的过程中，要谨记以成文法为底线，将柔性司法纳入规范指导的范畴内，从案件线索初查、立案、强制措施、搜查、查封到侦查终结、移送起诉等每个环节都要作出具体明确的规范。要从最基础的环节抓起，从细节抓起，依靠健全的工作机制来保证对办案工作的全方位管理，使每一道工序的操作都做到有章可循、规范有序。①

二、尊重和保障诉讼参与人权益原则

柔性司法要以人为本，在执法办案中注重人性化执法，要着力尊重和保障犯罪嫌疑人、被告人及其他诉讼参与人的正当合法权益。对于该原则可以从以下三个方面进行理解。

（一）尊重和保障被告方的权益

执法为民是党和人民对检察工作的根本要求，是检察工作的出发点和落脚点，也正是柔性司法的精髓所在。在现实中，不少检察干警缺少群众观念，缺乏群众感情，没有树立执法为民的理念。在检察工作中推行柔性司法，要求检察人员在思想意识上要学会换位思考，学会“用心去聆听”，厘清角色定位和看问题的角度，尊重和保障犯罪嫌疑人、被告人的合法权益，坚决杜绝特权思想和霸道作风。要始终牢记与人民群众保持血肉联系，把自己当作“民”，从感情上贴近“民”，以“依法履职，服务社会”为根本出发点，在与犯罪嫌疑人、被告人交流的过程中，既要考虑依法办案，也要考虑对方合法权益与正当利益的保护。②

践行柔性司法理念时，要倾听被告方的诉求和保障其各项权利的实施，在具体办案过程中，要求一线办案人员积极探索新的执法方式，采用较为人性化的方法来办理案件，将柔性司法的理念切实落脚于执法行为中，让“冰冷”的执法行为软化，将对抗转为合作，贯彻协同主义的理念。如在查办职务犯罪案件过程中，应积极探索非羁押性强制措施的运用，减少侦查工

---

① 唐润清、李利军：《反贪办案柔性执法之应用》，载 http://www.hzjcy.com/XXXJS_708/GZYJ_722/201504/t20150423_288950.htm，访问日期：2016 年 1 月 15 日。

② 唐润清、李利军：《反贪办案柔性执法之应用》，载 http://www.hzjcy.com/XXXJS_708/GZYJ_722/201504/t20150423_288950.htm，访问日期：2016 年 1 月 15 日。

作对犯罪嫌疑人自身及其家庭、所在单位的影响。同时，要充分照顾犯罪嫌疑人家属及所在单位的感受及合理要求，在办案的过程中，尽最大努力减小对犯罪嫌疑人家属（尤其是未成年人与老年人）的影响，并在确保家属知情权等法定权利的基础上，对于生活困难的，尽可能给予犯罪嫌疑人家属充分的生活关心和照顾；对于涉及企业的职务犯罪案件，坚持从有利于保护企业生存发展、有利于保障企业职工生计、有利于维护社会和谐稳定的目的出发，注意办案方法，尽量减少办案对企业造成的负面影响。[①] 在适用刑事速裁程序时，由于该程序取消了法庭调查和法庭辩论以求庭审效率，使庭审质证由庭上前置到了庭前。因此，为了保障被告人辩护权的实施，应当在法律框架下增设柔性司法措施，确保被告人在庭前能够充分了解证据情况，进而使被告人得到公正审判。

（二）尊重和保障被害方的权益

被害人是遭受犯罪行为直接侵害的人，更应当受到法律的保护，得到全社会的同情和关怀。[②] 在现代刑事诉讼中，被害人与犯罪嫌疑人、被告人共同组成了诉讼的当事人体系，但是对两者权益保护的关注度并不一致。在20世纪，世界各国刑事诉讼法研究的主流趋势在于保障被告方的权益，在立法和理论层面重视对被告方权利的保护。在这一背景下，刑事审判的天平不断地向被告方倾斜，以至于在司法实践中忽视和损害被害人权益的情况频发，这引起了各方人士的不满。到20世纪中后期，随着被害人学的兴起繁荣以及保护被害人呼声的高涨，各个国家开始重视保障被害人在刑事诉讼中的地位。不少国家的刑事诉讼法开始赋予被害人以平等的防御权，使过于向被告人倾斜的天平恢复平衡。[③]

经过刑事诉讼法两次大的修改以及刑事诉讼理论研究的逐步深入，目前我国对于被告方权益的保障情况得到了较大的改善。但是，刑事诉讼中的利害关系人、被害人却成了被遗忘的“角落”，被害方的权益保障未能在立法与司法中得到足够重视。尤其是在实践中，忽视被害方权益的情形比比皆

---

① 唐润清、李利军：《反贪办案柔性执法之应用》，载 http://www.hzjcy.com/XXXJS_708/GZYJ_722/201504/t20150423_288950.htm，访问日期：2016年1月15日。

② 参见唐文胜：《论刑事诉讼中被害人的权利保障》，载《北京人民警察学院学报》2008年第2期。

③ 参见许能凤：《如何切实保障被害人的合法权益》，载《云南大学学报（法学版）》1998年第3期。

是，如被害人时常不知道案件的进展情况，未被通知出庭，等等。甚至更为糟糕的是，有的司法人员在执法过程中未能树立执法为民的观念，在处理与被害人的关系时，态度蛮横、方式不当，对被害人及其家属的合理要求置之不理，致使被害人遭受的精神、物质和身体损失无法得到补偿，极有可能造成被害人再度被伤害，由此而引发的社会矛盾和信访压力着实令人担忧。① 可以说，对被害人权益保障问题解决已经成为社会主义法治建设过程中一项迫在眉睫的工作，而这项工作的完成仰赖于柔性司法的贯彻与执行。

柔性司法的核心在于"以人为本"，既要保障被告方权益，又要重视保护被害人的合法权利。这要求基层检察机关在践行柔性司法理念的过程中，一方面要通过追诉犯罪，平复被害人情绪，将其重新拉回依法处理的轨道，最终达到解决矛盾，恢复法秩序的目的。另一方面，也要积极通过案外救济方式化解矛盾。对于因遭受犯罪伤害而导致生活困难，却又难以从被告人处获得赔偿的被害人，要主动启动被害人救助程序，对其进行扶危救困。如对于被告人赔偿不能，被害人丧失工作能力的案件，为了解决被害人生活困难的问题，案件经办人可以主动联系相关部门，启动被害人救助程序，为其提供一定数额的生活救济金，助其渡过难关。

（三）尊重和保障其他诉讼参与人的权益

在柔性司法过程中，不仅要重视当事人的权益保障问题，还要注意保护其他诉讼参与人权利的实现。如要注重保障辩护人的权益，而对于辩护人权益的保障则可以从以下两个方面展开：

第一，在理念上，检察人员应当树立正确的执法理念，不能戴有色眼镜对待律师，对其执业权利应当给予充分的尊重，应当站在一个理性的高度去尊重、信任律师，从思想上树立对律师执业权利的保障意识。第二，在具体权利保障上，要着力在现行法允许的范畴内，保障辩护人行使自己的权益。如会见时，要保障律师有足够的时间在专门的场所内不受非法干预地与犯罪嫌疑人、被告人进行会见。在阅卷时，要保障律师查阅、摘抄和复制与案件有关的诉讼文书的权利。②

---

① 参见李东华、刘文英：《切实保障被害人权益，稳固和谐社会基石》，载《上海公安高等专科学校学报》2005 年第 6 期。

② 参见张润梅：《检察机关对刑事诉讼活动中律师执业权利的保障》，载 http: //www. jcrb. com/prosecutor/thepractice/201407/t20140723_ 1416667. html，访问日期：2016 年 1 月 23 日。

总之，践行柔性司法就是要求检察人员在办案过程中减少对抗性因素，在法律规范的前提下，以人性化考量为基点协调各方利益，最终实现从对抗性执法到合作性执法的转变，进而达到促进执法过程和谐的目的。

三、法律帮助原则

2004 年，我国《宪法修正案》第 24 条明确规定了“国家尊重和保障人权”的条款，为保障弱势群体权益提供了法律依据。检察机关在履行职务的过程中，要紧紧围绕改革发展稳定大局，忠实履行宪法和法律赋予的职责，在依法严厉打击刑事犯罪的同时，要把保障人权和检察业务切实地联系起来。[①] 在工作中认真贯彻落实宪法及法律法规中保障弱势群体权益的各项规定，加强对弱势群体合法权益的司法保障，努力做到法律效果、社会效果和经济效果的有机统一，从而在建设社会主义和谐社会的征程中，充分发挥检察机关的应有作用。这既是对宪法保障人权精神的具体落实，又能起到化解社会矛盾的作用，更是建设社会主义法治国家、安定团结的和谐社会不可逾越的关键环节。[②] 在柔性司法过程中，要注意倾斜保障弱势群体的权益，对他们进行法律层面的帮助。

在我国，法治现代化程度不高，有相当一部分当事人尚处于文盲和半文盲状态，法律知识匮乏，他们不仅缺乏诉讼常识，就连一些基本的法律常识也不知晓。[③] 在此情况下，进行柔性司法时需要司法机关从各个方面对这些处于法律上的“弱势”群体提供帮助，这一方面是为了保证诉讼活动健康有序地进行，提高刑事诉讼的效率；另一方面也是实现保障人权理念的需要。

在柔性司法中贯彻法律帮助原则，需要从以下三个方面进行：

（一）法律咨询、指引

现代刑事诉讼充斥着各种专业术语，这一方面体现着司法的现代化与精密化，但也会使当事人在诉讼中产生迷惑，导致一些当事人在不清楚法律风

---

① 参见孙谦：《人民检察的光辉历程——纪念人民检察院恢复重建 30 周年》，载《人民检察》2008 年第 11 期。

② 湖北省随县人民检察院：《浅谈弱势群体的法律保护》，载 http：//sx. sz. hbjc. gov. cn/jyjl/201411/t20141125_ 589967. shtml，访问日期：2016 年 1 月 24 日。

③ 肖艳清：《从概念到制度——释明权理论初探》，华东政法大学法学院 2005 年硕士学位论文。

险的情况下，因为实施某些不适当的行为，而受到法律的否定性评价。为防止当事人因不懂法而利益受损，检察机关应当在柔性司法过程中及时提供法律指引，帮助当事人妥善行使权利。在履行职务的过程中，检察人员可以发挥主观能动性，积极向群众提供法律咨询与指引，回答法律咨询，耐心倾听群众诉求，有序引导群众依法依规解决相关问题。

（二）司法救助

现行的司法救助狭义上也称为诉讼救助，主要是指人民法院对于交纳诉讼费用确有困难的当事人，根据其申请，予以缓交、减交或者免交诉讼费用的制度。① 但在司法实践中，不仅是法院，很多地区的人民检察院也对该制度的适用进行了有益探索，建立了符合检察模式的特殊司法救助制度——刑事案件被害人救助制度，如对于生活贫困达到救助条件的被害人进行国家救助。而且，在目前这种尝试也得到了较好的社会效果和法律效果，值得在全国范围内进行推广。② 检察机关在柔性司法过程中，为追求政治效果、法律效果与社会效果的统一，应当尝试建立司法救助体系，在考虑本地实际情况的基础上整合内部资源，在具体实施过程中制定相关规范性文件，明确救助对象、救助金额标准、救助条件以及救助程序等方面内容，同时在执法中积极探索建立一些有益的救助措施。

（三）法律援助

从宏观角度来看，法律援助在政府保障公民合法权益、发展社会公益事业、实现“法律面前人人平等”、健全完善社会保障体系、健全社会主义法制、保障人权等方面有着极为重要的作用。③ 修改后的刑事诉讼法扩大了刑事法律援助的适用范围和对象范围，对检察机关提出了新的要求。虽然法律只规定了对于部分人群适用指定辩护，但是刑事诉讼法作为“限权法”，并不阻止检察机关在具体案件中赋予当事人更多权利。柔性司法强调司法的合作性，但这种协同是建立在当事人“明智”的基础上，这就需要检察机关建立相应法律援助机制，保障当事人不因不懂法而承担法律责任。尤其对于

---

① 参见慧娟：《试论司法救助制度在我国的发展及完善》，载《华人时刊》（下旬刊）2014 年第 12 期。

② 曲小卫：《浅析基层检察机关司法救助模式构建——以涉法涉诉信访工作改革为视角》，载 http：//article. chinalawinfo. com/ArticleHtml/Article_ 80435. shtml，访问日期：2016 年 1 月 25 日。

③ 参见张天实：《论法律援助经费保障问题》，载《才智》2012 年第 2 期。

速裁案件来说，为保障当事人权利不被减损，应当在程序快速进行的基础上，采取有效措施保障当事人辩护权利，如检察机关可以积极试点强制法律援助制度，与现行值班律师制度相结合，对于无辩护人的案件实现速裁案件法律援助的全覆盖，保障当事人的诉讼利益。

四、灵活性原则

柔性司法要求兼顾灵活性和原则性，根据情势变化作出适当调整。柔性司法是在依法执法范畴内的“执法”，但对其的理解不能僵化，柔性司法并非僵硬执法，它具有柔和、及时、实用、注重效率等一系列突出特点和长处。[①] 它要求执法人员在法律条文的涵摄范围内，灵活采取更易为执法对象所接纳的方式，在实现执法目的的基础上，灵活采取变通方式提升执法效果。强调在执法过程中，要重视与执法对象之间的沟通，通过引导性的、非对抗性的方式，去实现执法目的和要求，它在执法方式上克服了原有强制性方法的单一性、僵化性和机械性的缺陷，更符合人有被他人尊重、肯定和自我实现需要的心理特点，在本质上代表了民主、协商与沟通的法治价值，体现了现代法治的平等、独立、民主、责任、宽容、尊重、信任和合作的人文主义精神。[②]

可以说，柔性司法灵活性的特点在于注重用柔性而非强制力的手段来引导当事人行为的正确方向，旨在以最小的代价，获取最高的社会收益。总体来说，只有灵活执法才能最终实现从对抗性执法到合作性执法的转变，促进执法过程的和谐。当然，柔性司法的灵活性也应当受到某些限制，一方面，它要受到法律规范的规制；另一方面，在柔性司法中也需要防止检察机关滥用裁量权。为规范检察裁量权，基层检察院既可以运用人民监督员制度，[③] 也可以对检察官会议善加利用，将检察官会议作为一种具有高度透明度和公信力的法律解释会议，对办理案件中出现的问题作出及时、统一的解释，对一线执法者提交决断的案件依法作出更灵活、更人性化的解释，统筹兼顾各

---

① 参见王春业：《论法治视野下的柔性执法》，2007 年第二届全国公法学博士生论坛论文。

② 参见王春业：《论法治视野下的柔性执法》，2007 年第二届全国公法学博士生论坛论文。

③ 参见荀晓阳：《我国检察机关自由裁量权制度之完善》，载《湖北警官学院学报》2014 年第 4 期。

方利益，依法作出科学决断。①

五、和缓原则

和缓性原则主要适用于未成年人犯罪的案件，其重点在于在刑事诉讼过程中要注意结合未成年犯罪嫌疑人、被告人的身心特点，尽量不采用激烈、严厉的诉讼方式。如尽量不用或者少用强制措施，在传唤、讯问以及审判的时候，应当尽可能通知其法定代理人到场，必要的时候，可以邀请其老师参加等。这种做法的立足点在于对未成年人的具体情况做具体分析，在刑罚个别化原则下建立、完善针对未成年人犯罪的处理措施，以期在更大程度上、更广范围内贯彻“宽严相济”的刑事政策，真正维护未成年人的合法权益，实现社会利益与未成年人利益的双丰收。② 而这种做法也为其他检察工作的开展提供了新的思路。

过去，检察机关在办理案件过程中，过于强调刑事程序的对抗性，将工作的重点放到了提高侦查及公诉水平方面，这使得一开始就将检察机关与犯罪嫌疑人摆在了敌对的位置上。但是这种做法在现在看来并不适宜。随着时代发展，社会法制知识的普及，尤其是人权保障意识快速提高以及司法信息公开的更深推进，犯罪嫌疑人在庭审阶段翻供的情形逐渐增多，尤其是无理翻供的情况日益增加，这产生了很不好的社会影响，导致法律实施的效果大打折扣。经过调查发现，这些翻供行为产生的主要根源在于犯罪嫌疑人供述后，特别是被羁押后，在封闭的空间内心理上存在被抛弃的自我认知，且将审讯中的对抗情绪发酵后，产生的赌徒心理。为扭转这一情形，检察机关应当转变工作思路，适当开展一些有益的尝试。此时，一些检察院在履行职务时，逐渐意识到将适用于未成年人刑事程序中的和缓原则引入到其他检察工作中，有利于缓解这种情况的发生。同时，基于柔性司法“以人为本”的理念，也要求检察机关在履行职务的过程中要注意使用较为和缓的执法手段。为此，基层检察院在柔性司法过程中应当从被羁押犯罪嫌疑人的心理需求出发，缓和其对抗性，增加犯罪嫌疑人对侦查人员和侦查工作的心理理解和认同。可以说，在柔性司法过程中遵循和缓原则，在履行职务的过

---

① 参见朱宏勤：《浅谈行政执法的柔与刚》，载 http://www.ccm.gov.cn/swordcms/office/gzfdt/-56430810.html，访问日期：2016 年 1 月 25 日。

② 周灿：《论未成年人犯罪的处理原则与处遇制度》，载 http://court.gmw.cn/html/article/201212/03/112746.shtml，访问日期：2016 年 1 月 26 日。

程中采取和缓性的手段，可不拘留的一律不拘留，可不逮捕的一律不逮捕，切实从每个被羁押犯罪嫌疑人的心理需求出发，做到以人为本，有利于实现法律效果、社会效果与政治效果的统一。

六、教育原则

柔性司法要求在检察机关履行职务的过程中注重感化、教育、挽救，可不起诉的一律不起诉。

在司法实践中，每当谈及诉讼中人权的保障，尤其是保护犯罪嫌疑人、被告人的合法诉讼权利时，有相当一部分执法人员就会认为是保护犯罪嫌疑人和被告人，是庇护犯罪。① 更有甚者，把犯罪嫌疑人、被告人等同于有罪的人，将犯罪嫌疑人、被告人诉讼客体化，基于报应刑的理念，利用刑事程序对犯罪嫌疑人、被告人施加“惩罚”。其本质上是刑罚报应观在其中起着主导作用。但是随着人权保障理念的兴起以及新派刑法理论的发展，人们开始逐渐反思上述做法，并且开始寻找新的刑罚理论。此时，刑事诉讼中人的客体性特征开始逐渐减少，主体性特征不断被彰显。在人本主义思想的影响下，激发了理性对待犯罪人、尊重犯罪人自由意志的理论思潮，保障犯罪人的人权为整个世界所关注，重刑传统不断受到挑战与质疑，刑罚变革因而成为理所当然的事情。在此趋势影响下，以国家强制力为后盾的刑罚开始从非人的暴虐转向人道化。② 教育刑理念开始逐渐成为刑罚理论的一项重要支点，有的学者甚至认为应当将教育视为刑罚本质、把教育作为刑罚目的。不论是将教育作为刑罚的一个侧面还是刑罚的本质，其基本立足点都在于强调教育的重要性。虽然检察机关并非定罪的机关，但是在其履行职务的过程中，亦应贯彻教育的理念。尤其是在倡导柔性司法的过程中，因其本身蕴含的人本理念，其更要求检察机关在执法中重视教育的因素。

检察机关在柔性司法过程中，主要是通过适用不起诉制度来发挥教育作用。从不起诉制度的历史渊源来看，其一方面是为了分流案件、化解矛盾，节约司法资源；另一方面，也是为了防止因对犯罪人处以刑罚而带来的“交叉感染”及“犯罪标签”等问题，希望通过不起诉制度来帮助犯罪嫌疑人早日复归社会。这就要求检察机关在查清案件事实的基础

---

① 原立荣：《刑事诉讼法目的之辩》，载《山东大学学报》（哲学社会科学版）2008 年第 3 期。

② 参见陈伟：《教育刑与刑罚的教育功能》，载《法学研究》2011 年第 6 期。

上，对于犯罪嫌疑人，能够感化教育的尽量以教育、挽救为主，能不起诉的尽量不起诉。

当然，教育原则应不单单在不起诉制度中得以体现，其在诉讼的各个阶段都应当受到重视。这要求检察人员要在查清事实的基础上，对犯罪人展开有针对性的教育，挖掘其犯罪发生的深层次根源，剖析他们犯罪的根本动因，对症下药，深入进行心理教育，使其真正认罪伏法，并能正确对待将要面临的刑事处罚。同时，应当注意的是，在柔性司法中贯彻教育原则并不意味着对待犯罪人只重教育而忽视惩罚。犯罪人的行为对社会产生了危害，对其依法予以处罚是正当且必要的。忽视惩罚或不当的处罚难以使其认识到自己行为的严重后果，对教育方针的贯彻也是不利的。①

总之，检察机关在执法过程中应当秉承这样的理念：在对犯罪人追究刑事责任时，实行教育、感化、挽救方针，坚持教育为主、惩罚为辅的原则。要将教育工作放在检察工作的突出位置上，坚持教育为主、惩罚为辅，对犯罪人强调坚持教育为主，针对其个人特点，晓之以理，动之以情，使之认识到自已行为的危害性。

七、纪检监督原则

为取得良好的社会效果，保障柔性司法的顺利开展，必须要贯彻纪检监督原则，对于违法行为，检察机关的纪检监察部门应当及时督促纠正。

柔性司法必须在法律规定的框架下展开，此时就需要相关部门加大监督力度，尤其是纪检监督部门要严把“监督关”，对于执法中的违法行为及时进行纠正，才能保证柔性司法合法、有序地进行。加强纪检监督在检察工作中的适用，不仅是对柔性司法的要求，也是党在新的时期对各项检察工作提出的新要求。在一八届三中全会上党中央明确提出“落实党风廉政建设责任制，党委负主体责任，纪委负监督责任”。② 在十八届中央纪委三次全会中要求“各级党委（党组）要切实担负党风廉政建设主体责任，各级纪委

① 佚名：《处理未成人犯罪的特别原则》，载 http：//www. lawtime. cn/info/xingfa/weichengnianfz/20110603116555. html，访问日期：2016 年 1 月 29 日。

② 中国共产党中央委员会：《中共中央关于全面深化改革若干重大问题的决定》，载《人民日报》2013 年 11 月 16 日第 1 版。

(纪检组)要承担监督责任”。[①] 在全面深化司法体制改革的背景下，将纪检监督原则贯彻于检察体制和工作机制中是新一轮检察体制改革的当务之急。

可以说，强调纪检监察工作是这一历史时期发展的必然结果，而对于柔性司法而言，进一步贯彻纪检监督原则有着更为重要的意义。其一，纪检监察工作有利于保障司法公正的实现。柔性司法追求执法方式的和缓、执法结果的公正，而纪检监督工作通过规范检察人员的行为，促使其依法履行检察权，进而保障柔性司法中程序与结果公正。其二，纪检监察工作有助于提升检察队伍素质。检察队伍的职业化是贯彻柔性司法理念的前提，是促进检察人员职业素质提升的需要。良好的纪检监察可以为检察人员职业化建设营造出健康向上的环境，而经常性地开展警示教育，可以帮助检察人员树立正确的执法为民的权力观，从职业道德层面提升检察队伍素质。其三，纪检监察工作是保障柔性司法有序进行的需要。柔性司法是制度框架下的执法，除了受到法律及司法解释的规制，也受到本机内部规范性文件的制约，可以说柔性司法的各个环节都充满了制度规定，大到适用法律，小到一言一行，都要靠规范去约束、运行，而这些措施的实施效果依靠于纪检监察机关的工作力度。[②] 只有使纪检监察部门成为悬于检察人员头顶的“达摩克利斯之剑”时，柔性司法才能真正发挥出作用。

在检察工作中贯彻纪检监督原则是司法公正与职业化的必然产物，但是在具体适用中仍要注意以下几点问题：第一，要正确处理检察业务活动与纪检监察工作的关系。检察业务是检察院工作的重心，纪检监察工作是检察业务活动的保障。在具体执法过程中，在大力贯彻柔性司法理念的同时，也要抓紧纪检监察工作，使两者相辅相成，不可偏废一方。第二，正确处理教育与监督的关系。柔性司法涉及裁量权的行使，这会经常涉及法律的“边界”问题，而裁量权的行使常常会引起纪检部门的监督，为此，纪检监察部门应当经常性地开展各种教育活动，努力使一线办案人员认识到纪检监察部门的监督是对他们的关心爱护。同时在具体工作中，纪检监察人员要切实履行职责，大胆监督，严格要求，及时对检察人员行为上的失范进行批评教育，防

---

① 中国共产党纪律检查委员会：《中国共产党第十八届中央纪律检查委员会第三次全体会议公报》，载《人民日报》2014 年 1 月 15 日第 1 版。

② 参见郑贤高：《浅议检察机关纪检监察工作的重要性及完善》，载《法制与经济》2010 年第 6 期。

止在柔性司法过程中出现违法情形。第三，正确处理与其他部门的关系。纪检监察部门要重视与检察院其他内设部门的合作，为保障柔性司法合理、合法、有序的进行，纪检监察部门要协助、会同检察院党组和政工部门经常对检察人员围绕司法为民，廉洁奉公，秉公执法等内容展开教育，促使检察干警在工作中遵纪守法、廉洁高效。①

① 李兰成：《对做好检察机关纪检监察工作的思考》，载《活力》2011 年第 18 期。

尊重和保障人权　改进司法理念与办案方式

本报讯（狄波　周良　罗群）6月17日，由国家检察官学院、中国人民大学诉讼制度与司法改革研究中心、广东省广州市海珠区检察院联合主办的“检察机关改进司法理念与司法办案方式理论与实践”研讨会在广州召开。专家学者与检察机关代表共50余人以广州市海珠区检察院改进司法理念与司法办案方式的实践探索（又称为“柔性司法”）为样本，围绕主题进行了深入研讨。

司法方式的创新与柔性司法的实践

国家检察官学院党委书记、教授胡卫列认为，尊重和保障人权是司法和执法的基本宗旨之一。刑事诉讼具有双重目的，即惩罚犯罪与保障人权，二者不可偏废。但是，以往我们对刑事诉讼目的的认识存在误区，过于强调其打击犯罪的方面。2004年十届全国人大二次会议通过的宪法修正案，将“国家尊重和保障人权”明确写入宪法。2012年《刑事诉讼法》第2条增加规定，要求“尊重和保障人权”。在检察工作中尊重和保障人权，就是要把尊重和保障人权作为检察机关一切司法行为的基本宗旨。

各地检察机关在实践这一基本宗旨时，也对司法办案方式做了各种探索，海珠区检察院“柔性司法”实践探索是其中之一。

2009—2011年，柔性司法仅是萌芽阶段，主要是要求自侦部门转变思路，着力降低犯罪嫌疑人与检察机关的对抗性。在三年的探索后，该院发现，这一探索不仅没有影响办案效率和质量，反而彰显出对于侦查办案的促进作用。2012年初，该院正式提出了“柔性司法”的概念，强调以人为本，尊重和保障人权，体现人文关怀，是建立在司法观念和司法手段相结合基础上的一种新的机制。例如，关于讯问时间的控制，讯问中对于被讯问人的人权保障与人文关怀，等等。

2013年1月，该院全部内设业务部门按照柔性司法的要求，在总结、创新和论证的基础上，制定了相应的柔性司法方案。对于方案中不可行的地方，及时修改调整；如果在司法实践中发现有更好方式的，及时优化提升；而对于不按照方案认真落实，又无正当理由的，明确规定了相应的责任及追责程序。

2014 年，该院初步形成包括主要业务内容在内的《海珠区人民检察院改进司法理念与司法办案方式暂行规定》。将检察机关大量的实践资源与高校丰富的理论资源有机结合，在全院范围内抽调 10 余名干警组成专项课研组，与国家检察官学院、中国人民大学诉讼制度与司法改革研究中心正式就检察机关柔性司法立项研究。2015 年，该院在理论研究和办案实践过程中不断总结思考，修改完善了包含 67 条内容的《海珠区人民检察院改进司法理念与司法办案方式规定》，涉及多个办案环节，比如，规定犯罪嫌疑人为企业负责人的，如对其采取羁押性强制措施可能严重影响生产经营的，根据案件情况可以采取非羁押性强制措施，已经羁押的可变更为非羁押性强制措施；犯罪嫌疑人子女处于中考、高考等重大考试期间的，除有碍侦查外，经检察长同意可以暂缓强制其到案。

柔性司法的内涵与任务

作为一种司法实践，“柔性司法”蕴含何种法理呢？

与会专家介绍，这方面的法律规定和理念，主要缘起于行政强制法。2012 年颁布的《行政强制法》第 5 条明确规定：“采用非强制手段可以达到行政管理目的的，不得设定和实施行政强制。”不仅将学理上的非强制执法手段正式纳入我国行政法律体系中，而且非常明确地将“非强制相对于强制的优先适用”规定为行政执法的基本原则。因此，无论是行政机关还是检察机关，根据比例原则，在采用多种方式均可实现某一特定执法司法目的时，应当采取对当事人权益损害最小的方式，这样做才是适当和合理的；对于执法司法手段而言，当强制手段和非强制手段都能达到执法司法目的时，应当采用非强制手段，不得采用强制手段。

中国人民大学法学院副教授程雷表示，柔性司法将规范司法行为作为其价值追求。最高检在《关于贯彻落实〈中共中央关于全面推进依法治国若干重大问题的决定〉的意见》中，提出了“建设过硬队伍，为检察机关推进依法治国提供组织保证”这一要求，并进一步明确提出了要“深入落实中央八项规定精神，坚决反对和克服特权思想、衙门作风、霸道作风”的具体要求。落实到检察工作中，以规范司法行为作为价值追求的柔性司法，其体现的是司法过程和理念的宽容性和包容性，其要求检察机关司法方式和具体司法手段的不断创新，体现人文关怀，坚持和贯彻“以人为本”的理念，时刻谨记尊重和保障人权。

北京大学法学院教授陈瑞华认为，柔性司法超越了传统的法律价值观，是一种走在理论前端的新型价值观。如果要用理论概括的话，一是人道主义文明司法的理念，二是国家权力的谦抑，即比例性原则的坚持。

柔性司法的特征与功能价值

中国社会科学院法学研究所研究员王敏远认为，柔性司法其实可以称为“人性化司法”。同样适用法律的规定，但不同的执行方式，其效果和意义可能会大不相同。柔性司法蕴含了比规范性司法更多的价值追求。首先，柔性司法是一种建立于规范之上的司法方式。柔性司法是超越规范的或者说是一种更高级的规范司法，但是超越规范的司法首先是建立在规范司法的基础之上的；其次，柔性司法是人性化司法，是通过灵活运用沟通、引导、和解、帮助、宣教等多种手段，使司法对象在逻辑上首先认识到自己行为的不合理性，进而实现司法的目标。这种司法方式与“简单粗暴”的司法方式有着本质区别。

中国社会科学院法学研究所研究员熊秋红认为，柔性司法是针对刚性司法提出来的，但并不是对刚性司法的否定。执行法律的时候首先要遵循法律的规范性，遵循法律的刚性，但是在执行过程中必须有柔性，因为法律不是万能的，在执行过程中除了法律明确规定的范围，还有很大的自由裁量领域。这样的领域通过柔性司法可以把法律精神和法律背后的原则贯彻到底，因此在执行过程中要柔性司法与刚性司法并举。

广州市检察院检察长欧名宇认为，柔性司法契合了当前司法改革的精神和任务要求，展示了检察机关改进司法方式方法的法治精神、创新举措和责任担当。广州市检察机关应推广海珠区检察院的柔性司法模式，更加注重改进办案方式方法，认真贯彻落实尊重和保障人权，准确把握法律政策界限，努力推进更具实效性的改进司法理念和司法办案方式的形成。

中国政法大学诉讼法学研究院教授卞建林认为，柔性司法实现了刑事诉讼保障人权的宗旨，提高了司法公信力。柔性司法是通过改进司法理念和司法办案方式，以良法善治保障刑事诉讼当事人的合法权益，促进了司法公信力的提高。

中国政法大学诉讼法学研究院教授顾永忠提出，柔性司法有四方面价值：一是有利于实现法的目的。法的目的最终是要实现社会的秩序、安定、和谐。柔性司法体现了尊重和保障人权的基本宗旨，有利于减少司法对象的对抗，有利于最大限度地实现安定、和谐。二是有利于体现法的精神。刑事司法活动经历了从强调打击到开始教育挽救再到宽严相济的发展推延过程，宽严相济是法的精神体现，而柔性司法是对司法对象需求的一种回应，刚柔共济为法的精神所包容和体现。三是有利于维护司法公正。柔性司法使有罪的人能够接受处罚，又减少了对无罪之人的伤害，有利于维护司法公正，体现了程序的独立价值。四是有利于提高司法效率，柔性司法活动本身具有高度的柔性和灵活性，可以根据不同的司法情境随机应变，减少司法资源浪费，也有利于司法效率的提高。

熊秋红认为，当今的社会是一个充满冲突的社会，司法领域的矛盾冲突是最为明显的。柔性司法对于司法机关更好地处理刑事司法过程中的冲突能起到非常好的推动作用。检察机关通过柔性司法在整个社会和谐关系的构建中起到了示范作用。柔性司法的另一个重要功能就是服务，服务于社会经济发展，服务于老百姓，有利于实现检察机关司法功能的延伸。

陈瑞华认为，柔性司法促进了司法和谐，体现了国家权力的谦抑，间接实现了社会稳定、关系修复。

北京交通大学法学院副教授郭烁提出，无限制地动用国家的强制力不利于社会良好环境的营造，反而会在更大层面上造成公民和国家的对抗。柔性司法强调对国家强制力的适度使用，对社会良好氛围的养成具有更大的贡献。这是整体社会文明的具体需要，是建设法治国家的需求，有强大的道义基础。

中央政法委法治建设室处长方炜认为，柔性司法有利于犯罪嫌疑人主动认罪服法，良性回归社会。柔性司法中的仁爱和仁道使犯罪嫌疑人充分体会到社会的宽容，促使其自愿认罪，改过自新，回归社会。

柔性司法的原则及其适用

中国人民大学诉讼制度与司法改革研究中心主任陈卫东认为，柔性司法的任务是规范司法，以人为本，贯彻尊重和保障人权；促进司法和谐，实现法律效果、政治效具和社会效果的有机统一。

程雷提出，柔性司法要遵循的原则，一是程序法定原则，应当在法律规定的范围内实施，恪守在法律授权范围内进行创新发展，以成文法为底线制定相关规范性文件等两方面的底线；二是尊重和保障诉讼参与人权益原则，尊重和保障被告人、被害人、其他诉讼参与人的权益；三是法律帮助原则，要注重倾斜保障弱势群体的权益，对他们进行法律层面的帮助；四是灵活性原则，兼顾灵活性和原则性，根据情势变化作出适当调整；五是和缓原则，注意结合未成年犯罪嫌疑人、被告人的身心特点，尽量不采用激烈、严厉的诉讼方式，维护未成年人的合法权益。

柔性司法的完善

对于如何进一步完善柔性司法的制度设计和具体措施，与会专家学者各抒己见。

陈瑞华建议，柔性司法的探索应与整个刑事诉讼活动相结合。一方面，要拓展柔性司法的适用对象，不应局限于犯罪嫌疑人、被告人，而是拓展到被害人，充分保障被害人的权益；另一方面，要给予辩护律师更多的支持与服务保障。检察机关在秉持柔性司法理念的基础上，对辩护律师的会见可以给予更大的关注，并在此基础上扩展到审查起诉、庭前准备一体化，以切实保障辩护律师的权益。

陈卫东认为，对于柔性司法的探索不应止步，要将现有的规范性文件规定运用到具体办案中，思考如何更好地体现柔性司法的理念和表达方式，做到善始善终。

熊秋红建议，柔性司法的研究和探索要注重四个方面：一是准确界定柔性司法理念的内涵和价值，特别是要把握与其他司法理念之间的关系；二是处理好柔性司法与刚性司法的关系，明确柔性司法并不意味着对刚性司法的否定，二者互为补充；三是厘清柔性司法模式下检察机关社会功能延伸的边界，积极关注社会功能的分化问题；四是探索司法和谐与社会和谐关系，通过柔性司法向社会传递“和谐社会从和谐司法做起”的信息。

王敏远认为，柔性司法要实现持续性发展，需要有超越功利的思维和行为。

中国法学会《中国法学》编辑、教授李游认为，开展柔性司法课题研究，要注重数据统计的严谨性和结论得出的逻辑性，为检察机关司法理念和司法办案方式的创新和发展提供理论上的支撑和实践中的指引。

（载《检察日报》2016 年 7 月 7 日第 3 版）

注重理念创新　体现人文关怀

本报讯（记者关仕新）从2009年广州市海珠区检察院提出探索如何改进司法办案方式开始，至今已有7年多。从2014年开始，中国人民大学诉讼制度与司法改革研究中心就参与检察机关柔性司法研究工作。记者针对柔性司法理论构建、实践中的难点，采访了中国人民大学诉讼制度与司法改革研究中心主任、教授陈卫东。

记者：柔性司法概念的提出，在字面上与法律的刚性是有冲突的。海珠区检察院的柔性司法体现在检察机关参与刑事诉讼的多个环节，包括职务犯罪侦查环节，请问，如何理解柔性司法与法律的刚性之间的关系？

陈卫东：法律的刚性是就其规定的内容而言的，柔性司法作为司法的一种方式，与法律内容的刚性并不存在矛盾。

其一，从柔性司法的内容来看，其并不违背程序法定原则。根据柔性司法的规定，在职务犯罪侦查中的柔性司法制度、机制主要是在法律授权范围内进行的创新和发展，并不违背法律的义务性规定和禁止性规定。例如，关于暂缓强制到案的做法，法律并没有明确何时可以抓捕到案、何时不可以抓捕到案，那么何时抓捕到案属于检察机关自由裁量的事情。关于抓捕到案的时机，法律也没有相关的禁止性规定。也就是说，法律并没有禁止检察机关可以根据案件的需要暂缓强制到案。实际上，暂缓强制到案的措施反而更加契合检察官的客观公正义务。

其二，从职务犯罪侦查阶段实施柔性司法的做法来看，这并不是检察机关自我授权，而是自我施责。从在职务犯罪侦查中实施柔性司法的目的来看，其意在最大限度地给予被追诉人以人文关怀。从被追诉人的视角来看，这是获得更多的权利或者利益，而从检察机关的视角来看。这是检察机关自我施加更多的责任，而不是自我授权以进一步扩张自身的权力。对于禁止检察机关自我授权而言的“法无规定不可为”原则不适用于检察机关自我施加责任。

其三，法律并不禁止检察机关提高司法行为规范的标准。刑事诉讼法作为一部限权法与保民法，其对检察机关义务与责任的规定仅是一种最低限度的标准，这也是保障被追诉人权益的最基本的要求。但是这并不意味着法律禁止或者不赞同更高程度的司法行为规范标准。

记者：柔性司法是否也适用于审查逮捕程序中，具体如何评价？

陈卫东：审查逮捕程序是侦查环节的一个重要程序，众所周知，我国当前的逮捕和羁押是合一的，检察机关作为逮捕决定主体，在推动改善司法理念方面要充分发挥应有作用，尊重被追诉人的程序主体地位，实现打击犯罪和保障人权之间的平衡。

2012 年刑事诉讼法对审查逮捕程序进行了比较大的修改，增加了可以讯问犯罪嫌疑人的规定，并规定在三种情形下应当讯问犯罪嫌疑人。此外，也规定辩护律师可以在审查逮捕程序中提出意见。这对于审查逮捕程序的诉讼化具有十分重要的作用，同时也有利于保障犯罪嫌疑人的合法权益。但是，司法实践表明，这些规定的落实需要司法机关转变理念，尊重和保障犯罪嫌疑人、被告人的人权，实现控制犯罪和保障人权之间的平衡。

记者：如何理解柔性司法是理念上的创新？

陈卫东：“柔性司法”是指在理性、平和、文明、规范的司法理念指导下，灵活运用沟通、引导、和解、帮助、宣教等多种手段，促进司法和谐，实现司法办案法律效果、社会效果和政治效果的有机统一的司法方式。因此，提出“柔性司法”，主要是为了达成两个任务：一是规范司法，以人为本，贯彻尊重和保障人权；二是促进司法和谐，将法律效果作为基本出发点，将政治效果作为基本前提，将社会效果作为最终目的，着力实现三个效果的有机统一。柔性司法是一种全新的司法理念，其体现的是司法的宽容性和包容性，其要求检察机关的审查逮捕工作机制的创新，体现人文关怀。柔性司法并没有突破现有的法律框架，其理论基础是尊重和保障人权，尊重犯罪嫌疑人、被告人的程序主体地位，实现控制犯罪和保障人权的统一，实体公正和程序公正的统一。

（载《检察日报》2016 年 7 月 7 日第 3 版）

第三章　审查逮捕和公诉工作中的柔性司法

第一节　审查逮捕工作的柔性司法理论

逮捕的重要作用，是保障诉讼的顺利进行。逮捕制度的设立，可以有效防止犯罪嫌疑人、被告人逃避侦查、起诉和审判，保证被告人到庭受审；防止串供，防止毁灭或伪造证据，排除犯罪嫌疑人、被告人对诉讼活动的干扰；避免发生自杀、自残或其他意外事件，防止给刑事诉讼活动带来障碍；还可以防止犯罪嫌疑人、被告人继续犯罪或威胁、报复被害人、证人；同时还能震慑企图以身试法者，预防和减少犯罪，维护社会稳定。但是，尽管逮捕本身不是刑罚之种类，但其作为最严厉的刑事强制措施，对人身和心理的影响却不亚于某些刑罚，因此有必要对逮捕进行一定的限制。

审查逮捕程序是侦查环节一个重要的程序，众所周知，我国当前的逮捕和羁押是合一的，导致羁押率居高不下，检察机关作为逮捕决定主体，有必要改变执法理念，贯彻柔性司法理念，尊重被追诉人的程序主体地位，实现打击犯罪和保障人权之间的平衡。

2012 年《刑事诉讼法》修改时对审查逮捕程序进行了比较大的修改，增加了可以讯问犯罪嫌疑人的规定，并规定在三种情形下应当讯问犯罪嫌疑人，此外也规定辩护律师可以在审查逮捕程序中提出意见，这对于审查逮捕程序的诉讼化具有十分重要的作用，同时也有利于保障犯罪嫌疑人的合法权益。但是，司法实践表明，这些规定的落实需要检察机关转变理念，尊重和保障犯罪嫌疑人、被告人的人权，实现控制犯罪和保障人权之间的平衡。

柔性司法是一种全新的执法理念，其体现的是执法的宽容性和包容性，其要求检察机关的审查逮捕工作机制的创新，体现人文关怀，坚持和贯彻“以人为本”的理念，尊重和保障人权。柔性司法并没有突破现有的法律框架，其理论基础是尊重和保障人权，尊重犯罪嫌疑人、被告人的程序主体地位，实现控制犯罪和保障人权的统一，实体公正和程序公正的统一。

一、审查逮捕方式的司法化

传统的审查逮捕方式是在封闭的状态下运行的，这种在不具有相对闭合性的空间中进行的审批式作业方式很容易造成双方意见听取的不完整性，也可能导致检察机关不断地在当事者之间进行单方接触，批准逮捕决定的作出主要建立在侦查机关提供的单方证据材料基础上，缺少听取或者了解被追诉方辩护性意见的机制。虽然也听取犯罪嫌疑人的辩解，但受制于侦查初期有利于犯罪嫌疑人的证据少的因素，辩解也很少得到采信，因而，司法审查属性不突出，执法透明度和说理性不够，行政化审批色彩较重，辩护律师基本难以介入到审查逮捕程序中，不仅有违程序的公正性，也不利于救济效率的提高。当事双方在同一个封闭空间内的交涉和对质，与所形成决定的公正性和可接受性有着密切的正相关性。从一个缺乏过程公开、理性交涉和居中判断的程序中得出的结论很难让当事双方信服。① 由于在我国羁押并不是一种独立的强制措施，而是拘留和逮捕后的自然状态，因此，高批捕率导致高羁押率，使“羁押为原则，不羁押为例外”成为一种普遍现象，严重侵害犯罪嫌疑人的基本人权，也是产生冤假错案的重要原因。

（一）理论基础

根据程序主体性原则，犯罪嫌疑人、被告人有权在对自己切身利益相关的决定作出过程中陈述意见，办案机关有义务对犯罪嫌疑人、被告人的意见进行倾听，并在听取意见的基础上作出决定，对于不采纳当事人意见的，应该附上具体的理由。这与柔性司法所倡导的“以人为本”的理念是不谋而合的。

审查批准逮捕或决定逮捕，是审查决定犯罪嫌疑人审判前和审判中羁押的国家行为。由于长期羁押严重妨碍公民的人身自由权这一基本宪法权利，属于重大的程序性国家行为，因此不能由政府以其社会管理权限便宜行事、简单决定，而应当以司法的方式，即由独立的审查主体，听取羁押行为的利益方和不利益方双方意见后作出决定。当今无论在英美法系还是在大陆法系，长期羁押审批都被认为是司法机关尤其是法院的基本程序权力，而采用司法审查的方式作出决定。但我国宪法体制下法、检、公分工负责、各司其职的诉讼体制，使人民法院无法在案件的侦查、审查起诉过程中介入并行使

---

① 詹建红：《程序性救济的制度模式及改造》，载《中国法学》2015 年第 2 期。

司法职权，其理由便是，法院若行使了侦查、审查起诉中的权力，就违背了分工负责、各司其职的现行刑事诉讼法基本原则。因此，在我国当前的司法体制下，逮捕的决定主体是检察机关。

审查逮捕权属于检察权的一部分，其在本质上属于行政权，但是其在一定意义上是司法审查功能的体现，司法活动体现两方面的特征：一是在活动方式上，司法主体直接审理案件，确定事实和法律适用，因此具有亲历性、判断性和独立性；二是在行为构造上，采用对抗与判定的“三方组合”结构，司法主体在兼听双方意见的基础上判断和处置，由此产生对审性和中立性。① 因此，检察机关行使审查逮捕权时应该注重司法化改革。

（二）相关做法

在西方国家，逮捕只是一种强制到案措施，羁押是作为一种独立的强制措施而存在的，由于其对犯罪嫌疑人、被告人的基本人权造成了极大的侵害，因此西方国家在适用羁押时极其谨慎，奉行“以羁押为例外”的原则，严格遵守羁押的目的——保障刑事诉讼程序的顺利进行。大体上看，西方各国只对那些较为正式的逮捕才适用司法审查模式，而在大量紧急情况下（如对现行犯），则广泛地采取无证逮捕的模式。但是，警察、检察官在自行决定并实施逮捕后，必须尽快将被捕者提交司法官员进行审查。这种审查是在逮捕后实施的，所要解决的是羁押的合法性与必要性问题。当然，在几乎所有大陆法国家，警察逮捕后应尽快（一般在48小时以内）将犯罪嫌疑人提交给检察官。后者对逮捕的合法性要进行事后审查，然后尽快将那些符合羁押条件的犯罪嫌疑人移交法官审查。

尽管逮捕行为有的需要经过司法审查，而有的则由警察、检察官甚至普通民众直接决定和实施，但是审前羁押却毫无例外地需要经过司法机构的审查和授权，才具有正当性和合法性。尽管各国的制度设计不尽相同，但大体上都确立了以下典型模式：警察、检察官实施逮捕之后，必须在尽可能短的时间内将犯罪嫌疑人提交给司法官员；后者经过听证或者讯问，听取被告人、辩护人、警察、检察官等的意见或辩论，就羁押的理由和必要性进行审查，然后就是否羁押以及羁押的期限作出明确的裁决。在美国，警察对于被逮捕（无论是有证逮捕还是无证逮捕）的犯罪嫌疑人，必须立即将其解送到最近的联邦治安法官或者州地方法官处。届时警察将提出起诉，并说明构成

① 龙宗智：《中国法语境中的检察官客观义务》，载《法学研究》2009年第4期。

逮捕所必需的“合理根据”。联邦治安法官或者州地方法官将传犯罪嫌疑人出庭。这种出庭由于是犯罪嫌疑人第一次与法官进行的接触，因此通常被称为“第一次出庭”（the first appearance）。在听审过程中，法官将告知被告人被起诉的罪名，告知其所享有的诉讼权利，同时要作出是否将被告人保释的决定。对于轻罪案件，被告人在法庭上将被要求作出有罪答辩或者无罪答辩；对于重罪案件，初次出庭结束后，法官要在尽可能短的时间内安排预审。一般情况下，被告人委托或被指定的辩护律师须参与听审，警察方也有代表出席，双方可以就是否羁押、应否保释等问题进行辩论。

（三）柔性司法理念如何体现

在柔性司法理念下，应该保障犯罪嫌疑人、被告人及其辩护律师在审查逮捕程序中的实质参与权，在相对开放的场所内，以侦查机关为一方、辩护律师为一方，检察机关在重视听取犯罪嫌疑人供述与辩解，主动兼听、权衡各方意见的基础上，把作出批准逮捕或不批准逮捕决定的过程公开化，以此来保障程序的公正性。

对逮捕审查程序的上述调整，其基本精神是贯彻既要考虑侦查需要，也要注意保护人权的平衡原则。而且将羁押审查方式，由封闭性、书面性、单方性的审查程序，适度转变为兼听性且相对公开。对逮捕程序的重构，要求检察机关审查批捕办案方式的适度司法化，即采用能够实现对审兼听要求，并能反映批捕程序特点的司法性审查程序。

二、逮捕理由的认定

根据《刑事诉讼法》的规定，逮捕的适用需要具备三个条件：其一是有证据证明有犯罪事实；其二是可能判处徒刑以上刑罚；其三是采取取保候审不足以防止发生社会危险性，应当予以逮捕。其中，第三个条件是核心，即有无逮捕的必要性。但是存在的问题是，由于有无逮捕必要的抽象性和主观性，虽然刑事诉讼法规定了五种有逮捕必要的具体情形，但还是没有明确具体的判断标准，不仅会导致有无逮捕必要的判断标准在司法实践中适用的混乱，还会导致检察机关对于有无逮捕的必要并没有给予应有的重视，而仅仅审查前两个条件，造成“构罪即捕”的现象，侵害犯罪嫌疑人的合法权益。

（一）理论基础

逮捕只是一种程序保障措施，因此不可将其作为侦破案件的工具，为此，对于逮捕理由的判断应该主要审查犯罪嫌疑人有无社会危险性，贯彻比

例原则，将逮捕和羁押作为例外原则，为了实现此目标，有必要设置单独的有无逮捕必要的证明机制，即有无社会危险性的证明机制，

2014 年党的十八届四中全会通过的《中共中央关于全面推进依法治国若干重大问题的决定》（以下简称《决定》）中提出“完善刑事诉讼中认罪认罚从宽制度”。即要求探索在刑事诉讼中对被告人自愿认罪、自愿接受处罚、积极退赃退赔的，及时简化或终止诉讼的程序制度，落实认罪认罚从宽政策，以节约司法资源，提高司法效率。因此，对于犯罪嫌疑人、被告人认罪的，应该给予其实体和程序上的优惠，不仅应该减轻刑罚，而且也应该保障犯罪嫌疑人、被告人程序上的利益，诸如尽量适用非羁押性措施，这为柔性司法理念的贯彻提供了基础。

（二）相关做法

《人民检察院审查逮捕质量标准》第 7 条规定了“无逮捕必要”的情形：属于预备犯、中止犯，或者防卫过当、避险过当的；主观恶性较小的初犯、偶犯，共同犯罪中的从犯、胁从犯，犯罪后自首、有立功表现或者积极退赃、赔偿损失、确有悔罪表现的；过失犯罪的犯罪嫌疑人，犯罪后有悔罪表现，有效控制损失或者积极赔偿损失的；因邻里、亲友纠纷引发的伤害等案件，犯罪嫌疑人在犯罪后向被害人赔礼道歉、赔偿损失，取得被害人谅解的；犯罪嫌疑人系已满 14 周岁未满 18 周岁的未成年人或者在校学生，本人有悔罪表现，其家庭、学校或者所在社区以及居民委员会具备监护、帮教条件的；犯罪嫌疑人系老年人或者残疾人，身体状况不适宜羁押的；不予羁押不致危害社会或者妨碍刑事诉讼正常进行的其他无逮捕必要的情形。对应当逮捕的犯罪嫌疑人，如果患有严重疾病，或者是正在怀孕、哺乳自己婴儿的妇女，可以取保候审或者监视居住。

（三）柔性司法理念如何体现

柔性司法理念倡导的是可不逮捕的一律不逮捕，即试图实现“逮捕为例外”的原则，因此，为了贯彻柔性司法的理念，应该对于有无逮捕必要性进行重点审查，在现有的思路下，应当确立检察机关在审查批捕阶段裁判者的中心地位，构建检察机关对逮捕案件行使“裁判权”的诉讼机制。在这样一个类似于法庭审判的三角形结构中，检察机关是一个中立的裁判者，显然不应当对犯罪嫌疑人社会危险性的程度承担证明责任。犯罪嫌疑人及其律师在审查批捕程序中应当有参与的权利，但是出于任何人不得强迫自证其罪的考虑，犯罪嫌疑人也不应当对证明自己不具有社会危险性，或者自己所

具有的危险性不具备予以逮捕的必要性承担证明责任。公安机关应当承担证明责任，负责证明犯罪嫌疑人具有逮捕的必要性。

三、逮捕决定的说理

司法实践中，检察机关忽视对于逮捕理由的说理，使犯罪嫌疑人对于被逮捕的原因难以知晓，其程序主体地位没有受到应有的重视。

（一）理论基础

逮捕决定说理机制是检察公开的一种体现，检察公开的本质是司法公开。审查逮捕权虽然是检察权的一部分，但是其在一定意义上是在行使司法裁判功能，因此，检察院审查批准逮捕工作应当遵守司法权的某些要求。那么为什么要强调司法公开呢？主要有以下三个原因：一是司法权是一种判断权。司法裁断者不能偏听则信，而应当当面听取双方当事人的意见，并让双方当事人能够进行充分地举证、质证与相互辩论。二是司法权牵涉当事人的切身利益乃至重大利益。虽然一些行政事务也牵涉到抽象当事人乃至具体当事人的切身利益如财产权，但司法权尤其是刑事司法，是对公民财产、自由乃至生命权利最为严厉的处理和审判。人们关心刑事案件诉讼公开的程度，也是在关心诉讼对公民权利和自由关怀及保护的程度，关心人权受到保障的程度。三是司法是最后的救济手段。民事诉讼和行政诉讼虽不涉及公民自由、生命权利的处理，但它往往是公民权利的最后救济手段，是推进法治进步最为重要的手段，只有做到最大限度的公开，以公开促公正，才能真正起到定分止争的作用。① 因此，检察机关的审查逮捕程序也应该体现民主性，而是否批准逮捕的决定关系到犯罪嫌疑人的切身利益，为此不仅要保障犯罪嫌疑人参与到决定程序中，而且要构建逮捕决定的说理制度，由检察机关向犯罪嫌疑人告知批准逮捕的理由。

逮捕说理制度不仅有助于督促公安司法机关积极收集相关证据，使论证更加严谨，从而提高对于“逮捕必要性”判断的准确程度；还有助于避免公安机关与检察机关之间产生误会，特别是在公安机关提请批捕的案件遭到检察机关否定的情况下，逮捕必要性理由说明制度有助于消除公安机关对于检察机关“不配合”的错误认识、抵触情绪。除此之外，逮捕必要性的理

---

① 龙宗智：《检察机关办案方式的适度司法化改革》，载《法学研究》2013 年第 1 期。

由说明制度还具有教育社会公众、获得被害人理解（特别是在不逮捕的案件中）的功用。通过逮捕理由的说明和公开，公众可以对公安司法机关逮捕决定的作出有一个更全面的了解，从而有助于正确理解逮捕的功能，走出“逮捕中心主义”的泥潭。

（二）相关做法

重庆市人民检察院推行的“做减法”释法说理，就将定分止争、化解矛盾、促进和谐融入执法办案全过程，并取得了较好的效果。山东省德州市德城区人民检察院探索在审查逮捕案件过程中试行“不捕论证”制度后，明显起到了提高案件质量增进社会和谐的作用，该院自 2004 年至 2007 年共不捕 170 人，无一件公安机关复议复核，无一件当事人申诉上访，亦无一人重新犯罪。

（三）柔性司法理念如何体现

为了贯彻柔性司法理念，对于不批准逮捕或者决定不逮捕的案件，虽然法律未就检察机关应当如何说明理由作出明文的规定，但是检察机关仍可从为构建和谐社会服务的角度，定分止争、理顺情绪做好释法说理的工作。对于不捕的案件，向侦查机关说明理由，可以减少不必要的复议、复核；配合有关部门向被害人说明不捕理由，也可以减少因不服该决定而引发的涉检上访，从而妥善处理人民群众的诉求并化解矛盾。

四、逮捕的救济机制

2012 年《刑事诉讼法》增加了逮捕后继续羁押必要性审查制度，其被学者认定为逮捕的救济制度之一，其他的逮捕救济机制还有犯罪嫌疑人及其辩护律师、近亲属申请变更或者解除强制措施，办案机关主动变更或者解除强制措施等。

（一）理念基础

社会危险性具有一定的动态性，并且随着时间的推移，社会危险性会发生一定的变化，逮捕只是一种程序保障措施，随着程序的进行，犯罪嫌疑人的社会危险性可能会减弱或者消失，因此需要对犯罪嫌疑人有无羁押必要进行后续地跟踪审查，对于已经没有社会危险性或者社会危险性很小的犯罪嫌疑人应该及时变更或者解除强制措施，以保障犯罪嫌疑人、被告人的人权。之所以由检察机关承担此职责，主要源于检察机关所承担的司法救济职能，当然，由于检察机关在此行使的是具有“裁断”性质的权力，因此有必要对于进行诉讼化改革，即检察机关对于羁押必要性的审查应该保障犯罪嫌疑人、被告人及其辩护律师的程序参与权，保障程序公正。

（二）相关做法

两大法系国家也建立了不同的羁押救济机制，大陆法系的羁押的司法救济制度主要表现为司法复审，表现为两种形式：一是被羁押者提出申请，法院对申请进行审查；二是法院依职权主动进行审查。英美法系国家的羁押必要性审查制度，即羁押的司法救济制度也主要包括两种：一是申请保释；二是申请人身保护令。因此，羁押的司法救济制度的启动完全是由犯罪嫌疑人、被告人申请启动的，法院不得依职权启动，这显然是与英美法系国家奉行的当事人主义的诉讼模式是密切相关的。

但是考察域外国家的相关规定可知，大都是由法院来承担羁押的救济职能，而我国则由检察机关承担，这与我国检察机关的宪法定位是密切相关的，是检察机关行使监督职能的体现，同时也是检察机关履行客观义务的本质要求。

（三）柔性司法理念如何体现

《人民检察院刑事诉讼规则（试行）》第620条对羁押必要性审查的方式作出了细化规定，其中明确了检察机关在进行羁押必要性审查时可以听取犯罪嫌疑人、被告人及其法定代理人、近亲属、辩护人，被害人及其诉讼代理人或者其他有关人员的意见，但是仅仅规定“可以”，因此不具有强制性。

在柔性司法理念下，检察机关应该着手构建相对开放的继续羁押必要性审查程序，保障犯罪嫌疑人、被告及其辩护律师的程序参与权。具体言之，羁押必要性审查程序的“诉讼化”，采用公开听证的方式，检察机关启动羁押必要性的审查程序之后，应该召集相关机关如侦查机关和犯罪嫌疑人、被告人及其辩护人针对是否存在羁押必要性作出说明，陈述各方的意见，并在必要的情况下展开辩论，当然这种听证程序不如真正的诉讼程序正式，但是最低限度的还是要保证利害关系人的程序参与权，最终检察机关在听取双方意见之后作出决定，并且将作出的决定以及决定的理由及时告知利害关系人，保障其知情权。①

---

① 樊崇义：《刑事诉讼法实施问题与对策研究》，中国人民公安大学出版社2001年版，第88页。

第二节 公诉工作的柔性司法理论

公诉权是我国检察机关最重要的职能之一，其主要包含了决定起诉权、提起公诉权、支持公诉权、决定不起诉权和抗诉权以及量刑建议权，柔性行使公诉权能就体现在上述职能中。具体包括下列几个方面：

一、公诉裁量权

（一）公诉裁量权的发展

我国自1996年《刑事诉讼法》修改后禁止了之前的免予起诉制度，并新增了酌定起诉制度，建立了我国起诉法定主义为主，兼采起诉便宜主义的起诉制度。检察机关作为我国的公诉机关，对于符合法律规定起诉条件的案件依法提起公诉，而对于不符合起诉条件或者符合起诉条件但是没有必要提起公诉的案件可以酌情决定不提起公诉。2012年《刑事诉讼法》中规定的酌定不起诉和未成年人附条件不起诉便属于这种无必要起诉的情况。这种赋予公诉机关起诉裁量权的制度是符合国际通行做法的，也是具有较大的理论价值与意义的。

首先，不起诉制度符合诉讼经济原则。不起诉制度是诉讼经济原则在起诉阶段的体现。不起诉制度，排除了不应当或不必要进入审判程序的案件，缩短了诉讼时间，使法院可以集中审理相对更为重要的案件，从而提高了司法机关处理刑事案件的效率。其次，不起诉制度符合现代刑法思想。传统刑法思想注重刑罚的报应功能，而现代刑法则更加注重刑罚的教育功能，即只要能够达到教育改造的目的，恢复社会秩序，并不是所有的案件都要有一样的处理方式，而应当具体个案具体分析，采取刑罚个别化原则。而赋予公诉机关起诉裁量权就是这一刑法思想的体现，可以将那些不需要经过庭审与定罪处罚才能矫正的犯罪在起诉阶段就予以解决，尽早恢复社会秩序。最后，不起诉制度有利于保护当事人的合法权益。无论是被告人还是被害人在刑事诉讼程序中都希望能够尽快得到诉讼结果，恢复正常的生活，对于那些极其轻微的犯罪行为，如果双方能够达成一定的和解而提早解决，不必经过繁杂的诉讼程序，对双方而言都是最好的结果。而对于那些法定不起诉的情况，不起诉制度有利于保护无辜的犯罪嫌疑人早日摆脱刑事诉讼对其带来的各方面影响，保护其合法权益。[1] 正是因为不起诉制度有这些价值与意义，世界各国大都赋予了公诉机关一定的起诉裁量权。尤其是在现代社会发展极其迅速，社会情况复杂多变情况下，公诉机关应对社会上各种不同犯罪，必须要有一定的裁量权，否则简单的"一刀切"，将所有案件都提起诉讼，必然会影响社会的发展。而赋予公诉机关一定的裁量权，对于那些符合起诉条件，但公诉机关认为可以不起诉的案件决定不起诉，或者对于某些未成年人案件，决定对其附条件不起诉，则是现代社会发展和诉讼理念更新的趋势和必然要求。我们现阶段要研究的不是是否要赋予公诉机关起诉裁量权的问题，而是要赋予起诉裁量权的限度以及如何防止其滥用起诉裁量权的问题。

（二）我国的四种不起诉制度

公诉权是检察机关代表国家对被告人提起刑事诉讼的权利，对于该项权利一般可分为起诉法定主义与起诉便宜主义。其区分标准主要看公诉机关对于提起公诉是否有一定的裁量权。我国刑事诉讼程序是以起诉法定主义为主，兼采起诉便宜主义，主要体现在关于不起诉的制度共有四种，即法定不起诉、酌定不起诉、存疑不起诉以及未成年人的附条件不起诉。凡是不符合这四种不起诉条件的案件，就必须提起公诉，检察机关没有裁量权。

法定不起诉是指《刑事诉讼法》第 173 条第 1 款规定的："犯罪嫌疑人没有犯罪事实，或者有本法第十五条规定的情形之一的，人民检察院应当作出不起诉决定。"其中，第 15 条的规定是："有下列情形之一的，不追究刑事责任，已经追究的，应当撤销案件，或者不起诉，或者终止审理，或者宣告无罪：（一）情节显著轻微、危害不大，不认为是犯罪的；（二）犯罪已过追诉时效期限的；（三）经特赦令免除刑罚的；（四）依照刑法告诉才处理的犯罪，没有告诉或者撤回告诉的；（五）犯罪嫌疑人、被告人死亡的；（六）其他法律规定免予追究刑事责任的。"凡是属于上述情况之一的，检察机关就应无条件的作出不起诉决定。

酌定不起诉是指《刑事诉讼法》第 173 条第 2 款规定的："对于犯罪情节轻微，依照刑法规定不需要判处刑罚或者免除刑罚的，人民检察院可以作出不起诉决定。"关于酌定不起诉的案件范围理论与实务界一直未有定论，主要分歧之处有两点：一是酌定不起诉的案件范围，即"犯罪情节轻微"

---

① 关于不起诉制度的价值与意义部分，参见陈卫东、李洪江：《论不起诉制度》，载《中国法学》1997 年第 1 期。

这一条件是否限制了重罪的案件不能适用酌定不起诉，还是无论重罪还是轻罪，只要符合“犯罪情节轻微”，都可以予以适用？二是“免除刑罚”是否也要求“犯罪情节轻微”？还是只要法律规定了“免除刑罚”，不论犯罪情节是否轻微都可以适用酌定不起诉制度？对此，一是有学者认为，“犯罪情节轻微”这一条件不受罪名限制，即只要符合“情节轻微”的条件要求，检察机关对于任何罪名都可以适用酌定不起诉制度。二是“免除刑罚”也要求“犯罪情节轻微”，这样结合《刑法》相关规定，酌定不起诉就包括两种情况：一种是“犯罪情节轻微，依照刑法规定不需要判处刑罚的”，这里指的是《刑法》第37条规定的“对于犯罪情节轻微不需要判处刑罚的，可以免予刑事处罚，但是可以根据案件的不同情况，予以训诫或者责令具结悔过、赔礼道歉、赔偿损失，或者由主管部门予以行政处罚或者行政处分”情形；另一种是“犯罪情节轻微，依照刑法规定免除刑罚的”，也即量刑上有法定免除刑罚的情形，如《刑法》第22条第2款规定的：“对于预备犯，可以比照既遂犯从轻、减轻处罚或者免除处罚”，又如属于分则部分的第392条第2款规定的：“介绍贿赂人在被追诉前主动交待介绍贿赂行为的，可以减轻处罚或者免除处罚。”虽然类似法条都有免除处罚的量刑规定，但是否适用免除刑罚规定则应当取决于犯罪情节是否轻微。“如果司法实践中能够如此理解并适用酌定不起诉制度，就可以在相当程度上增加以酌定不起诉处理案件的数量，发挥其程序分流的重要功能。”①

存疑不起诉是指《刑事诉讼法》第171条第4款规定的：“对于二次补充侦查的案件，人民检察院仍然认为证据不足，不符合起诉条件的，应当作出不起诉的决定。”存疑不起诉又称为证据不足不起诉，是无罪推定理念在公诉权中的体现，为了保证无辜的犯罪嫌疑人不会受到刑事指控的危险，对于证据不足的案件，法律强制规定不得提起公诉。

附条件不起诉制度是修改后的《刑事诉讼法》基于对未成年人的特殊保护，在特别程序中增设的制度，其适用对象仅限于未成年人群体。《刑事诉讼法》第271条规定“对于未成年人涉嫌刑法分则第四章、第五章、第六章规定的犯罪，可能判处一年有期徒刑以下刑罚，符合起诉条件，但有悔罪表现的，人民检察院可以作出附条件不起诉的决定”，即针对未成年人这一特殊群体，在不符合前述三种不起诉条件的时候，还可以适用附条件不起诉制度，进一步扩大了检察机关的起诉裁量权。

---

① 顾永忠：《关于酌定不起诉条件的理解与思考》，载《人民检察》2014年第9期。

在上述四种公诉裁量权中，酌定不起诉的适用范围是目前最有争议的，也是实务部门在实践中最易出现尺度把握不一的情形。酌定不起诉是起诉裁量权在我国最主要的体现，如果使用不当，很有可能会导致不起诉权的滥用，引发被害人的不满，导致社会矛盾激增。因此，正确理解与适用起诉裁量权是非常重要的。

（三）起诉裁量权的程序控制

对于起诉裁量权的程序控制，各国也都在不断的摸索与实践。日本通过设立检察审委会对公诉裁量权进行监督和制约，日本《检察审委会法》规定："对于应当起诉而检察官不予起诉的案件，被害人可以向检察审委会提起申诉，要求就该不起诉决定的合理性进行审查。检察审委会经过审查，如果认为不起诉决定出现错误，可以再作一次决议，如果仍有八人以上的多数作出应当起诉的判断，由法院指定的律师替代检察官提起公诉，承担追诉责任。"德国通过强制起诉程序来制约检察机关的不起诉裁量权。德国检察机关必须将不提起公诉或侦查终结后停止程序的决定通知给犯罪嫌疑人及被害人。德国《刑事诉讼法》第 172 条第 1 款规定："被告人对该决定不能上诉，而被害人则有权申请复议，并由总检察长进行复议。如果总检察长同意地方检察官的决定，则公诉人有权向州上诉法院提起上诉，但律师必须作出包括支持起诉的事实以及反对检察官决定的理由的详细论述，并在文本上加以签字确认。如果州上诉法院在提审被告人之后，认为被害人的申请能够成立，则对检察官发布强制令，要求其对被告人提出指控。"①

我国对于起诉裁量权的控制主要有以下几种方式：第一，公安机关的制约，《刑事诉讼法》第 175 条规定："对于公安机关移送起诉的案件，人民检察院决定不起诉的，应当将不起诉决定书送达公安机关。公安机关认为不起诉的决定有错误的时候，可以要求复议，如果意见不被接受，可以向上一级人民检察院提请复核。"第二，检察机关的内部制约，《人民检察院刑事诉讼规则（试行）》第 407 条规定："省级以下人民检察院办理直接受理立案侦查的案件，拟作不起诉决定的，应当报请上一级人民检察院批准。"第三，被害人的制约，《刑事诉讼法》第 176 条规定："对于有被害人的案件，决定不起诉的，人民检察院应当将不起诉决定书送达被害人。被害人如果不

---

① 参见石晓波：《公诉裁量权：国外经验借鉴与中国制度重构》，载《国外社会科学》2013 年第 4 期。

服，可以自收到决定书后七日以内向上一级人民检察院申诉，请求提起公诉。人民检察院应当将复查决定告知被害人……”第四，法院的制约，《刑事诉讼法》第176条规定：“……对人民检察院维持不起诉决定的，被害人可以向人民法院起诉。被害人也可以不经申诉，直接向人民法院起诉。人民法院受理案件后，人民检察院应当将有关案件材料移送人民法院。”第五，被不起诉人的制约，《刑事诉讼法》第177条规定：“对于人民检察院依照本法第一百七十三条第二款规定作出的不起诉决定，被不起诉人如果不服，可以自收到决定书后七日以内向人民检察院申诉。人民检察院应当作出复查决定，通知被不起诉的人，同时抄送公安机关。”

二、刑事和解

犯罪被认为是个人对社会整体法益的侵害，因此，刑事案件的启动也是由国家专门的追诉机关进行而非由被害人启动。但是，随着近年来被害人权益保护思想的逐步发展，使得刑事和解逐渐被人们所接纳与使用，越来越多的加害人与被害人在轻微的刑事案件中通过刑事和解，使犯罪嫌疑人获得被害人的谅解，被害人得到物质或精神的补偿，缓和社会矛盾，提高了刑事诉讼效率。

美国学者帕克曾经将刑事诉讼归结为犯罪控制模式和正当程序模式两种诉讼模式，是对抗式诉讼的代表。帕克认为在犯罪控制模式下：“为了成功运作，模式必须产生较高逮捕率和较高有罪判决率，并且必须在处理的案件数量非常大而且处理资源非常有限的情况下产生。因此，必须额外重视速度与终局性。而速度取决于非正式性与一致性，终局性有赖于将提出质疑的机会降到最小。程序绝不能满是无法推动案件进展的拘泥的仪式。”① 因此，在该思想的引导下，刑事诉讼程序更像是一条快速处理案件的流水线。而在正当程序模式下，“程序的目标是至少在对事实上有罪者进行判决的同等程度上，保护事实上的无辜者。这有点像工业技术中的质量控制：对偏离标准的容忍度，随着符合产品最终用途的标准的重要性不同而不同。正当程序模式就像一个将相当投入投向质量控制的工厂，这必然会减少数量产出”。② 也就是会给刑事诉讼程序中设立多个障碍，以保障刑事诉讼不会对无辜的被

---

① ［美］虞平：《争鸣与思辩：刑事诉讼模式经典论文选择》，郭志媛译，北京大学出版社2013年版，第10页。

② ［美］虞平：《争鸣与思辩：刑事诉讼模式经典论文选择》，郭志媛译，北京大学出版社2013年版，第13页。

告人定罪量刑。帕克认为这两种模式是刑事诉讼活动的两个极端价值取向，不存在多于这两种模式的其他模式存在。

但是随着社会的发展，人们逐渐意识到，刑事诉讼的参与者不仅只有被告方与公诉方，还有被害人的参与，并且诉讼模式也并非一定是对抗式的，也可以有合作式的。贝洛夫就提出了第三种模式——被害人参与模式，依据帕克的理论，被害人参与到刑事诉讼活动之中是无法解释的。因为在帕克的理论中，刑事诉讼活动仅仅是国家与被告人之间的对抗式活动，并不存在第三方价值的，而随着社会的发展，人们渐渐意识到被害人权利保障的重要性，从而在刑事诉讼活动中也赋予了被害人之主体地位与权利，这就使帕克原有的解释在这一部分失灵了，所以贝洛夫认为只有引入第三种模式——被害人参与模式，才能够解释这一价值，其核心理念为被害人至上。贝洛夫认为："被害人模式若想成为一种有用的模式，必须存在法律上的如下共识，即被害人角色背后必须存在一种真正的、有意义的价值。如今这一法律上的共识是存在的，体现在现代50个州和联邦政府的法律中都规定了刑事被害人的参与权，也体现在一直持续至今的被害人参与刑事诉讼的历史传统。然而，由于被害人参与并不依赖犯罪控制和正当程序模式中所蕴含的价值，这两种模式对于理解被害人参与并无用处。"① 所以这一理论并不是对帕克的两种模式的取代，而是对其理论的补充。

修改后的《刑事诉讼法》新增第五编特别程序，并在其第二章规定了"当事人和解的公诉案件诉讼程序"，第277条规定："下列公诉案件，犯罪嫌疑人、被告人真诚悔罪，通过向被害人赔偿损失、赔礼道歉等方式获得被害人谅解，被害人自愿和解的，双方当事人可以和解：（一）因民间纠纷引起，涉嫌刑法分则第四章、第五章规定的犯罪案件，可能判处三年有期徒刑以下刑罚的；（二）除渎职犯罪以外的可能判处七年有期徒刑以下刑罚的过失犯罪案件。犯罪嫌疑人、被告人在五年以内曾经故意犯罪的，不适用本章规定的程序。"可见，我国目前还是将和解制度限制在了某些轻罪范围内，并且依据第279条规定："对于达成和解协议的案件，公安机关可以向人民检察院提出从宽处理的建议。人民检察院可以向人民法院提出从宽处罚的建议；对于犯罪情节轻微，不需要判处刑罚的，可以作出不起诉的决定。人民法院可以依法对被告人从宽处罚。"可知，我国的刑事和解制度所针对的对

---

① ［美］虞平：《争鸣与思辩：刑事诉讼模式经典论文选择》，郭志媛译，北京大学出版社2013年版，第192页。

象并不是定罪与量刑，而是通过一定的民事赔偿或其他方式获得被害人谅解之后得到的从宽处理，但是这种从宽处理不是一定的，具体还需要法院决定，与西方的辩诉交易制度是不一样的，辩诉交易制度是公诉方与被告方就被告人的定罪或量刑达成一致意见的制度，而我国的刑事和解制度并不涉及定罪与量刑的和解，仅是实现被害人谅解的一种制度，通过这种制度达到被告方、被害方以及公诉方利益的契合。

我国的刑事和解制度并不是在法学家的推动下形成的，而是司法实践出来的。是公检法机关在实践中探索出来的一套适合我国国情，有利于缓解社会纠纷，提高诉讼效率的制度，这一制度有着深厚的现实利益基础。

首先，对于被告人而言，可以通过刑事和解制度获得被害人谅解，从而得到量刑上的从宽处罚。从法律规定可以看出，我国刑事和解制度的适用范围是因民间纠纷引起，涉嫌刑法分则第四章、第五章规定的可能判处 3 年有期徒刑以下刑罚的犯罪案件，以及除渎职犯罪以外的可能判处 7 年有期徒刑以下刑罚的过失犯罪案件。适用的案件范围都是相对较轻的犯罪案件，对于这类案件，被告人的主观恶性相对较小，刑事和解制度可以使其被从宽处罚，缩短其在看守所或监狱的时间，使其尽快回归社会。并且对于情节轻微的某些犯罪，一旦被定罪量刑，则足以使其终止学籍，或被单位开除，对其的影响是很大的，适用刑事和解制度有可能会被不起诉，被告人自然有很大的意愿适用该项制度。

其次，对于被害人而言，刑事和解制度可以使其获得赔偿及补偿。对于可以适用刑事和解制度的案件来说，一般都是轻型犯罪，即使最终被判刑，也是短期的自由刑、非自由刑或缓刑等。而一旦进入审判程序，则只能通过提起附带民事诉讼解决经济赔偿问题，而我国的附带民事诉讼可提起的案件范围是很狭窄的，且只赔偿物质损失。就算最终法院判决支持了附带民事诉讼，在实践中也多数是执行不了的。但是通过审前的刑事和解制度，被害人可以免去提起附带民事诉讼的麻烦，也不用受附带民事诉讼的案件范围限制，更可以在审前就拿到希望的赔偿及补偿，对于被害人而言，也是有意愿去适用该项制度的。

最后，对于公诉机关来说，刑事和解制度可以提高其办案效率，减少办案错误。具体来说，刑事和解制度的适用就意味着被告方要认罪，也就减轻了公诉机关的证明负担，同时刑事和解制度还要求被害人能够谅解被告人，也就降低了被害人对处理结果不满意而引发上访、申诉等的可能性，有利于缓和社会矛盾，恢复社会秩序。因此，刑事和解制度也符合公诉机关的利益需求。这是由于刑事和解制度契合了被害方、被告方和公诉方三方的利益需求，才使得该项制度能够产生与适用。

三、服务证人作证

证人出庭作证是现代刑事司法的要求，世界各国都通过立法等方式来确保证人能够出庭作证，保障庭审的顺利进行。在英美法系国家，证人出庭作证是控辩双方对抗式庭审的前提，大陆法系国家的直接言词原则也要求证人必须出庭作证。有学者曾经做过一个比喻："诉讼活动有点类似于话剧的演出，控辩双方是话剧的主角，案件争议的焦点是剧情的主线，证人等其他诉讼参与人则是话剧中的各种配角，只有主角和配角都出场，演出才会精彩。如果一场话剧只有两个主角在唱对台戏，其他角色都不出场，就会变得枯燥乏味，话剧就变成了相声表演。"① 庭审是为了查明案情事实，如果证人不出庭，法官就无法对证人陈述时的表情和状态进行分析，更无法辨别真伪，容易形成与实际不符的心证，因此证人出庭作证对于查明案情有着不可忽视的作用。

但是我国目前的证人出庭率较低，总结起来，大致有以下几点原因：首先，公民不愿出庭指证。出庭作证很有可能会得罪人，而以和为贵、息事宁人、涉讼为耻的传统文化阻碍着公民走进法庭作证。多一事不如少一事的心理使多数证人怕麻烦，更有一些涉及危险犯罪的证人会担心作证之后被报复而不愿作证。其次，司法人员需转变观念。言词证据的不稳定性使审判法官更倾向于书面证言的简便易行，并且证人证言一般是侦查机关和检察机关依法取得的，且也经过了证人的签字确认，有些法官会认为再让证人出庭重复一遍证言既没有意义，又会导致庭审的延长。产生这种观点的主要原因还是证人出庭后，控辩双方不能进行有效的询问与质证，如果证人出庭仅仅是重复一遍之前的证词，并没有证词不利方的有效交叉询问的话，证人出庭也就确实成为庭审的一个负担。因此，就需要转变观念，将证人出庭的证言作为查清案件形成心证的方式，重视证人出庭后的言词，如果与之前提供的书面证词不一致，则进行重点询问，以明事实。最后，证人出庭的案件范围需要缩小。并不是所有的案件都需要证人出庭，对于那些被告人认罪的案件或者事实没有争议的案件就不需要证人出庭，在庭前会议中没有争议的问题所涉及的证人也是无须出庭的。通过缩小证人出庭的案件范围可以有效地提高庭

① 胡云腾：《证人出庭作证难及其解决思路》，载《环球法律评论》2006 年第 5 期。

审效率，减轻国家对证人的经济补偿负担，同时减少对证人本身带来的各方面不便与麻烦。

检察机关作为我国的公诉机关，其柔性司法还需体现在对证人作证的服务上。一方面，要明确必须证人出庭作证的案件范围，尽量减少证人不必要的出庭给证人带来的不便与麻烦。另一方面，对于必须出庭的证人还需对其提供必要的保障，包括作证的经济补偿、人身保护、心理辅导等。域外在这方面也有着丰富的实践经验。如美国的官方证人保护机构是检察官执法办公室，主要负责联邦证人保护计划的审判与管理。美国的民间证人保护机构是证人服务组织，主要帮助证人从心理上克服作证时可能产生的焦虑与紧张情绪，防止创伤，并为证人提供诉讼的相关信息以鼓励证人配合诉讼的进展。英国的证人保护机构有三种，分别是官方组织、民间组织以及官民结合的组织，服务内容与美国的基本相同。在保护措施上，大致可以分为事前保护与事后保护两种："事前保护主要是为了保证证人在作证期间免遭可能产生的伤害或者威胁，如对证人进行贴身保护、为证人提供隐蔽住房、庭审作证时改变声音、容貌等特殊作证方式。事后保护主要是在证人进行出庭作证以后还有受到威胁的可能而给予的特殊保护，比如改变证人的身份、住所甚至容貌等。"① 我国法律对于证人作证的相关服务也有规定，《刑事诉讼法》第61条明确规定了："人民法院、人民检察院和公安机关应当保障证人及其近亲属的安全。"并在第62条中列出了保护证人作证的几种方式，具体为："对于危害国家安全犯罪、恐怖活动犯罪、黑社会性质的组织犯罪、毒品犯罪等案件，证人、鉴定人、被害人因在诉讼中作证，本人或者其近亲属的人身安全面临危险的，人民法院、人民检察院和公安机关应当采取以下一项或者多项保护措施：（一）不公开真实姓名、住址和工作单位等个人信息；（二）采取不暴露外貌、真实声音等出庭作证措施；（三）禁止特定的人员接触证人、鉴定人、被害人及其近亲属；（四）对人身和住宅采取专门性保护措施；（五）其他必要的保护措施。证人、鉴定人、被害人认为因在诉讼中作证，本人或者其近亲属的人身安全面临危险的，可以向人民法院、人民检察院、公安机关请求予以保护。"该条所列出的保护措施是针对比较严重的危险情况而言的，对于不涉及有人身安全危险的一般案件而言，法律并没有规定相关司法机关对于证人作证的服务职责，仅仅是规定了"证人因履

① 袁艳平等：《两大法系刑事诉讼证人出庭作证制度之考察》，载《河北农业大学学报（农林教育版）》2012年第3期。

行作证义务而支出的交通、住宿、就餐等费用，应当给予补助。证人作证的补助列入司法机关业务经费，由同级政府财政予以保障”。但是，由于上文中所述的种种原因，我国证人出庭率是较低的，而一些案件中又是必须要证人出庭的。因此，这就要求公诉机关在具体工作中关怀每个需要出庭的证人，除了依法保障证人可以得到出庭应有的经济补偿之外，还需要深入了解证人的其他需求，如是否需要进行庭前心理辅导，是否有法律方面的疑问等。通过这种柔性司法来缓解证人出庭作证的紧张与抵触情绪，提高证人的作证意识，保障庭审的顺利进行。

四、出庭支持公诉

从诉讼的本质上来讲，裁判者居中裁断，诉讼双方平等对抗，刑事被告人是以当事人的身份参与刑事诉讼的，因此，公诉方也应当将被告人视为平等的对方当事人来看待。控辩平等是现代刑事诉讼的基本要求，与纠问式诉讼不同，现代刑事诉讼程序是在法官的居中主持下，控辩双方通过有序的平等对抗，使纠纷在理性控制下得以解决。

首先，控辩平等是公平审判的要求。在纠问式诉讼制度下，控诉者与审判者是同一主体，被追诉人不具有当事人的主体地位，仅仅是被纠问的对象，诉讼两造地位十分不平等。控诉方在寻找证据时一定会着重寻找不利于被追诉人的证据，而当其作为审判者的身份审判时，因为早已有所倾向，故无法作出中立的裁断，而被追诉方由于力量太弱，根本无法与之抗衡，极易导致冤假错案的产生。而在控辩平衡的体制下，控诉方可以寻找对被告人不利的证据，被告人同样也可以寻找对其有利的证据，通过赋予控诉方的追诉权与辩护方的防御权，使双方实力相当，在庭审中形成良性对抗，以供审判者居中裁断，符合公平审判的要求。

其次，控辩平等符合正当程序的要求。正当程序是程序正义的要求，正义不仅要实现，还要以看得见的方式实现，程序正义就要求刑事诉讼程序要合法正当，保障被告人作为当事人主体地位的合法利益，不可以为了发现真实而侵犯被告人的合法权益。控辩平等通过赋予被告人辩护权，使之与公诉方进行平等对抗，通过规范公诉方的侦查、起诉行为，如对于通过侵犯被告人利益而获得的证据予以排除，赋予被告人一定的沉默权、不被自证其罪等权利，来限制公诉方的追诉能力，同时增强被告人的辩护权，保障了控辩平等的同时，也保障了被告人的合法权益。

最后，控辩平等更利于发现真相。“英美对抗制诉讼遵循着一条基本原则：真相往往是通过平等武装的控辩双方强有力的辩论而最终浮出水面的。即控辩双方的平等对抗是发现真实最有效的审判方式。”① 通过赋予被告人更强大的辩护权，才能防止公诉方的恣意控诉。如果是在纠问式的模式下，被告人仅仅作为被追诉对象，公诉方与审判方作为同一主体必然会倾向于有罪推定，没有与之相当的辩护力量与之抗衡，因而不利于案件真实的发现。而控辩平等则可以通过诉讼两造的平等有序的对抗而使得真相越辩越明，更利于发现真相。

出庭支持公诉作为公诉机关的重要职能之一，公诉机关的柔性司法也要体现在出庭支持公诉上。我国现行《刑事诉讼法》明确规定了公诉机关要出庭支持公诉，第 184 条规定：“人民法院审判公诉案件，人民检察院应当派员出席法庭支持公诉。”第 210 条第 2 款规定：“适用简易程序审理公诉案件，人民检察院应当派员出席法庭。”第 224 条规定：“人民检察院提出抗诉的案件或者第二审人民法院开庭审理的公诉案件，同级人民检察院都应当派员出席法庭。”第 245 条第 2 款规定：“人民法院开庭审理的再审案件，同级人民检察院应当派员出席法庭。”可见，刑事诉讼法修改后，在简易程序审判中，人民检察院也要出庭支持公诉。凡是开庭审理的案件，都要求有公诉方代表参加，这是实现控辩平等的基本要求。公诉机关作为刑事诉讼的两造之一，应当转变观念，实现柔性司法，主要体现在下列四个方面：第一，明确被告人是诉讼的当事人，拥有诉讼主体地位，享有诉讼相关权利，而不是被纠问的对象，应当保障其基本人权。第二，庭审之中应当尊重被告人，讯问的态度、方式和心态都要发生转变，从纠问的态度和方式转为平等的对话。第三，提高庭审的出庭率与出庭质量，让被告人能够感受到公诉方对于该案件的重视，并且在审判中心主义理念的指导下，让被告人感受到庭审的重要性。第四，积极准备庭审工作，在辩护意识逐步增强的今天，要正视辩护律师提出的问题与辩护技巧，提高应对庭审中各种突发状况的能力，用法律和辩论技巧赢得诉讼，而非对辩护律师训斥或与其争吵。

五、刑事速裁程序

考虑到有限的司法资源和不断增加的办案数量之间的关系愈加紧张，谋求在现有普通程序和简易程序基础上实现诉讼办案机制的精细化、科学化成为必然选择。2013 年下半年开始，我国步入全面深化司法改革的进程，强

① 冀祥德：《控辩平等之现代内涵解读》，载《政法论坛》2007 年第 6 期。

调完善确保依法独立公正行使检察权的制度、优化司法职权配置成为系列改革方案的指导理念。专门针对简单轻微刑事案件的处理，2014 年 6 月 27 日，全国人大常委会表决通过《关于授权最高人民法院、最高人民检察院在部分地区开展刑事案件速裁程序试点工作的决定》（以下简称“2013 速裁试点决定”），正式启动刑事速裁程序的试点工作，旨在有效建立科学、合理的诉讼程序，进一步建立健全刑事诉讼中认罪认罚从宽处理制度，从而实现繁简分流、减轻法院审判压力。

根据最高人民法院、最高人民检察院、公安部、司法部印发《关于在部分地区开展刑事速裁程序试点工作的办法》（以下简称“两院两部速裁决定”）的基本要求，所谓刑事速裁程序试点改革，是指对事实清楚，证据充分，被告人自愿认罪，当事人对适用法律没有争议的危险驾驶、交通肇事、盗窃、诈骗、抢夺、伤害、寻衅滋事等情节较轻，依法可能判处 1 年以下有期徒刑、拘役、管制的案件，或者依法单处罚金的案件，进一步简化刑事诉讼法规定的相关诉讼程序。在刑事速裁程序运行过程中，考虑到该程序较之于简易程序而言，在审判阶段是以省略法庭调查和法庭辩论阶段以提高审判效率的，这不但在很大程度上减损犯罪嫌疑人、被告人所享有的诉讼权利，而且也会对检察院的审查起诉工作质量提出更高的要求。因此，在进入法院审判之前，必然强调公诉机关在审查起诉阶段整理案件证据材料、审查案件事实的重要性，确保适用速裁程序的案件满足“事实清楚，证据充分”的法定条件。同时，诉讼程序的启动和适用也需要依赖犯罪嫌疑人、被告人的自愿选择适用，这必然要求犯罪嫌疑人、被告人对速裁程序的了解和理解的基础上才能保证其选择的真实性、自愿性。否则，通过国家公权力的强制适用，虽然在短时间内可能会达到缓解办案压力的效果，但很有可能会减损司法裁判的权威而影响司法公信力，影响社会稳定、和谐。

（一）刑事速裁程序试点与检察院诉讼职能发展

正如前文所述，刑事速裁程序的适用既丰富、完善了检察院参与刑事诉讼活动的职能内容，同时也对检察院审查起诉等阶段的工作提出了更高层次的要求。根据“2013 速裁试点决定”的要求，试点单位对危险驾驶、交通肇事、盗窃、诈骗、抢夺、伤害、寻衅滋事等情节较轻、依法可能判处 1 年以下有期徒刑、拘役、管制的案件，或者依法单处罚金的案件，探索刑事速裁程序的试点和适用。正是由于诸如此类的简单轻微刑事案件的社会危害性并不大，而且往往犯罪嫌疑人、被告人已经与被害人达成和解协议，检察院在办理相应案件时，依法将其与现有诉讼制度结合起来，有利于提高速裁程序办理案件的社会效果、法律效果相统一。

在我国，尽管存在简易程序和普通程序两类诉讼程序类型，但专门设置刑事速裁程序仍有其必要性，是繁简分流基本诉讼理念的直接体现。办案机关参与刑事速裁程序的试点，首先应当面对如何处理公正与效率的关系问题。在审查起诉阶段，该程序要求检察机关应当在实际办理过程中格外考察以下两方面的因素：案件本身复杂程度及其社会危害性和现有可投入的司法资源有多少。而这直接带来适用刑事速裁程序的现实需要，如果有些案件本来就是简单轻微且事实清楚、证据充分的，犯罪嫌疑人、被告人也主动选择认罪认罚以希望法院快速审结，那么，法院最终司法裁判阶段对查明案件事实、调查证据的作用相对而言即减轻。同时，由于公安机关作为侦查机关，在司法职能方面，检察院享有审查批准逮捕、审查起诉（或者不起诉）等方面权力，且对相应诉讼活动行使检察监督权。因此，在依法探索试点刑事速裁程序的具体制度建构过程中，检察院在行使多方面职权时可着眼于法律效果与社会效果相统一的司法实践目的，多渠道、多形式地贯彻落实尊重和保障人权的法治宗旨。

（二）检察机关参与刑事速裁程序中的“柔性”执法

检察机关在参与到刑事速裁程序适用、依法行使检察职权时，从速裁程序试点预期效果出发，结合“两院两部速裁决定”等试点文件的有关内容，在减轻犯罪嫌疑人、被告人面临的诉累、缓解轻罪案件办案压力、减轻羁押负担等方面仍有诸多执法的“柔性空间”。

1. 非羁押性强制措施的适用

根据我国刑事诉讼法等法律规定，逮捕作为羁押性强制措施的适用有其法定条件，主要针对社会危险性严重的犯罪嫌疑人、被告人而适用的。《刑事诉讼法》第 79 条明确规定，尽管犯罪嫌疑人、被告人可能判处“徒刑以上刑罚”，但仍需同时满足其他要求，实际上为限制逮捕措施的适用划定界限。但司法实务中，由于对相应法定条件理解不一、各办案单位把握标准有所差异、被害人持有不同意见等原因，导致在一些简单轻微的刑事案件中即使不满足法定条件，但仍然有将犯罪嫌疑人、被告人逮捕的情况出现，导致我国刑事羁押率一直处于较高水平，而到了法院审判阶段时由于前期羁押情形存在，法院不得不受到“刑期倒挂”的影响，进而判处比被告人应受罪责更重的刑罚，才能达到与被告人在侦查、批捕、起诉、审判等阶段的羁押期限，这实际上是对被告人合法权益的严重侵害。而刑事速裁程序的适用专门针对非羁押性强制措施作出明确适用规定，对于解决该问题尤其是强调检察院在此阶段的严格把握批捕法定条件及羁押必要性审查作用和功能有着显著的意义。

根据“两院两部速裁决定”第3条的规定，适用速裁程序的案件，对于符合取保候审、监视居住条件的犯罪嫌疑人、被告人，应当取保候审、监视居住。违反取保候审、监视居住规定，严重影响诉讼活动正常进行的，可以予以逮捕。因此，在适用速裁程序的案件中，检察院在审查批准逮捕时应当严格把握逮捕适用条件，以适用取保候审、监视居住等非羁押性强制措施为首要选择，而对逮捕措施的适用则必须经过慎重考虑。

2. 解释与说明义务

在速裁程序中，办案机关负有向犯罪嫌疑人、被告人解释、说明有关速裁程序如何适用等方面的义务，帮助后者了解、理解乃至选择适用该程序审理此案。在此过程中，检察机关办案人员须尽可能详细地介绍该程序对犯罪嫌疑人、被告人带来的法律效果，并回答后者提出的各类问题。在此过程中，办案单位工作人员不得为获得被追诉主体的同意而实施违法不当行为。

特别是检察机关办案人员在征求犯罪嫌疑人、被告人的同意时，须重点向其解释可能获得的从宽处理结果，可拟定合理的量刑建议供其参考，帮助其树立“晚认罪不如早认罪”的认识。同时，对于在侦查阶段，被追诉人即主动选择认罪认罚的案件，检察机关工作人员不但应对其是否充分理解速裁程序适用对其自身权益影响等予以确认，而且还应当对审查起诉方面的工作做专门的介绍和说明。当然，检察机关履行该义务应当与量刑建议制度、看守所值班律师制度等结合起来。

3. 通知法律援助并协助援助值班律师的义务

由于刑事速裁程序设置的目的主要是实现诉讼快速办理，那么，由于在检察机关办案人员较之于犯罪嫌疑人、被告人具有“天然优势”，这种优势是由于其享有追诉的公权力所带来的。那么，就存在办案机关为达到办案诉讼效率的目的而会不当侵害犯罪嫌疑人、被告人合法权益的可能。根据我国《宪法》第129条的规定，人民检察院作为国家的法律监督机关，负有维护法律实施的宪法职责。在刑事诉讼过程中，同时根据刑事诉讼法有关条款规定，检察官在一定程度上负有客观义务，在追究犯罪的同时须尊重和保障犯罪嫌疑人的合法权利，提高司法工作的权威性、公信力。

因此，为保障犯罪嫌疑人、被告人认罪认罚供述和选择自愿性，防止在侦查、审查起诉阶段出现违法办案行为，在办理简单轻微刑事案件中，检察机关办案人员为使速裁程序在更大程度上获得犯罪嫌疑人、被告人的理解和接受，有必要为法律援助值班律师提供其履行援助职责的便利条件。根据“两院两部速裁决定”第4条规定：“建立法律援助值班律师制度，法律援助机构在人民法院、看守所派驻法律援助值班律师。犯罪嫌疑人、被告人申请提供法律帮助的，应当为其指派法律援助值班律师。”结合2014年司法部下发的《关于切实发挥职能作用做好刑事案件速裁程序试点相关工作的通知》（以下简称“司法部速裁通知”）的内容，法律援助值班律师的主要职责是包括：（1）及时提供法律咨询和建议；（2）告知犯罪嫌疑人、被告人适用速裁程序的法律后果；（3）帮助其进行程序选择和量刑协商，依法维护其合法权益。可见，法律援助值班律师的有效参与，不但有利于提高犯罪嫌疑人、被告人面对公权力机关时的对抗平等性，而且有利于办案机关有效开展各项工作减少不必要的认识阻碍。

4. 被害人参与及获得赔偿

在简单轻微刑事案件中，犯罪嫌疑人、被告人与被害人的对立紧张关系并非处于无法调和的状态。在犯罪嫌疑人、被告人积极认罪认罚的前提下，通过退赃退赔、赔礼道歉等形式获得被害人的谅解，一方面，促使恢复被害人所遭受之损失，使被害人及时获得赔偿从而为法院适用速裁程序作出裁判提高可接受性；另一方面，通过两方主体的和解等方式，检察院在处理刑事案件的同时也有利于消弭案件处理过程中可能出现的不确定因素，影响正常的办案进程。因此，检察院在办理可能适用速裁程序的案件时，结合我国《刑事诉讼法》第277条至第279条等条款规定，依法对双方当事人和解的自愿性、合法性进行审查，主持制作和解协议书，符合保障公民合法权益的职责要求。

5. 量刑建议与不起诉决定的适用

着眼于实现犯罪嫌疑人、被告人的再社会化，减少未来服刑人员再犯可能性，检察机关办案人员在适用速裁程序过程中，依照既有刑法、刑事诉讼法以及司法解释等法律规范文件内容，一方面，严格贯彻落实认罪认罚从宽处理制度在刑事速裁程序中的各项内容；另一方面，为调动犯罪嫌疑人、被告人认罪认罚的积极性，在拟定量刑建议时就其可获得的从宽处理内容明确向其说明和解释，并结合社会调查报告等内容，为犯罪嫌疑人、被告人争取较轻的刑罚裁判结果提供法定帮助。

在此过程中，检察机关应充分重视不起诉制度在速裁程序的特殊作用，包括在未成年人犯罪案件中的附条件不起诉制度。根据“两院两部速裁决定”、2014年最高人民法院印发的《关于常见犯罪的量刑指导意见》（以下简称“2014量刑指导意见”)① 等符合从轻减轻处理情节的规定，如果符合犯罪情节轻微、不需要判处刑罚等法定条件的，检察机关可以作出不起诉决定，以尽可能减少惩罚情节轻微犯罪给犯罪嫌疑人家庭等各方面造成的不良影响。

第三节　审查逮捕和公诉工作中柔性司法实践

一、审查逮捕工作中的柔性司法

(一) 审查逮捕工作概况

逮捕的直接后果是对犯罪嫌疑人的羁押，因此逮捕是最严厉的一种强制措施。审查逮捕阶段的柔性司法主要体现在加强对“无逮捕必要”的适用以及对不捕案件的释法说理方面。适用相对缓和的强制措施，有利于化解社会矛盾，减少社会对立面；有利于检察机关正确行使检察权，有效保护人权；有利于防止超期羁押，杜绝滥捕。

过去在实践中，审查逮捕工作可概括为“逮捕是常态，不捕是例外”。但近年来，随着宽严相济刑事政策的适用、修改后刑事诉讼法的实施，办案人员也逐步树立起了保障人权的观念和少捕慎捕的原则，严把案件证据关和质量关，不捕率呈逐年上升趋势（详见表1），其中证据不足和无逮捕必要的不捕案件均逐年增加（详见表2）。

表1

年份	受理案件总数	不捕案件总数	不捕率
2010	1396件1967人	133件208人	10.57%
2011	1427件1997人	144件258人	12.87%
2012	1594件2338人	223件310人	13.26%
2013	1593件2251人	245件383人	17.01%
2014	1591件2402人	313件594人	24.73%
2015	1614件2297人	344件629人	27.38%

① 《最高人民法院关于常见犯罪的量刑指导意见》，载 http：//www.court.gov.cn/shenpan－xiangqing－6622.html，访问时间：2015年11月25日。

表 2

年份	不构成犯罪不捕	证据不足不捕	无逮捕必要不捕
2010	7 件 13 人	109 件 162 人	17 件 33 人
2011	11 件 17 人	103 件 184 人	30 件 56 人
2012	17 件 20 人	153 件 212 人	53 件 78 人
2013	21 件 25 人	160 件 249 人	64 件 109 人
2014	7 件 8 人	243 件 465 人	62 件 120 人
2015	8 人	503 人	118 人

（二）“无逮捕必要”的适用

“无逮捕必要”是指对有证据证明有犯罪事实，但犯罪情节轻微、社会危害较小且没有其他重大犯罪嫌疑的犯罪嫌疑人采取取保候审、监视居住等方法，可以防止发生社会危险性，不适用逮捕强制措施的不捕情形。即“无逮捕必要”不捕案件的前提是犯罪嫌疑人的行为必须已涉嫌构成犯罪，区别于不构成犯罪和事实不清、证据不足的不捕案件。

1. “无逮捕必要”适用的原则

一是罪行较轻原则。主要从犯罪事实、情节、危害后果三个方面来衡量。从法定刑角度考虑，限于依法可能判处 3 年以下有期徒刑（缓刑）、拘役、管制的案件。

二是容易改造原则。主要看犯罪嫌疑人有无前科劣迹，是初犯、偶犯，还是再犯、累犯，以及犯罪嫌疑人在犯罪后有无悔罪表现，是否存在再次犯罪的可能性。

三是保障诉讼原则。主要考虑犯罪嫌疑人有无相对固定的住所，有无亲友担保、能否依法参加诉讼活动、接受审判等。对于居无定所、流窜作案、异地作案的犯罪嫌疑人，应排除“无逮捕必要”的适用。

2. “无逮捕必要”适用的情形

一是犯罪情节轻微，无逮捕必要。主要是指故意犯罪中的预备犯、中止犯，共同犯罪中的从犯、胁从犯，过失犯罪。如该院在办理苏某强、黄某锐等 13 人聚众斗殴、故意伤害一案中发现，广州市土地房产管理职业学校和广东省海洋工程职业技术学校中湛江籍和潮汕籍学生积怨已久，并形成两大帮派，长期以来互相斗殴，严重影响社会公共秩序的同时，对两校学生学习、生活秩序带来恶劣影响。对此，一方面，依法给予该案组织者、积极参与者严厉打击，依法迅速作出批捕决定，并督促公安机关积极追捕在逃人员；另一方面，对一般参与者慎用逮捕措施，分别以不构成犯罪和无逮捕必要不批准逮捕 2 名未成年犯罪嫌疑人，将“教育、挽救、感化”的方针落到实处。

二是存在特定情节，无逮捕必要。主要是指行为目的正当的防卫过当、避险过当，犯罪后有自首、立功、退赃、赔偿损失等悔罪表现。如海珠区人民检察院办理的林某炳抢夺一案，林学炳在路上抢夺被害人龚某的苹果手机，数额较大，虽其行为已涉嫌构成抢夺罪，但鉴于其是在校学生，在校表现良好，归案后认罪、悔罪态度较好，且其行为未造成被害人实际财产损失，事后也获得被害人谅解，故海珠区人民检察院对其以无逮捕必要不批准逮捕。

三是属于特定主体，无逮捕必要。主要是指初犯、偶犯，未满 18 周岁的未成年人、老年人、残疾人，处于孕期和哺乳期的妇女，患有严重疾病而不适宜羁押的人。如该院办理的常某等四人非法侵入住宅案中，常某等人为了追讨债务，以暴力踢门的方式进入被害人住宅，其四人的行为均涉嫌构成非法侵入住宅罪，但鉴于犯罪嫌疑人夏某虎系未成年人，其仅是陪同其他同案人进入被害人的住宅，并未实施暴力破门的行为，且到案后如实供述犯罪事实，情节轻微，主观恶性较小，不批准逮捕不至于发生社会危险性，故海珠区人民检察院依法对其作出不批准逮捕决定，对另外三名同案人则批准逮捕。

四是达成刑事和解，无逮捕必要。主要是指因邻里关系、家庭矛盾、债务纠纷等引发的刑事案件，一般犯罪情节较轻微、社会危害性较小，在审查逮捕阶段，犯罪嫌疑人和被害人自愿达成和解协议，被害人明确表示不再追究犯罪嫌疑人的刑事责任，同时犯罪嫌疑人有悔罪表现的，可依法对犯罪嫌疑人从宽处理。修改后的《刑事诉讼法》增加了当事人和解的特别程序，明确了适用当事人和解程序的案件范围，而辩护律师在侦查阶段的介入，也促成了许多符合条件的犯罪嫌疑人与被害人达成和解协议，从而使近两年当事人和解案件有较大幅度增加（详见表 3）。而对该类案件慎用逮捕强制措施，能达到促进矛盾化解的良好社会效果。在审查逮捕过程中，检察机关不参与双方的和解，仅在双方自愿达成和解协议后，分别向双方核实和解的具体情况，并制作笔录附卷，同时将双方和解及核实的情况在《审查逮捕意见书》中载明。

表 3

年份	刑事和解件数	共计挽回被害人损失
2010	13	66.8 万元
2011	9	19 万元
2012	18	52 万元
2013	30	131.55 万元
2014	45	159.69 万元
2015	43	321 万元

（三）创新不捕案件说理机制

逮捕作为一种限制人身自由的强制措施，它的作用除了排除社会危险性之外，最直接的目的还在于确保诉讼顺利进行。逮捕并不意味着犯罪嫌疑人有罪，不捕也并不意味着犯罪嫌疑人无罪。然而过去由于信息不够公开，民众往往容易对检察机关作出的不捕决定存在重大误解，质问“为什么抓了嫌犯又给放了”。为此，海珠区人民检察院在2014年通过创新不捕案件说理机制，进一步提升释法说理效果，增加不捕案件透明度，确保检察机关的批捕权在阳光下运行。

1. 拓展说理对象，增强执法透明度

对不捕案件及时做好“三向说理”工作，化解各方矛盾，达到“案结事了”的效果。一是向被害人说明不批准逮捕的理由和依据，预防和消除被害人的猜疑和误解，防范涉检信访风险。二是向犯罪嫌疑人告知其配合诉讼的义务与有利法律后果；逃避追究或再次犯罪的不利法律后果，引导其遵守相关义务，保障诉讼进程。三是向提请批准逮捕的公安机关说明不批准逮捕的理由和依据，促其对逮捕必要性条件的正确理解和运用，要求其加强对犯罪嫌疑人的监控约束，确保诉讼顺利进行。2015年，海珠区人民检察院共不批准逮捕625人，不捕率为27.20%，同比上升2.47百分点，未发生一起当事人因不服不捕决定申诉复查案件，未出现一例公安机关提请复议、复核案件。

2. 完善说理程序，形成制度性规范

针对不同的不捕理由，坚持“三字方针”展开不同角度的说理。一是对无社会危险性不捕案件，侧重于“准”。对故意伤害（轻伤）、数额较小的盗窃案等社会危害性较小的案件以及未成年人、老年人犯罪案件，注重从量刑幅度、犯罪嫌疑人的主观恶性，是否系初犯、偶犯，能否保证诉讼，不捕是否会继续危害社会等方面进行分析说理。二是对于证据不足不捕的说理，侧重于“细”。具体、详细地列明需要补充侦查的事项及理由，有效提高补查重报案件的质量。2015 年共发出补查提纲 367 份，督促公安机关有效开展补充侦查工作。三是对于不构成犯罪不捕的案件，侧重于“慎”。着重从法律依据和刑事政策上分析说理，具体阐明不构成犯罪的原因及理由，促进执法标准、执法尺度的统一。

3. 深化说理效果，修复受损社会关系

主动把执法办案工作向化解社会矛盾方面延伸，通过“三项机制”修复因犯罪而损害的社会关系。一是对部分未成年人案件作出不捕决定后加强跟踪帮教。及时召开由侦监科干警、公安民警、学校老师和未成年人父母参加的座谈会，共同落实对未成年犯罪嫌疑人的帮教措施。二是建议控申部门启动特困被害人救助机制。建议控申部门将其纳入刑事被害人救助范围，采取经济救助、精神疏导等多种救助形式，在解决其基本生活困难的基础上，缓解其精神压力，从情感上化解信访隐患。三是完善侦捕衔接机制。对于符合非羁押诉讼条件的轻刑案件犯罪嫌疑人，建议公安机关直接移送审查起诉，有效降低批捕后判决轻刑的案件数量，维护其合法权利。

二、公诉工作中的柔性司法

公诉权是检察权最基本、最核心的内容，检察机关作为国家公诉机关，负责对刑事案件提起公诉。公诉权的适用通常包括决定起诉权、提起公诉权、支持公诉权、决定不起诉权和抗诉权以及量刑建议权。与此同时，公诉环节也是上承侦查、下接审判的中间环节，所以，实现公诉工作的柔性化对于彰显柔性精神至关重要。

（一）公诉裁量权的柔性限度

正确把握起诉条件和不起诉条件，合理运用公诉裁量权，是柔性司法精神在公诉工作中的重要体现。在从重从快打击黑社会性质组织犯罪、恐怖犯罪、毒品犯罪以及杀人、爆炸、抢劫、强奸、绑架、投放危险物质等严重危害社会治安的刑事犯罪，依法严厉惩治严重破坏金融秩序、侵犯知识产权、制售严重危害人身安全和人体健康的伪劣商品等严重破坏社会主义市场经济秩序的犯罪，依法打击重大环境污染等破坏环境资源犯罪的同时，应当对轻微犯罪采取从宽的刑事司法政策。

1. 适用公诉裁量权的基本原则

严格依法掌握起诉条件，充分考虑起诉的必要性，可诉可不诉的不诉；慎重抗诉，严格把握抗诉条件，正确处理群体性事件中的犯罪案件。

2. 明确适用不起诉的情形

对于初犯、偶犯、预备犯、中止犯、防卫过当、避险过当、未成年人犯罪、老年人犯罪以及亲友、邻里、同学同事等纠纷引发的案件，以及群体性案件中的一般参与者，符合不起诉条件的，一般应当作出不起诉处理，并可视不同案件情况，对被不起诉人予以训诫或者责令其具结悔过、赔礼道歉、赔偿损失。

3. 明确不应抗诉的情形

严格把握判决确有错误的条件，对于被告人认罪并积极赔偿损失、被害人谅解的案件、未成年人犯罪案件以及具有法定从轻、减轻情节的案件，人民法院处罚偏轻的，一般不提出抗诉。对于一审宣判后人民检察院在法定期限内未提出抗诉或者判决、裁定发生法律效力后6个月内未提出抗诉的案件，没有发现新的事实或者证据的，一般也不应为加重被告人刑罚而依照审判监督程序提出抗诉。

（二）柔性司法下的证人服务制度建立

证人出庭作证是保障刑事审判公平公正的重要基础，也是此次刑事诉讼法修改的重要内容之一。为深入贯彻修改后刑事诉讼法，我们立足自身实际，依托刑事诉讼各环节，创新证人服务机制，逐步使证人出庭成为常态，让柔性司法理念贯穿诉讼全过程。2013年以来，该院开庭审理的案件中，证人出庭116人次，出庭作证人数和出庭率较往年均有大幅提升。

1. 审前评估，确立服务对象

根据案件性质和证人证言在证据中作用的不同，该院依据“边试点、边探索、边完善”的原则，通过对案件的评估逐步确立和完善需要出庭作证的证人范围。一是评估出庭效果。将证人出庭能够取得较好审判效果的案件作为试点，并形成制度。该院已逐步将性犯罪案件、贿赂类案件纳入试点之内，说服和劝导相关证人出庭作证。2013年，该院受理的强奸、猥亵类案件共37件，其中有证人（被害人）出庭的12件，出庭率32.4%。二是评估证人作用。从公诉部门收到案件开始，由案件承办人对案件证人是否属于关键证人进行评估，并在案件审查报告中予以说明，层报审批。一旦确立为关键证人，则纳入要求出庭作证的范围。三是评估社会效果。对于社会影响大、矛盾突出的案件，尽力说服证人出庭作证，利用案件庭审的过程化解矛盾，增强庭审的透明度，提高检察机关的执法公信力。

2. 庭前疏导，提高证言质量

根据证人身份的不同，合理判断证人出庭前的心理动态，进而采取有针对性的心理辅导，疏导紧张、不安情绪，提高证人对出庭的内心认同；同时强化内部监督，确保证人证言的客观、真实。一是针对普通证人，加大释法说理力度。对每名出庭作证的证人，均由案件承办人和在全院范围内随机抽取的非办案部门的特约监察员共同对证人讲解法律规定和出庭作证需要注意的事项，同时了解证人实际诉求，帮助解决并及时向法院反馈，为证人宽心。二是针对未成年证人，依托专业心理团队。集中全院具有心理咨询师资格的人员组成心理疏导小组，并邀请高校心理咨询团队作为顾问。对于未成年证人，均由心理疏导小组事先进行心理疏导，必要时联合高校心理咨询团队共同开展工作。目前，该院心理疏导小组已有成员 3 名，并聘请两家高校作为顾问单位，共为 8 名未成年证人进行庭前心理疏导，有效减轻了未成年人出庭的心理压力，避免“二次伤害”。三是针对侦查人员出庭，注重规范习惯养成。对于需要出庭作证的侦查人员，事先进行法律规定和出庭事项的讲解，使其明确出庭作证的要求；与法院进行协商，制定侦查人员出庭细则，确保作证效果和身份保密。加强与刑侦、派出所以及本院自侦部门的联系，通过互派人员交流学习、深入侦查机关授课等方式，强化侦查人员的规范取证和出庭作证意识。建立了公诉部门与公安派出所交流学习的长效机制，交流学习 109 人次，有效缓解侦查人员对出庭作证的抵触心理。2013 年以来，侦查人员出庭作证 43 人次，取得了较好的法律效果和社会效果。

3. 庭后回访，确保补偿到位

严格依照刑事诉讼法及司法解释关于证人补偿的规定，对每位出庭作证的证人，在庭审之后进行及时回访，听取其对出庭作证的意见，重点了解证人补偿落实的情况，对补偿不到位的，进行监督，力求及时解决问题。一是争取财政支持，做好补偿费用的财政预算。联合法院向政府申请，列支证人补偿费用，为证人补偿消除后顾之忧。二是强化法律监督，督促法院足额、快速补偿。对于法院未能及时补偿证人的情形，加强沟通，必要时发出检察建议，督促法院尽快按照法律和司法解释的有关规定进行补偿。三是预支补偿费用，维护证人的合法权益。对于因证人与法院就补偿费用难以达成一致的情况，根据证人的要求，先行支付部分费用，维护司法机关的执法公信力，同时，协调法院加快解决。2013 年以来，通过庭后回访，为 8 名证人全额落实补偿，同时，为 5 名证人预支补偿费用。

4. 案后跟踪，强化人身保护

收集整理出庭证人的个人信息，建立长效联系，及时解决证人出庭后合理的个人诉求和法律疑问。一是建立证人信息库。以该院信息化平台为基础，由专人对每个出庭证人的个人基本信息进行录入保存，形成相对独立的个人信息库，便于随时调取资料、了解情况。严格信息库的保密工作，杜绝个人信息外泄。二是开通证人热线。由专人接听、转办和监督，力求对证人合理的法律诉求和个人要求予以及时妥善处理。同时，将证人诉求和解决情况及时录入信息车，保证信息的准确。三是强化信息反馈。将诉求解决的情况，通过证人留存的联系方式及时予以反馈，同时，定期向证人发送法律法规、法治新闻以及问候信息，随时掌握的情况，保证联系畅通，提升法律意识。

2014 年以来，对于证人服务制度，除了继续扩大试点案件范围，我们还从机制完善方面努力实现了“四个一”。一是建立一个证人信息库。以院信息化平台为基础，由专人对每个出庭证人的个人基本信息进行录入保存，形成相对独立的个人信息库，便于调取资料、了解情况。严格保密工作，杜绝个人信息外泄。二是开通一条证人热线。由专人接听、转办和监督，力求对证人合理的法律诉求和个人要求予以及时妥善处理。同时，将证人诉求和解决情况及时录入信息库，及时反馈，定期向证人发送法律法规、法治新闻以及问候信息。三是制作一本证人出庭作证指南。明确出庭作证证人的法律地位和出庭注意事项，严格检察人员和出庭侦查人员的行为规范，确保作证效果和司法公正。四是设立一条证人补偿快速通道。在做好财政预算的前提下，一方面监督法院足额、快速补偿；另一方面对于因证人与法院就补偿费用难以达成一致的情况，探索先行补偿机制。

（三）柔性司法下的刑事速裁试点工作

“迟来的正义非正义”，不必要的诉讼拖延会使公平正义大打折扣，加快案件办理速度，让被告人尽早从刑事诉讼程序中解脱出来，实现程序安定，也是贯彻柔性司法的重要手段。刑事案件快速办理机制一直为我国司法实践部门所大力探索和完善。从 2014 年 7 月开始，在原有的轻微案件快速办理机制的基础上，该院与海珠区人民法院一起，共同推动刑事速裁机制的启动，取得了良好的法律效果和社会效果。

1. 机制创新的基础

2014 年 6 月 27 日，全国人大常委会表决通过《关于授权最高人民法院、最高人民检察院在部分地区开展刑事案件速裁程序试点工作的决定》，将北京、天津等18个城市列为首批试点城市。广州是试点城市之一。党的十八届四中全会提出要推进以审判为中心的诉讼制度改革。所谓以审判为中心，其范围包括实行严格证据规则并以普通程序进行审判的所有刑事案件。这就要求将优势司法资源用于被告人不认罪的案件以及社会广泛关注的重大、疑难、敏感案件，而对其他绝大部分案件则应加快办理速度，节约诉讼资源，实现诉讼资源的合理分配。而随着扒窃、醉驾行为入刑和劳动教养制度废除，轻微犯罪数量不断增加，案多人少矛盾更加突出。近几年来，海珠区人民检察院公诉科每年人均办理案件数几乎都在180件以上，案多人少的矛盾非常突出。而在所受理的全部案件中，有70%左右的案件，属于事实证据较为清楚、案情较为简单，被告人认罪且能够适用简易程序审理的案件。刑事诉讼法修改以前，简易程序公诉人可以不用出庭，但修改后的刑事诉讼法要求每起案件，公诉人都要出庭，大大增加了公诉人的工作量。如何做到繁简分流，让简易程序更为快捷成为司法机关，特别是基层司法机关考虑较多的问题。

2. 机制创新的做法

（1）案件集中办理。以危险驾驶案为突破口，实现由专人定期轮换办理，集中收案、提审、审查，严格办理期限，从案件受理到起诉不超过5个工作日，形成案件办理的规模效应。一是文书集中。由案管中心将速裁案件分配到指定经办人后，由书记员统一制作委托辩护人告知书、委托诉讼代理人告知书、换押证、案件流程通知书等。二是提审集中。对于拟采用速裁程序的案件，由案件经办人事先拟定提审计划，对于未羁押的，集中通知犯罪嫌疑人到院接受讯问；对于羁押的，则通过视频进行远程提审。三是起诉集中。对于速裁案件，以每10件为一组，采用集中起诉，提高起诉效率。

（2）统一规范文书。为便捷案件办理，制作了一整套包括提审笔录、审查报告、起诉书、适用刑事速裁程序建议书和公诉意见在内的填充式文书模板。创新讯问笔录，将证据开示融入讯问过程之中并记录在案。创新起诉书，将量刑建议写进起诉书，提高量刑过程的透明度和公信力。创建具结书，体现犯罪嫌疑人的真实意愿，确保适用刑事案件速裁程序的合法性。创建适用刑事案件速裁程序建议书，与起诉书、犯罪嫌疑人具结书、讯问笔录一并随案移送法院。

（3）开庭弃繁就简。协调区法院，对所有速裁案件实行集中开庭。庭审中不再进行法庭调查、法庭辩论，而是以综合公诉意见及综合辩解意见代替，实现百分百当庭宣判并在庭审后半小时内送达判决书。为进一步提高效率，对所有速裁案件均采取视频开庭方式。

（4）保障权利到位。鉴于速裁案件办理速度快，犯罪嫌疑人、被告人合法权利难以保障的问题，主动联系区司法局，对于所有适用速裁程序的犯罪嫌疑人、被告人，一律聘请法援律师作为值班律师，为犯罪嫌疑人、被告人提供法律咨询和讲解，提供帮助并出庭辩护，确保犯罪嫌疑人、被告人权利得到有效保障。

3. 机制创新的效果

推行近一年以来的实践情况表明，刑事速裁程序有效避免了诉讼拖延，促进了程序正义，有效缩短了羁押时间，避免了被告人的“交叉感染”和“罪刑倒挂”。另外，在保障轻微刑事案件快速审理的同时，刑事速裁程序通过繁简分流优化司法资源配置，有效保障了司法机关能够集中精力审理疑难复杂案件，更好地防止冤假错案的发生。

（1）适用范围逐步扩大。2014 年 7 月至 2015 年 3 月，共适用速裁程序案件 237 件 245 人，其中危险驾驶 99 件 99 人（全覆盖），盗窃 75 件 82 人，故意伤害 11 件 11 人，毒品犯罪 20 件 21 人，非法拘禁 1 件 2 人，寻衅滋事 3 件 3 人，抢夺 4 件 4 人，其他罪名 11 件 11 人。案件类型也由最初的危险驾驶案扩展到盗窃、妨害公务、伪造居民身份证、妨害信用卡管理、赌博、交通肇事等依法可能判处 1 年以下有期徒刑、拘役、管制或单处罚金的所有案件。

（2）诉讼效率显著提升。对于适用速裁程序的案件诉讼期限从审查起诉到法院判决一般不超过 10 个工作日，相比简易程序而言，平均每件案件缩短诉讼期限近 1 个月，开庭效率则提高了 3 倍。

表 4　三类程序期限的对比　　（单位：日）

	刑事速裁程序	简易程序	普通程序
审查起诉期限	5	20	45（最长 195）
审判期限	5	20	60（最长 330）

4. 深化试点做法

作为刑事案件速裁程序的试点院之一，海珠区人民检察院从 2014 年 7 月开始，在全市检察机关率先探索，采用案件集中办理、统一规范文书、开庭弃繁就简等方式推进刑事速裁试点工作的开展。经过近一年的办案实践，共对 365 件案件启动刑事速裁程序，约占同期办案总量的 18%。刑事速裁程序的适用，使案件审理和裁决的时间大为压缩，被告人特别是处于羁押状态的被告人快速得到审判，大大提高了诉讼效率。与此同时，海珠区人民检察院还在已有经验的基础上，采取四项措施，进一步深化刑事速裁试点工作。

（1）程序启动向“宽”处延伸，实现控方启动与辩方申请相结合。改变刑事速裁程序由控方单方启动的普遍做法，赋予辩方主动申请启动的权利，使速裁程序的启动进入“双轨制”。海珠区人民检察院与同级法院在原有规程的基础上，制定了《辩方建议启动刑事案件速裁程序操作规程》，明确被告人及其辩护律师可以主动提出速裁程序启动申请。一是案件移送审查起诉后，可主动向检察机关申请启动刑事速裁程序，由公诉部门决定是否适用；二是案件移送审理且由检察机关建议适用简易程序审理案件，辩方可在开庭前向法院申请适用速裁程序，在法院征询控方意见后决定是否改为速裁程序审理。从 2015 年 6 月实施以来，该院共收到辩方启动申请 10 件，经审核后全部采用刑事速裁程序起诉审判。双轨制的程序启动机制，不仅有利于维护被告人的合法权利、保障辩护律师在刑事诉讼中的执业权利，也能够进一步扩大刑事速裁程序的适用率，确保程序适用的公平公正。

（2）庭前示证向“精”处升华，实现口头概述与书面清单相结合。细化程序流转方式，采取口头概述与书面清单相结合，确保庭前证据充分开示，为庭审高效进行奠定基础。由于速裁程序取消了法庭调查和法庭辩论以求庭审效率，使庭审质证由庭上前置到了庭前。为确保审判公正，该院除了在审查起诉提讯过程中，向犯罪嫌疑人概述案件的证据情况，还将证据内容制作成书面清单形式，随起诉书一同移送法院并送达给被告人，确保被告人在庭前能够充分了解证据情况，方便发表辩护意见，理性作出程序选择，使适用速裁程序判决的案件在提高效率的同时，也经得起事实、法律的检验。

（3）权利保障向“广”处辐射，实现驻所援助与驻庭援助相结合。程序快速的进行在一定程度上限制了被告人权利的行使。为弥补这一不足，该院与同级法院、司法行政机关进行协商，采取“驻所律师”和“驻庭律师”双管其下的值班律师模式，逐步实现速裁案件法律援助的全覆盖。一是在看守所设置常驻法律援助律师，对于拟适用刑事速裁程序的案件，检察机关会将起诉书以及建议适用速裁程序文书副本送达给驻所的法援律师。犯罪嫌疑人可向看守所主动申请法律援助，法援律师也可主动为犯罪嫌疑人提供法律帮助，包括解答法律问题，提交诉讼申请，也可以经犯罪嫌疑人委托出庭辩护。二是在法院设置专门的法援律师工作室，驻庭法援律师对于速裁案件可以事先阅卷，了解案件情况，并在获得被告人同意的情况下，在速裁案件开庭日参加庭审，履行辩护人职责。

（4）办案组织向“专”处发展，实现专人办理与轮转办理相结合。针对速裁案件快速办理的特点，该院选择具有一定办案经验的年轻公诉人专门办理刑事速裁案件，提高办理的效率和熟练度。与此同时，考虑到公诉人全面发展以及均衡工作量的因素，以月为限，定期轮换，确保大部分公诉人熟悉速裁案件的办理程序，同时通过轮换机制，能够让公诉人将不同程序案件办理的经验相互融合，便于总结经验，发现问题，从而提高速裁案件办理的水平。

（四）柔性司法与诉讼参与人权利保障

1. 切实保障辩护权

切实保障辩护律师权利，依托数字化阅卷软件，在审查起诉阶段向辩护律师开示案件全部证据，建立以案管中心为传输纽带的沟通渠道，确保公诉人能有效听取辩护人意见并及时反馈。认真对待律师调查取证的要求。自修改后的刑事诉讼法实施以来，已应律师要求，针对 18 件案件调取证据 43 份，切实保障犯罪嫌疑人权利。

2. 始终将化解矛盾贯穿于审查起诉始终，摒弃单纯的就案办案思维

通过追诉犯罪，平复被害人情绪，将其重新拉回依法处理的轨道，最终达到解决矛盾的目的。2015 年以来，该院共追诉漏犯 187 人，有力地维护了被害人权利。通过案外救济化解矛盾。对于因遭受犯罪伤害而导致生活困难，却又难以从被告人处获得赔偿的被害人，主动启动被害人救助程序，对其进行扶危救困。如海珠区人民检察院办理的宋某故意伤害一案，法院虽然对被告人作出了有罪判决，但被害人因受伤丧失了工作能力却未能立刻得到赔偿，使其生活陷入了极度的困难之中。为了缓解被害人的困难，案件经办人主动联系控申部门，启动被害人救助程序，为其提供了一定数额的生活救济金，让其渡过难关。

案件分流专人办理提升办案质效

本报讯（钟亚雅/通讯员孙麒）广东省广州市海珠区检察院今年上半年受理审查起诉案件722件，人均办案60.2件，同比增长5.4%；立案侦查职务犯罪案件34件，同比上升6.3%。据了解，该院对案件按照繁简、难易、性质进行“甄别”，一般刑事案件首先实行繁简分流，分为普通程序案件、简易程序案件和刑事速裁案件。刑事速裁案件交由2名检察人员专门办理，普通程序、简易程序案件则再按案件性质分类派发。职务犯罪案件则按涉及的行业类型、管理部门进行分类，由不同的专属办案组承办。通过案前分流、专业化办理，提高了办案效率。

（载《检察日报》2016年7月22日第2版）

广州海珠区检察院8分钟速判刑事案

昨日上午，在短短9分钟时间内，广州市海珠区法院刑庭法官马兰开庭审理并当庭宣判了一宗妨害信用卡管理案，随后，她又在短短8分钟内审结了一宗醉驾案。如此短的时间就审结一件刑事案件，这都得归功于刑事案件速裁程序。

昨日上午，在海珠区法院第二法庭，法官马兰要用刑事速裁程序审理三宗案件：一宗妨害信用卡管理案，一宗危险驾驶案，一宗盗窃案。

上午9时55分，马兰敲响法槌，宣布开庭审理被告人周某平妨害信用卡管理案。与以往不同，此次案件的审理，适用的是刑事案件速裁程序。检方指控，在今年5月21日12时许，在海珠区广州大道南911号中国建设银行内，周某平冒用他人身份证在该银行柜台办理银行卡开卡业务时被银行工作人员识破，后被现场抓获。

不过与普通程序及简易程序不同的是，此次庭审省去了法庭调查和法庭辩论环节，取而代之的是公诉人发表综合公诉意见、被告人辩解陈述及辩护人发表综合辩护意见。

被告人周某平对检方的指控没有任何异议。公诉人建议对其判处拘役以下的刑罚，辩护人则建议判处3个月以下的拘役，并对其适用缓刑。

听取了控辩双方的意见后，10时2分，法官马兰当庭宣判，以妨害信用卡管理罪判处周某平拘役3个月，并处罚金1万元。周某平当庭表示对判决没意见，不上诉。10时4分马兰宣布闭庭，庭审用时9分钟。

10分钟后，马兰又开庭审理一宗醉驾案。8分钟内，马兰对案件宣判，以危险驾驶罪判处被告人尹某福拘役1个月，缓刑3个月，并处罚金2000元。

庭审结束后，记者采访了醉驾案尹某福的辩护律师闫嫣。她告诉记者，适用刑事速裁程序来审理这种事实清楚、案情简单、被告人也认罪的案件非常好。她说，以前也曾代理过不少醉驾案件，每个案件一般都要跑三趟法院，一次拿起诉书，一次开庭，一次宣判，每次都得花费半天。现在适用刑事速裁程序，当庭宣判，不光庭审时间缩短，还可以少跑一次法院，对法院来说，节省了司法资源；对律师来说也节省了精力；对被告人来说，可以尽快知道自己的判决结果。

如何保证速裁审理公平

专人专职保障。

设立速裁专职法官，抽调有较多审判经验和理论水平的法官担任，在应对巨大办案量的同时确保法官的业务法律水平能跟上。

案件类型限定。

适用速裁程序的案件均是有最高法院量刑规范的案件类型，量刑幅度有明确的可操作性，在情节相同、数额相等的情况下，法官的自由裁量幅度不超过 1 个月，能实现量刑均衡，规范法官自由裁量权。

司法文书一律上网。

凡是属于法定公开并适用刑事速裁程序审理的案件，在保障被告人、被害人等个人隐私权的前提下，相应的司法文书要求一律上网，通过主动接受社会和舆论的监督，进而实现对于法官自由裁量权的规范。

刑事案件速裁简化了哪里?

1. 对事实清楚、证据充分，被告人自愿认罪，当事人对适用法律没有争议的危险驾驶、交通肇事、盗窃、诈骗、抢夺、伤害、寻衅滋事等情节较轻，依法可能判处 1 年以下有期徒刑、拘役、管制的案件，或者依法单处罚金的案件，进一步简化刑事诉讼法规定的相关诉讼程序。

2. 文书予以简化。要求适用速裁程序的案件一般应当庭宣判，速裁程序案件的判决书亦予以简化，文书一般在庭审结束后 10 分钟内送达被告人。

3. 庭审省去了法庭调查和法庭辩论环节，取而代之的是公诉人发表综合公诉意见、被告人辩解陈述及辩护人发表综合辩护意见。

（载《广州日报》2014 年 8 月 6 日）

第四章　职务犯罪侦查环节中的柔性司法

当前，党的十八届三中、四中全会决定对法治中国建设、全面推进依法治国提出了更高要求。其中，党的十八届四中全会《关于全面推进依法治国若干重大问题的决定》从全面推进依法治国的高度提出："必须完善司法管理体制和司法权力运行机制，规范司法行为，加强对司法活动的监督，努力让人民群众在每一个司法案件中感受到公平正义。"如何规范司法行为，如何努力让人民群众在每一个案件中都感受到公平正义是值得我们思考的话题。[①] 在这样的背景下，提出柔性司法问题应当说是契合了当前司法改革的精神，并且对司法改革的精神进行了深化。柔性司法是规范司法行为中非常重要的一环，其所追求的不仅是司法行为的合法性问题，更是司法行为的职业伦理性问题，是从职业伦理、人文精神的角度对规范司法行为提出的更高要求。

第一节　职务犯罪侦查环节柔性司法的理论

规范司法行为涉及全部的诉讼程序、司法行为，柔性司法也是如此。职务犯罪侦查，是对涉嫌职务犯罪案件的犯罪嫌疑人所采取的各种强制措施和侦查措施的总称。从诉讼职能的角度来看，职务犯罪侦查是检察职能的重要组成部分；从诉讼程序的角度来看，职务犯罪侦查是职务犯罪案件诉讼程序的重要一环，占有非常重要的地位；从内容上来看，职务犯罪侦查包括刑事诉讼法规定的强制措施的运用以及各种侦查措施，这些措施既有对人的措施，也有对物的措施，还有对信息的措施，这些措施具有强制性，容易使职务犯罪案件的犯罪嫌疑人受到一定的权利损害。可见，在职务犯罪案件中探讨柔性司法问题是一个非常具有理论与实践意义的话题。

---

① 关于规范司法行为的研究，可以参见陈卫东、杜磊：《司法改革背景下规范司法行为的进路》，载《学习与探索》2015 年第 11 期。

一、职务犯罪案件侦查中实施柔性司法的必要性

客观来讲，在职务犯罪案件侦查中实施柔性司法具有极大的必要性。具体而言：

（一）在职务犯罪案件侦查中施行柔性司法是尊重和保障人权的需要

尊重和保障人权是我国宪法上的一项基本原则。2012 年《刑事诉讼法》修改时在第 2 条删掉了 1996 年《刑事诉讼法》第 2 条中的“以维护社会主义法制”等规定之前的“以”字，同时增加了“尊重和保障人权”的规定。删掉这个“以”字之后，该条就只剩下关于“任务”的规定了，这也就意味着尊重和保障人权成了刑事诉讼法的一项具体任务，而且是一项全新的任务。在职务犯罪侦查中也应当落实尊重和保障人权的任务，特别是职务犯罪侦查所针对的都是人的基本权利。例如，拘留、逮捕等都是限制或剥夺人身自由权的行为；对财产的查封、扣押所涉及的是人的财产权，这也被视为是人权的一项重要内容；而对人身的搜查、检查则涉及的是被追诉人的人格尊严、人身的自主权等权利。可以说，职务犯罪侦查领域是人权保障的前沿阵地，也是评估一个国家人权保障状况的重要指标。在职务犯罪侦查领域实行柔性司法更能够彰显我们国家尊重和保障人权的态度和努力。柔性司法要求执法者在执法时不能仅考虑到执法的合法性、执法的便利性，还要对被追诉人的人身自由、人格尊严等给予特别的关顾和照料。例如，根据海珠区柔性司法的操作，在到案措施上，采取“非强制性”的到案措施，而非“强制性”的到案措施，这就可以尽量不对被追诉人的人身自由造成减损；再如，法律并没有禁止夜间讯问，而海珠区柔性司法操作实践中，要求普遍采取非夜间讯问的工作方式，仅在个别情况下允许夜间讯问，这就保证了被追诉人的正常生理需求。可见，柔性司法对于尊重和保障人权具有极大的促进意义。总体来讲，在职务犯罪侦查领域实施柔性司法是落实尊重和保障人权的需要。

（二）在职务犯罪案件侦查中施行柔性司法是遵守无罪推定原则的要求

无罪推定原则是刑事诉讼中的一项基本原则，意指任何人未经人民法院依法判决有罪，应视其为无罪。无罪推定原则是现代法治国家刑事司法通行的一项准则，是国际公约确认和保护的基本人权，也是联合国在刑事司法领域制定和推行的最低限度标准之一。无罪推定原则的一个重要意义在于确认任何人在法院定罪之前的身份，即其只是涉嫌犯罪，而不是“有罪”之人。那么这就意味着对涉嫌犯罪之人要不同于对待已定罪之人，特别是在采取强

制性措施方面更应当慎重。不可否认，在实践中违背无罪推定原则的现象广泛存在。例如，长期以来，我国的刑事羁押率过高，只要涉嫌犯罪，被追诉人基本上都会被采取限制人身自由的羁押措施，而且对被追诉人往往采取一押到底的做法。这基本上等同于认定被告人有罪，特别是在我国以往实践中往往是一旦被追诉人被羁押即意味着办案机关认定为有罪，从而将被追诉人作为“有罪”之人加以对待。例如，“羞辱”观念在我国长期以来盛行，对涉嫌犯罪之人采用公开的带有羞辱性质的手段，如故意在子女、父母长辈面前采取到案措施，这不仅是对涉嫌犯罪人的羞辱，也会对涉嫌犯罪人的子女、父母的心理造成重大打击，特别是影响未成年子女的身心正常成长。再如，既然侦查阶段的追诉人只是犯罪嫌疑人的身份，那么限制乃至剥夺被追诉人的对外联系，特别是不影响案件的侦查办理的对外联系就是不正当的，也是没有必要的。这些职务犯罪嫌疑人本身是一个社会人，对外承担着一定的社会责任，例如，犯罪嫌疑人可能在公司、企业是负责人，而在家庭里面则属于长辈，无论是在家庭还是在公司、企业，可能都需要其作出决策。这些事务并不会影响案件的侦查处理，如果不加区分地加以限制、剥夺，会对企业、家庭造成重大不利影响，也违背了无罪推定原则的要求。而柔性司法正是针对这些实践中的问题而提出的，要求对未经定罪的人给予高度的人文关怀，把其当作“无罪”之人加以看待，无论是对其采取强制措施、侦查措施，还是对其社会生活都给予高度关注，满足其作为一个人特别是未经定罪之“无罪”人的基本的自由和人格尊严。可见，柔性司法也契合了无罪推定原则的精神，是对无罪推定原则的深化。

（三）在职务犯罪案件侦查中施行柔性司法是遵守刑事诉讼比例原则的需要

在现代法治国家，比例原则被用作衡量公权力运作是否恰当，是否侵害公民合法权益的一项原则。比例原则又包括三项基本的原则，即妥当性原则、必要性原则和狭义的比例原则。比例原则，要求执法人员在办理案件时需要注意以下几项基本要求：[1] 第一，采取行动时，手段和目的要有内在的一致性。不能用合法的手段达到非法的目的。例如，为了达到长时间控制被追诉人、获取口供的目的，在刑拘之前，采用留置盘查、行政拘留等手段。第二，优先考虑以非强制性的手段实现追诉目标，在必须采取限制公民权利

---

① 参见徐阳：《程序法定原则对刑事司法的规范意义》，载《法学》2014 年第 10 期。

的措施时，则应选择对公民权利妨害最小的措施，尽管避免给公民权利造成较大的损害。例如，在没有逮捕必要的时候，就不要用逮捕措施，可以采取取保候审等措施。又如，当时有逮捕的必要，但是随着案件的办理，羁押的必要不存在了，这时就应当采用对公民权利侵害最小的其他替代措施。第三，采取的强制性措施的严厉程度要与办理案件的需要成比例。一个衡量的标准是，私权的所受损害与公权力所获收益相比，如果所获收益远大于损失，则是合理的；如果所获收益不大于所受损害，则是非正当的。例如，在查封、扣押、冻结财物时，如果本来犯罪数额可能仅为数万元，而查封、扣押、冻结了数百万元的财物，此时对公民权利的损害要远大于公权力的收益，行为的正当性就不足。而海珠区院柔性司法实践要求可不用抓捕到案措施的就不用抓捕到案措施、可不采取羁押措施的就不采用羁押措施、可不夜间讯问的就不夜间讯问、可不立即采取强制到案措施的就暂缓强制到案以及连续讯问的时长不超过6小时等，这实际上是落实比例原则的要求，既然被追诉人是一个未经定罪之人，任何对被追诉人采取的减损其权利的侦查措施和手段都不是无限制、无拘束的，必须最大限度地在侦查犯罪与保障人权之间达到平衡。可见，海珠区院柔性司法实践也是对比例原则的遵循和贯彻。

（四）在职务犯罪案件侦查中施行柔性司法是遵守检察官客观义务的要求

检察官通常被认为是世界上最客观公正的官署，是法律的守护人。在我国，根据宪法的规定，检察机关是法律监督机关，象征着客观公正。为此，无论世界各国都强调检察官的客观义务，要求检察官在办理案件过程中要遵循客观、公正的基本原则行事。① 在我国，根据学者的总结，检察官承担着证据客观义务、逮捕审查责任、客观追诉责任、定罪救济责任、监督与法律救济责任、诉讼关照义务、正当程序义务，等等。② 实际上，无论检察官客观义务的内容如何概括，检察官客观义务的核心内涵是，检察官为了发现真实情况，不应站在当事人的立场上，而应站在客观的立场上进行活动。③ 这

---

① 关于世界各国检察官客观义务的体现，参见程雷：《检察官的客观义务比较研究》，载《国家检察官学院学报》2005年第4期。

② 参见陈卫东、杜磊：《检察官客观义务的立法评析》，载《国家检察官学院学报》2015年第3期。

③ ［日］松本一郎：《检察官的客观义务》，郭布、罗润麒译，载《法学译丛》1980年第2期。

是立足于检察官超脱于当事人而对检察官提出的保障被追诉人合法权利的更高的职责，这实际上就是要求检察官在办理案件过程中不能仅考虑打击犯罪的需要，也要考虑到保障被追诉人合法权益的需要，要对被追诉人给予应有的人文关怀。正如德国刑诉法大师米德迈尔所说的："检察官应仅力求真实与正义，因为他知晓，显露他（片面打击被告）的狂热将减损他的效用和威信，他也知晓，只有公正合宜的刑罚才符合国家的利益。"传统上，我们一面强调检察官客观公正形象，而在实践中检察机关则往往呈现出向所谓的打击犯罪"一边倒"的现象，被塑造成了与被追诉人完全相互对立的一极，这给检察官的客观公正性造成了极大的负面影响，也有违宪法关于检察机关法律监督者的定位。而柔性司法理念的提出和制度的构建，则弥补了此方面的不足。从职务犯罪侦查中柔性司法的制度来看，其从方方面面考虑到了被追诉人的需求，并提供了诸多保障措施。例如，关于暂缓到案措施的规定，对于采取强制措施的案件，因为考虑到犯罪嫌疑人在接送子女上学或者放学的，子女处于中考或高考等重大考试期间的，正在主持重大会议或者仪式的，患重大疾病在住院期间、怀孕、哺乳或者手术恢复期生活未能自理的等情形，可以暂缓采取强制到案措施。这种制度设计改变了以往实践中检察机关冷冰冰地执法的做法，体现了检察机关关怀、照料被追诉人的一面，给检察机关的"刚性"注入了人文关怀的"柔性"力量，有"刚"有"柔"，不仅可以展现检察机关打击犯罪的一面，也可以完整地展现检察机关作为尊重和保障人权卫士的客观公正者形象。就此而言，在职务犯罪中实施柔性司法对于塑造检察官客观公正者的形象具有积极意义。

（五）在职务犯罪案件侦查中施行柔性司法是落实中央司法改革精神的要求

当前，党的十八大之后开启的新一轮司法改革正在如火如荼地推进之中。党的十八届三中、四中全会决定高屋建瓴，提出了一系列的司法改革任务和要求。这些改革举措既有体制层面的，也有机制层面的。但是总结来看，新一轮司法改革无论是体制层面的改革方案还是机制层面的改革方案，其大都是属于制度构建方面的改革方案，而非是制度落实层面或者制度实施层面即执法、司法方式的方案。就在这样一个以"改革"为导向的改革方案中，党的十八届四中全会决定特别提出了一个以执法、司法方式为导向的任务，即要"规范司法行为"。在字字如金的十八届四中全会决定中，特别提出了"规范司法行为"的要求，可见中央对该问题的强调和重视。什么是规范司法行为？"规范司法行为"应当是指采取措施，使国家司法机关及其司法人员具体运用法律处理案件的具体活动，按照既定标准、规范的要求进行操作，达到或超越规定的标准。应当注意的是，这里规范司法行为不仅仅是达到规定的标准，而且是尽可能地超越规定的标准。那么什么是司法行为规范的标准呢？实际上，司法行为规范的标准包括法律标准和职业伦理标准两个层次，具体包括以下三个方面的标准，即实体标准、程序标准和职业伦理标准。在我们国家当前的背景下，规范司法行为实际上更加强调的是程序标准和职业伦理标准。[①] 当然，职业伦理标准在大部分层面上也体现为程序标准。总体来看，规范司法行为强调了两点内容：第一，司法行为应当达到或者超越既定的标准；第二，司法行为应当特别注重程序标准和职业伦理标准。而柔性司法恰恰是对规范司法行为的发展。一方面，柔性司法要求司法行为要超越既定的标准，对被追诉人给予更多、更全面、更充分的保护，而不仅仅局限于当前法律上的规定。如前面提及的单次讯问犯罪嫌疑人的时间不超过 6 个小时的规定，该标准相较于刑事诉讼法规定的标准要更为严格。又如，柔性司法要求尽量避免夜间讯问的标准也要远远高于刑事诉讼法的标准，刑事诉讼法本身并没有限制夜间讯问。可见，柔性司法的标准也高于规范司法行为的标准。另一方面，柔性司法要求从职业伦理层面强调检察机关对被追诉人的人文关怀，要求检察机关切实承担起客观公正的职业伦理责任，维护好检察机关客观公正者的形象。可见，柔性司法的标准要较规范司法行为更加严格，是对规范司法行为的进一步深化和发展。在当前全面深化司法改革的背景下，柔性司法的提出和推广具有非常重要的时代意义，契合了中央司法改革的精神，把握住了司法改革的脉动。

二、职务犯罪案件侦查中实施柔性司法的可行性

对于职务犯罪案件侦查中实施柔性司法的必要性已如前所述。但在实践中对在职务犯罪案件侦查中施行柔性司法的可行性存在一定的忧虑。特别是职务犯罪案件侦查本身具有强制性、秘密性、法定性等特征，职务犯罪侦查的质量好坏直接决定着起诉的成功与否。在这样的情况下，在职务犯罪案件侦查中实施柔性司法的担忧似乎“确有”其根据。尽管如此，实际上，在职务犯罪侦查中实施柔性司法是存在可行性的，并存在广泛的适用空间。具体而言：

---

① 参见陈卫东、杜磊：《司法改革背景下规范司法行为的进路》，载《学习与探索》2015 年第 11 期。

（一）在职务犯罪案件侦查中实施柔性司法并不违反程序法定性原则

程序法定原则是刑事诉讼的一项基本原则，也是现代刑事诉讼的帝王原则。程序法定原则有两项要求：一是司法机关及司法人员的职权由国家立法机关制定的法律预先明确规定；二是司法机关及司法人员都不得超出法律设定的职权范围进行刑事诉讼活动，也不得违背法律的程序任意决定诉讼程序的进程。[①] 根据该项规则的规定，检察机关在办理案件的过程中，应当：第一，不得违背授权，违法实施司法行为；第二，不得违反法律的义务性规定；第三，不得违反法律的禁止性规定。据此，有人可能会担忧，在职务犯罪案件侦查中实施柔性司法是否会与现有的法律规定相互冲突，违背程序法定原则呢？实际上，这种担忧是完全没有必要的，在职务犯罪案件侦查中实施柔性司法并不是要违背程序法定原则。

其一，从柔性司法的内容来看，其并不违背程序法定原则。根据柔性司法的规定，在职务犯罪案件中的柔性司法制度、机制主要是在法律授权范围内进行的创新和发展，并不违背法律的义务性规定和禁止性规定。如关于暂缓强制到案的做法，法律并没有明确何时可以抓捕到案、何时不可以抓捕到案，那么何时抓捕到案属于可以由检察机关自由裁量的事情，检察机关有权自主决定抓捕到案的时机。而且，关于抓捕到案的时机，法律上也没有相关的禁止性规定，也就是说法律并没有禁止检察机关可以根据案件的需要暂缓强制到案。此外，暂缓强制到案也没有违背任何法律的义务性规定，实际上，暂缓强制到案的措施反而更加契合了检察官的客观公正义务。其他职务犯罪侦查阶段柔性司法的做法也是如此，也都是在检察机关自由裁量权范围内所进行的，不违背法律的强制性规定，也不违反相关的义务性规定。

其二，从职务犯罪侦查阶段实施柔性司法的做法来看，这并不是检察机关给自己授权，而是检察机关自我施加责任。从职务犯罪案件侦查中实施柔性司法的目的来看，其意在最大限度地给予被追诉人以人文关怀。从被追诉人的视角来看，这是获得更多的权利或者利益。而从检察机关的视角来看，这是检察机关自我施加更多的责任，而不是自我授权以进一步扩张自身的权力。对于检察机关自我授权而言的“法无规定不可为”的原则不适用于检察机关自我施加责任。

---

① 参见汪建成：《〈刑事诉讼法〉的核心观念及认同》，载《中国社会科学》2014年第2期。

其三，法律并不禁止检察机关提高司法行为规范的标准。总体来讲，刑事诉讼法作为一部限权法与保民法，其对检察机关义务与责任的规定仅是一种最低限度的标准，这也是保障被追诉人权益的最基本的要求。但是这并不意味着法律禁止或者不赞同更高程度的司法行为规范标准。实际上，作为一部保民法，刑事诉讼法更加期待的是赋予诸如检察机关在内的公权机关更多的责任与要求，以更好地保障民权。可见，对于司法实践中检察机关加重自身责任从而更好地保障被追诉人权利和利益的做法并不违反法律的规定，也不属于法律禁止的事情。

（二）职务犯罪案件侦查中实施柔性司法并不会影响案件办理的质量

对职务犯罪案件中实施柔性司法的第二个担忧在于是否会因为柔性司法而影响到案件的办理质量。具体而言，侦查手段本身具有一定的强制性，这恰恰是传统侦查中借以突破案件的常规手段，现在柔性司法允许可以不强制到案，在讯问的时间点上要求尽量避免夜间讯问，在强制措施的适用上尽量采用非羁押性强制措施，以及允许对外接触等，这些做法都在一定程度上降低了侦查手段的强制性，可能会提高案件办理的难度。特别是对于职务犯罪而言，长时间限制被追诉人的人身自由并限制其与外界的接触正是突破案件的惯常做法。① 这些降低职务犯罪侦查强制性的做法可能会导致侦查难度增加，进而影响案件的办理质量。

从表面来看，上述担忧似乎有其合理性。实际上，上述担忧既没有必要，也是不合理的。不可否认，柔性司法在一定程度上降低了职务犯罪侦查的强制性，但这并不能成为否定柔性司法的理由。

第一，柔性司法并不是一味地降低职务犯罪侦查的强制性，也不会影响案件的正常办理。客观来讲，柔性司法的柔性是在满足合理办案需要基础之上的柔性，并不是盲目地柔性。例如，柔性司法中的口头到案问题，这里并不采取强制到案措施的原因就在于犯罪情节轻微，没有采取抓捕到案的必要。再如，适用取保候审措施的情形，也是因为案件特殊，犯罪嫌疑人已经如实供述了犯罪事实并积极退赃或者挽回经济损失等，没有必要采取羁押措施的。可见，对于这些案件，降低职务犯罪侦查的强制性是必要的，也是可能的，并不会影响案件的正常办理。

---

① 参见刘忠：《读解双规——侦查技术视域内的反贪非正式程序》，载《中外法学》2014 年第 1 期。

第二，以往不合理利用职务犯罪侦查强制性从而达到办案目的的方式并不是正当的。不可否认，实践中广泛存在利用职务犯罪侦查手段的强制性来达到办案目的的作法。但是，存在并不就是正当的。实际上，我国传统的以职务犯罪侦查手段的强制性，特别是强制措施的强制性，来压制犯罪嫌疑人从而达到突破案件处理的做法是不正当的。例如，从刑事强制措施的目的和功能来看，其目的是保障犯罪嫌疑人能够到案，避免逃脱公安机关的处理。也就是说，在犯罪嫌疑人到案并不成为问题的情况下，适用强制措施的目的就不存在了，也就没有必要采取强制措施了。再如，传统实践中利用长时间连续讯问的做法或者限制犯罪嫌疑人对外联系的做法从而达到攻破其心理防线进而获得供述的做法也是不正当的。我们无法用不正当的理由来否定柔性司法的可行性。

第三，实际上，对于柔性司法所带来的所谓的传统侦查“策略”的失灵问题完全可以通过其他方式解决。传统的职务犯罪侦查模式完全是建立在检察机关和犯罪嫌疑人对抗的模式之上的。在检察机关的强大职权面前，犯罪嫌疑人并没有抵抗不正当侦查行为的能力，不仅不利于人权的保障，更可能导致冤假错案的大量产生。这种模式的弊端已经陆续显现。实际上合作式侦查模式，即建立在犯罪嫌疑人自主供述和检察机关从宽处罚建议基础上的合作式侦查，不仅能够达到惩罚犯罪的目的，也有助于更好地保障被追诉者的权利。未来应当向合作式侦查模式转变，这不仅可以解除怀疑对柔性司法者所可能带来的降低打击效果的疑虑，而且也为柔性司法提供了更为广阔的适用空间。

（三）在职务犯罪案件中实施柔性司法贻误办案时机或者干扰刑事侦查的顺利进行的疑虑是不成立的

实践中，对柔性司法存在疑虑的第三个理由是可能会贻误办案时机或者干扰侦查活动的顺利进行。具体而言：第一，在职务犯罪案件中采取侦查措施的种类和时机对于案件的处理非常重要，如果运用不当可能会错过案件的办理时机，导致犯罪嫌疑人逃脱检察机关的控制，贻误案件的办理时机；第二，在职务犯罪案件中采取非羁押性措施以及允许对外接触，可能会导致犯罪嫌疑人干扰侦查工作的顺利进行。

1. 关于柔性司法可能导致犯罪嫌疑人逃脱、贻误办案时机问题

对于这个问题，我们认为这也不能构成否定柔性司法的理由。

首先，如前所述，柔性司法的适用是有条件的，其中的一个重要条件就

是不会有碍侦查。例如，暂缓到案的条件中明确规定“除有碍侦查外”，取保候审的条件中也明确规定“取保候审不妨碍侦查的”。也就是说，柔性司法把妨碍侦查的情形已经考虑在内了。这两者并不是对立的关系，而是统一的关系，柔性司法是侦查和柔性的统一。

其次，实际上，即便是不采取柔性司法措施，在侦查过程中也会存在犯罪嫌疑人逃脱的问题。应当来讲，侦查过程中犯罪嫌疑人的逃脱作为一种风险是普遍存在的，并不会因为不采取柔性司法而消灭此种风险。当然，有人可能会说柔性司法扩大了此种风险，实际上这也是不成立的。柔性司法是在自由裁量范围内进行的，犯罪嫌疑人可能逃脱、有碍侦查的风险已经在法律的考量范围内了，这种风险是法律所允许的。而且，更重要的是，柔性司法所带来的风险只是在法律允许范围内的风险，并没有扩大此种风险。

最后，相较于犯罪嫌疑人的逃脱风险问题，可能我们更应当关注的是其他更高层面的利益。例如，暂缓强制到案适用的情形是犯罪嫌疑人接送未成年子女放学或者上学途径的；其未成年子女处于中考、高考等重大考试期间的；以及其患病住院等情形的。在这些情形下，更应当考虑的是未成年人的身心健康和其学业。毕竟未成年人是社会的未来与希望，其身心并未完全成熟，对社会生活的认知也有限，此际对其父母采取强制到案措施势必会影响其身心健康和学业。相较于犯罪嫌疑人的逃脱风险而言，对未成年人的身心健康给予关注是一个更大的价值考量，也有更大的保护必要。对于犯罪嫌疑人的人身健康权、自由权而言也是如此，我们更应当追求其人身健康权和人身自由权。

2. 关于柔性司法可能导致犯罪嫌疑人与社会接触而干扰办案问题

柔性司法允许犯罪嫌疑人在符合规定的情形下处理工作单位事务和家庭事务等对外接触，这也引发了柔性司法可能导致犯罪嫌疑人与社会接触干扰检察机关办案的问题。实际上，这完全属于没有必要的担忧。因为柔性司法允许犯罪嫌疑人和外部社会接触的范围是极其有限的，只有在特殊情形下才会允许其与外界进行沟通。而且，即便是犯罪嫌疑人可以和外部社会接触，其也并不是直接与外部社会接触，而是通过办案机关与外部社会接触，这也就可以解决犯罪嫌疑人和外部互通消息、干扰办案的问题。因此，总体而言，这并不能成为怀疑柔性司法的理由。

（四）在职务犯罪侦查中实施柔性司法不会过度提升办案的成本

实践中，对在职务犯罪侦查中实施柔性司法有疑虑的第四个理由在于其可能会过度增加案件的办理成本，给检察人员办理案件增加了一定负担。在当前的司法实践中，检察人员办案任务本身就很重，如果再提高要求可能会使检察人员身上的“担子”更重。因此，有人担心在职务犯罪侦查中实施柔性司法会再度提升办案的成本，并因此而对柔性司法持有怀疑态度。

应当承认，柔性司法会在一定程度上增加检察人员办案的成本。例如，暂缓强制到案可能会耗费一定的时间精力、物力成本；又如，通知根据犯罪嫌疑人的宗教信仰、饮食习惯、合理安排犯罪嫌疑人的饮食也会增加一定成本。当然，柔性司法除了可能会导致直接成本的增加外，也可能会导致一些间接成本的增加，例如，暂缓强制到案后，如果犯罪嫌疑人警觉后逃避抓捕的，可能会再投入一些人力物力进行侦查、部署抓捕。但在我们看来，这也不是否定柔性司法的理由。

首先，从理论上来看，直接成本的增加是有限的。诸如为有宗教信仰的人提供特殊的饮食、为犯罪嫌疑人转达相关的信息等所带来的直接成本的增加是非常有限的。当柔性司法能够转化为检察人员办案过程中的自觉行为时，此种成本的增加并不会成为一项负担，只不过是“举手之劳”而已。

其次，从整体上来看，间接成本的增加是有限的，反而节约了大量的其他成本。应当来讲，并不是所有的柔性司法都会产生间接成本，在有些情况下，并不会有间接成本的增加，反而是节约了大量的办案成本。以柔性到案为例，根据实践调研显示，90%以上的犯罪嫌疑人都可以通过非强制手段到案。相较于传统上的几乎全部采取强制到案措施相比，在柔性司法的情况下只需要投入之前10%的人力、物力成本就可以达到以前的到案目的。对于采取非羁押性措施而言也是如此，采取羁押措施的，看守所每天每人都需要投入大量的人力、物力、财力。而采取非羁押措施的，犯罪嫌疑人不需要羁押在看守所，看守所的投入会减少，而且即使犯罪嫌疑人脱逃的，这方面的投入会非常少，从整体上来看是节约了大量的司法投入。对于暂缓到案而言，一般而言，犯罪嫌疑人都是在可以控制的范围内，不会产生脱逃现象，反而会感激于办案机关的做法，积极配合调查，节约了整体上的办案成本；即便是产生脱逃现象，这种成本的增加相较于整体办案成本的节约而言也是微不足道的。

最后，不得不指出的是，实际上，柔性司法对人性的关怀也不是用人力、物力、财力成本就可以衡量的。即使是增加了办案的成本，对于人性的尊严的维护、对人权的保障而言都是值得的。这根本无法成为怀疑柔性司法的正当理由。

总之，综合上述讨论可以发现，在职务犯罪侦查领域施行柔性司法在理论上存在可行性，既有的一些疑虑并不能成立。未来如何统一认识、进一步拓展柔性司法的领域和范围、落实柔性司法的各项要求是摆在我们面前的一项重要任务。对于柔性司法，也有必要按照中央司法改革的精神，根据可复制、可推广的经验进行试点，总结经验并进一步推广。在此方面，海珠区人民检察院已经走在前列，并试点了柔性司法包括职务犯罪侦查领域的柔性司法，下文将对此进行详细介绍。

第二节　广州市海珠区人民检察院职务犯罪侦查工作概况

为了较好地了解和理解海珠区人民检察院职务犯罪侦查环节有关柔性司法的实践探索，有必要先了解该院职务犯罪侦查工作概况。因为该院职务犯罪侦查环节有关柔性司法的探索源于实践的需求，同样也在反哺实践。

一、海珠区人民检察院职务犯罪侦查部门有关情况

（一）职务犯罪侦查部门设置情况

职务犯罪侦查主要是指依据刑事诉讼法的规定，由检察机关承担的两类犯罪案件的侦查，即贪污贿赂类案件（包括挪用类）和渎职侵权类案件的侦查。相应地，海珠区人民检察院职务犯罪侦查职责由两个内设局承担，即承担贪污贿赂类案件（包括挪用类）侦查职责的反贪污贿赂局（以下简称“反贪局”）和承担渎职侵权类案件侦查职责的反渎职侵权检察局（以下简称“反渎局”）。反贪局下设三个科，分别是侦查一科、侦查二科和综合预防科。由于综合预防科不承担侦查任务，而侦查一科与侦查二科在承担案件侦查过程中职能未作区分，本节所称“反贪局”包括侦查一科和侦查二科。反渎局未下设科室。

（二）职务犯罪部门一线办案人员配备概况

侦查工作是侦查部门办案人员依法运用初查、侦查手段、方法和措施，按照法定程序查明职务犯罪事实的活动。因此，侦查人员是侦查工作配备的重要内容。我们对海珠区人民检察院侦查部门近五年的一线办案人员（含司法辅助人员及内勤）进行了统计，数据显示海珠区人民检察院侦查部门一线办案人员配备基本稳定，三个职责科室一线办案人员数量基本一致。

2010—2015 年海珠区人民检察院侦查部门一线办案人员配备情况

（单位：人）

	2010 年	2011 年	2012 年	2013 年	2014 年	2015 年
侦查一科	13	10	14	14	13	14
侦查二科	12	12	12	13	13	13
反渎局	14	14	14	14	14	15

（三）职务犯罪立案侦查概况

尽管初查在职务犯罪案件查办中具有举足轻重的作用，且一些案件经初查后未能立案，但鉴于一般情况下，立案是初查的结果和侦查工作的开始，职务犯罪立案侦查数量基本能够反映职务犯罪侦查部门的工作量。为此，我们对海珠区人民检察院近六年三个侦查科室的立案情况进行了统计。

2010—2015 年海珠区人民检察院侦查部门立案情况

（单位：人）

	2010 年	2011 年	2012 年	2013 年	2014 年	2015 年
侦查一科	48	26	24	30	36	32
侦查二科	0	19	31	30	36	26
反渎局	10	8	20	18	21	15

注：由于 2010 年及此前，反贪局采取“侦审分离”的办案模式，即侦查一科主要负责立案前的初查工作，侦查二科负责对侦查一科初查后的立案侦查案件开展预审工作。2011 年开始，反贪局改革办案模式为“侦审合一”，即侦查一科与侦查二科各自独立开展初查和预审工作。因此，侦查二科在 2010 年及此前无立案数据，从 2011 年开始才有反映其工作量的立案数据。

相比于其他刑事案件而言，职务犯罪案件因其具有明显的隐蔽性强、案发远离现场、犯罪嫌疑人反侦查能力强、同案人多等特点，在实践中形成了“以人立案”、“不破不立”的常态以及对涉案人员“口供”的高度依赖，并要求及时依法控制诸如财务资料等客观证据。就具体职务犯罪侦查案件而言，办案人员往往需要诸如户籍资料查询、房产查询、金融资料查询、公司企业资料查询、适当的走访调查等了解犯罪嫌疑人的住所及其资产基本情况；通过移动通讯查询，结合金融资料查询等了解涉案人员交往及其资金往来情况。但由于犯罪嫌疑人的高智商和反侦查能力强、现金交易和“一对一”的犯罪现场，通常情况下，前述工作并不能帮助检察机关直接认定犯罪事实，还需要有犯罪嫌疑人供述或证人证言，再结合主体材料及相关书证才能对犯罪嫌疑人予以立案侦查。在立案侦查后，又面临着及时依法控制并获取或稳定犯罪嫌疑人供述，以及继续完善证据和追缴赃款等问题。因此，职务犯罪侦查是一个体力和精力上的高强度劳动，更是办案人员与犯罪嫌疑人的高强度智力对抗。海珠区人民检察院职务犯罪立案侦查案件数量长期在全市乃至全省基层院中位居前列，可见海珠区人民检察院侦查工作量之大。相比其办案人员配备情况，可以说，海珠区人民检察院职务犯罪侦查工作长期处于高位运行。

二、海珠区人民检察院职务犯罪侦查中柔性司法的实践探索

在长期高位运行的职务犯罪侦查工作中，保障案件质量能够经得起审判、案件效果赢得涉案人及其家属、所在单位（包括党政机关、事业单位、公司企业等）和广大人民群众的满意，成为一道迫切需要解决的难题。最直接的解决办法就是把办案数量降下来。然而在反腐形势依然严峻的情况下，作为反腐利刃应该争做反腐败战线上的排头兵，而非退缩不前。且按照依法治国方略的要求，检察机关应当依法及时查明职务犯罪线索，严厉查处职务犯罪，而非怠责。因此，是否把办案数量降下来，非检察机关自身能够决定。

既然无法将办案数量降下来，那么解决前述问题，就剩下两个途径：一是事后补救，即哪里出了问题补哪里；二是转变执法方式，将风险防控在执法办案过程中。事后补救只是减少或降低存在的问题对案件质量和案件效果的影响，难以实现“让人民群众在每一个案件中感受到公平正义”，甚至办案人员可能面临职业风险，检察机关往往处于被动的状态。而用一种更新的理念来指导执法办案，将风险防控与执法办案相结合，探索一种新的执法办法方式，无疑是兼顾办案数量和办案质量、办案效果的可取路径。海珠区人民检察院对职务犯罪侦查工作规律进行了认真调研分析，发现办案质量和效果方面的风险产生的原因在于人权保障与控制犯罪之间的矛盾。弱化这种矛盾就需要在职务犯罪侦查过程中对于犯罪嫌疑人及其家属、其他涉案人员的人身、财产乃至精神需求和涉案单位的正常运转、经营的需求等兼顾起来，让冷冰冰的执法温暖起来，让硬邦邦的执法柔软起来，将执法与被执法之间的对抗柔和起来。

2009 年，海珠区人民检察院提出在办案过程中开展“执法关爱人”的

做法，即在侦查预审阶段，为每个侦查对象指定一名检察干警作为“一对一”执法关爱人，着重从人权保障、生活帮助和心理抚慰三个方面对犯罪嫌疑人予以人文关怀，以努力实现职务犯罪案件办理过程中法律效果和社会效果的统一。[①] 2010 年开始，海珠区人民检察院在职务犯罪侦查环节试行这一做法，并在之后反贪局和反渎局相继出台的《执法关爱人实施细则》中拓展了关爱对象，明确对每起职务犯罪案件的犯罪嫌疑人、犯罪嫌疑人家属和其他与犯罪嫌疑人关系密切的利害关系人开展执法关爱，取得良好的效果。2011 年，海珠区人民检察院结合柔性司法的理念，在职务犯罪侦查工作中进一步拓展关爱对象、内容、形式，逐渐形成一种新的执法方式，并将其规范为“柔性司法制度”正式开始探索实施。按照“柔性司法制度”的要求，在确保犯罪嫌疑人家属知情权等法定权利的基础上，对于生活困难的，尽可能给予犯罪嫌疑人家属充分的生活关心和照顾，做到温情对待每一名犯罪嫌疑人的家属，尽量减少因办案对犯罪嫌疑人家属及所在单位造成的影响；在抓捕及搜查过程中，坚持老幼孕回避原则；与犯罪嫌疑人家属接触时，详细告知其法律的相关规定，以免其受到蒙骗和误解；对于因犯罪嫌疑人被立案侦查而使其家属造成重大心理影响的，及时做好该犯罪嫌疑人家属的心理安抚工作，化解其悲观情结。[②]

（一）到案过程中的柔性司法

到案，即犯罪嫌疑人到侦查部门接受讯问的过程。在法律上，犯罪嫌疑人有主动到案和被动到案。主动到案是指在未经办案部门督促和要求下，主动自行到案。被动到案是指在检察机关办案人员的督促和要求下到案。一般情况下，检察机关为了及时有效控制犯罪嫌疑人，一旦发现犯罪嫌疑人，结合案件侦查需要，可以立即依法采取强制措施直接控制犯罪嫌疑人，并使用械具将其押解至办案区（包括检察机关办案区、看守所等）。将这一过程解构，可以分为四项内容：到案方式、到案时机、到案地点和到案控制。由于到案是检察机关依法迫使犯罪嫌疑人到案，是检察机关主动行使权力的表现，为了在保障案件质量基础上，充分考量人性化举措，弱化犯罪嫌疑人到案过程的对抗性，增加执法柔性，海珠区人民检察院按照这四项内容，分别探索了柔性司法方式，并取得了良好效果。

---

① 朱剑轩：《帮疑犯放下心理包袱》，载《检察日报》2010 年 12 月 1 日第 2 版。

② 王新友、钟亚雅、莫燕珍：《广东广州海珠区人民检察院：柔性执法彰显执法亲和力》，载《检察日报》2013 年 5 月 17 日第 2 版。

一是到案方式选择中的柔性。由于较少有人主动到检察机关投案自首，常态下犯罪嫌疑人到案都是在检察机关的督促或直接控制下到案。直接控制下到案，也就是我们常说的抓捕，由检察机关直接接触犯罪嫌疑人并将其带至工作区；而督促到案，常常表现为检察机关通过口头形式或书面形式通知犯罪嫌疑人到案。前者我们称为强制到案方式，后者我们称为非强制到案方式。海珠区人民检察院在侦查工作中，考虑强制到案或抓捕的严厉性、给犯罪嫌疑人带来的在周边环境中负面评价的严重性等因素，明确对情节轻微的犯罪嫌疑人，经检察长同意，可以不采取抓捕方式到案，而采取口头或书面通知方式到案。试行柔性司法制度之前，办案人员在对涉案人员调查结束后的与被调查人聊天过程中，时而听到被调查人反映因为检察机关的抓捕行动，使得其在公司、邻里、朋友聚会中面临尴尬的境地，因此到检察机关的第一时间就是心生对抗，避免之后可能面临的周边人异样眼光。这些被调查人还反映，问题又不是多大，只要一个电话，他们愿意配合调查。在试行柔性司法的过程中，办案人员对于案件情节轻微的，在依程序请示后，通过电话通知或书面通知等方式通知涉案人员到案的，一次性到案率（包括一次性约好到案时间并到案和一次约好到案时间事后再改约时间并及时到案的）达到 80% 以上，剩下的在二次通知并讲明利害的情况下，基本上也都能及时到案。而这些通知到案的涉案人员在 10 个小时内配合完成调查的高达 90% 以上。对于情节严重或其他不宜以通知方式到案的，海珠区人民检察院主要通过追逃、拘传等方式强制犯罪嫌疑人到案，但这部分占比较小。

2010—2015 年海珠区人民检察院职务犯罪侦查部门犯罪嫌疑人到案方式

（强制到案人数/非强制到案人数）

	2010 年	2011 年	2012 年	2013 年	2014 年	2015 年
侦查一科	1/47	4/22	2/23	3/27	2/34	1/31
侦查二科	—	1/18	1/30	0/30	0/36	2/24
反渎局	0/10	0/8	1/20	0/26	0/22	2/14

二是到案时机选择中的柔性。海珠区人民检察院除了考虑案件情况外，还要求在到案时机上留意犯罪嫌疑人所处的环境，包括物理环境和精神环境，综合考虑各项影响因素，合理确定到案时机。关于犯罪嫌疑人所处的环境主要包括未成年人的精神需要和人身财产安全需要、犯罪嫌疑人的人身需要及其关于社会价值的精神需要、涉案单位的正常经营需要等。在案情允许

的情况下，减少或避免因为抓捕行为给缺乏自我保护能力的未成年人、涉案单位的正常运营等带来消极影响，减少和避免因为抓捕行为给犯罪嫌疑人带来身体上的伤害，弱化对犯罪嫌疑人带来的精神刺激和对抗。为此，该院在制定柔性司法制度过程中，要求对于以下情形暂缓强制到案：（1）犯罪嫌疑人在接送未成年子女放学或上学途中的；（2）犯罪嫌疑人未成年子女处于中考、高考等重大考试期间的；（3）犯罪嫌疑人正在主持重大会议或仪式的；（4）犯罪嫌疑人患重大疾病住院期间、怀孕、哺乳或手术恢复期生活未能自理的；（5）其他应当暂缓的情形。

例如，侦查二科在办理蔡某涉嫌受贿一案时，侦查人员凌晨5点多就蹲守在犯罪嫌疑人家门口，想等犯罪嫌疑人一人出门上班时实施抓捕。7点多犯罪嫌疑人带着6岁多的小孩高高兴兴出门，小孩满脸洋溢着幸福。“当着小孩的面抓捕其父亲势必影响小孩的一生。不要影响小孩，让他度过快乐的一天。”侦查人员请示领导后，主动放弃抓捕机会，并持续跟踪。直到当晚23时许，侦查人员通过电话敦促蔡某一人开门，然后确认其家里另有成年人在时，方将其带回检察机关办案区，并及时通知其家中成年人，告知缘由。而蔡某在得知办案人员为了不影响小孩而未在其小孩面前实施抓捕，并为此跟踪了近20个小时，蔡某对办案人员的做法十分感动，在半小时内就如实供述了自己受贿人民币50余万元的犯罪事实。

三是到案地点选择中的柔性。到案地点主要是指接触犯罪嫌疑人的物理点，即于何处接触犯罪嫌疑人。于何处接触犯罪嫌疑人，在实践中一般考虑主要是基于侦查便利与安全。然而考虑到到案地点周边人员所组成的社会环境对犯罪嫌疑人精神需求的影响和周边利害关系人的影响，为了减少和避免接触犯罪嫌疑人对其造成负面影响和对周边亲属带来心理伤害，海珠区人民检察院按照柔性司法理念的要求，明确尽量在犯罪嫌疑人独处时实施抓捕，在预审中对于身患疾病的取保人员给予适当便利。为此，除了在与纪委协作办案过程中从纪委办案点接回犯罪嫌疑人外，海珠区人民检察院主要在双方约定好的犯罪嫌疑人所在单位办公室或会议室和检察院办案区等地点接触犯罪嫌疑人。

例如，2014年，反渎局在办理欧阳某滥用职权、受贿一案中，被取保的犯罪嫌疑人欧阳某长期居于从化，且身体患有多种疾病。为了减少从从化到广州接受讯问给身患多种疾病的欧阳某带来更多劳累和身体不适，办案人员及负责同步录音录像的技术部门人员及监督讯问过程的监察室人员，因为案情需要，多次前往从化进行讯问。欧阳某每次都为侦查人员对其的疾病造成不便的理解和宽容表示感谢，不仅供述稳定，并主动提供细节方便办案人员完善证据。

四是到案控制选择的柔性。从抓捕到办案区的期间，控制犯罪嫌疑人的方式即到案控制。具体来说，就是是否采取械具对犯罪嫌疑人到案过程予以控制，采取何种形式械具。械具的使用通过其仪式化的表现，彰显检察机关与犯罪嫌疑人之间控制与被控制的角色，强化双方的敌对情绪。为了缓和这种敌对情绪，海珠区人民检察院尽量在增强警力配置，提升办案人员控制逃跑、自残等情形的能力上下功夫，而减少不必要的警械使用。2010 年至今，警械只在远程押解过程中进行了使用，一般到案过程未使用警械。

（二）讯问过程中的柔性司法

讯问，即通常所讲的审讯，是指侦查人员依照法定程序以言词方式向犯罪嫌疑人查问案件事实和其他与案件有关情况，并要求犯罪嫌疑人如实供述的活动。鉴于职务犯罪的特殊性和职务犯罪证据中供述的重要性，讯问是职务犯罪侦查活动中犯罪嫌疑人与侦查人员情绪冲突、智力对抗最激烈的环节，是职务犯罪侦查工作中最重要的部分。实践中存在的广受诟病的刑讯逼供、诱供等恶劣现象就缘于讯问对于侦查的重要性。近年来，直接的、赤裸裸的刑讯逼供日渐从媒体曝光中消失，取而代之的是诸如以晒、饿、冻、考等形式出现的变相体罚。这些行为严重侵害了职务犯罪侦查的公信力。由于口供作为言词证据的主观性和易变性，侦查机关一方面想尽方法获取口供，另一方面又想尽方法避免翻供。随着两个“证据规则”及新《刑事诉讼法》等一系列法律法规和规定的出台，高强度的对抗性更易造成供述被法院所排除的情形。为此，海珠区人民检察院在讯问过程中，重点通过控制单次讯问时长、夜间审讯等客观标准和讯问过程的人性化来降低讯问中的对抗性，增强犯罪嫌疑人供述的稳定性，以保障案件质量。

一是讯问时长标准的柔性。按照法律规定，每次传唤时间不超过 12 个小时。实践中传唤的目的是保证讯问的强制性，因此，一般理解为每次讯问不超过 12 个小时。在实行柔性司法之前，在检察机关办案区内为了充分利用讯问时间，除了犯罪嫌疑人吃饭、喝水和上厕所以及必要的休息时间外，侦查人员都在对犯罪嫌疑人进行讯问。在犯罪嫌疑人被羁押后，则讯问时间根据案件情况或长或短，但平均都达到每次讯问 3 ~ 4 个小时。因此，在被羁押前的讯问过程中，很难说犯罪嫌疑人精神不疲惫，并为此心存怨蒂和不满。为了避免这种情形的出现，海珠区人民检察院明确要求侦查人员应当合理安排讯问和犯罪嫌疑人饮食、休息时间，每次讯问犯罪嫌疑人的持续时间不得超过6个小时。通过这种客观标准的要求，尊重犯罪嫌疑人在精神状态良好下的接受讯问和如实自愿供述，避免和减少以精神疲惫导致虚假供述为由的翻供，保证案件质量。

二是夜间讯问中的柔性。法律并未禁止夜间讯问，也未将夜间讯问专门提出。实践中，夜间讯问中犯罪嫌疑人精神疲惫、抵抗意志薄弱等特点，容易成为办案人员突破犯罪嫌疑人的最佳时机。然而，也正是夜间讯问中犯罪嫌疑人的这种精神状态，容易导致犯罪嫌疑人供述的不稳定，甚至成为其翻供的重要理由。为此，海珠区人民检察院明确要求一般不对犯罪嫌疑人进行夜间讯问，如确有必要，一般也不超过22时。当然，晚上抓获犯罪嫌疑人的情形除外。这是基于正常人的生理作息规律，而设定的时间节点。该院强调讯问犯罪嫌疑人的目的是促使犯罪嫌疑人如实供述罪行，自愿接受司法处理，而非追求犯罪嫌疑人的供述。

三是讯问过程的柔性。法律只是规定了讯问过程中应当保障犯罪嫌疑人必要的饮食。然而何为“必要”实属难以把握，甚至有的会将“提供”了饮食就算完成了法定义务，至于犯罪嫌疑人是否吃得下不在考虑之内，从而导致实际上犯罪嫌疑人处于饥饿状态。海珠区人民检察院基于人性化考虑，明确在讯问过程中给予犯罪嫌疑人的饮食应当尊重其宗教信仰、民族习惯和一般的饮食习惯及生理条件，合理安排。这种要求在实践中往往发挥关键作用，成为降低犯罪嫌疑人对抗，有效突破犯罪嫌疑人的重要契机。

例如，2014年，海珠区人民检察院在讯问某女性犯罪嫌疑人过程中，恰好遇到其来了月经，侦查人员除专门去买了该女性犯罪嫌疑人惯用的卫生巾外，还调配了温的红糖水及粥作为其饮食。该女性犯罪嫌疑人对于自己身为犯罪嫌疑人还能得到检察机关贴心照顾，感触良多，强化了其对检察机关工作的认同感，遂一举交代了自己的全部犯罪事实。

又如，2013年，海珠区人民检察院在讯问犯罪嫌疑人唐某过程中了解到，唐某是湖南人，虽近年来在广州生活，但仍然习惯湖南口味的饮食。为此，办案人员专门为其购买了湖南口味的饮食作为其在办案区接受讯问期间的饮食。唐某认为检察机关连这样的细节都注意到了，侦查工作并不是专门为了为难他、针对他，并很快供述了自己罪行。

四是讯问保障的柔性。在侦查过程中，难免遇到犯罪嫌疑人存在身体不适或疾病的情形。这种情形不及时处理，一方面可能带来办案安全隐患，另一方面也会导致犯罪嫌疑人在身体不适或疾病情况下的供述不实。前者会带来办案人员的职业风险，而后者则可能严重影响案件质量，且犯罪嫌疑人身体不适或疾病得不到及时医疗帮助也往往引发怨念。为此，海珠区人民检察院专门联系定点医院，开展医疗合作，明确在本院办案区内，由定点医生在讯问前和讯问后，分别对犯罪嫌疑人进行身体检查；在讯问过程中，由定点医院医生提供24小时接诊和紧急情况下的救治工作。通过这种完善的医疗服务，在保障办案安全的基础上，更重要的是打消犯罪嫌疑人对检察机关不是依法查明犯罪事实而是搞人、整人的误解，增强了其对检察机关工作的认同，柔化对抗强度，服务办案。

例如，海珠区人民检察院在办理某贿赂案过程中，犯罪嫌疑人身体突然不适，开始冒虚汗，并手捂胸口。虽然犯罪嫌疑人未开口供述，但办案人员发现异常后及时通知了法警看管，并请定点医院医生对犯罪嫌疑人进行诊治。医生检查完毕后，认为犯罪嫌疑人是因紧张引起的心脏不适，并无疾病。医生的仔细诊治和贴心的心理疏导，让犯罪嫌疑人对于检察机关的公正性有了认同。随后，开始供述自己的犯罪事实。

（三）非侦查行为中的柔性司法

侦查期间，检察机关按照法律规定开展侦查是法律对检察机关的要求，也是检察机关行为的基本准则。法律规定的侦查行为旨在限制检察机关滥用权力或玩忽职守，从而侵犯人权或放纵犯罪。然而每个人都有多个不同的社会角色，在家里是父或母，是子或女，是兄、弟、姐、妹；在单位是领导、骨干、办事员；在公司是老板、财务、经理、员工等。这些不同的社会角色中犯罪嫌疑人都被期望发挥相应的社会作用。然而，侦查期间特别是被限制人身自由的羁押期间，犯罪嫌疑人无法正常发挥这些作用。这无疑对于犯罪嫌疑人和其所处的社会空间都将带来诸多的负面影响。为了最大限度减少因为侦查工作给其周边人和所在单位带来的影响，最大限度增强案件的社会效果，海珠区人民检察院明确侦查期间，对于被羁押的犯罪嫌疑人尽量提供与外界关于非涉案信息的沟通便利，一方面增强案件社会效果；另一方面通过检察机关自身的这种勤勉缓解因社会身份原因带来的犯罪嫌疑人对抗，赢得犯罪嫌疑人的尊重和认同，增强犯罪嫌疑人配合侦查的意愿，保障案件质量。

具体而言，海珠区人民检察院要求侦查部门对于被羁押的犯罪嫌疑人开展人本关爱，具体包括两种情况：一是对于在押犯罪嫌疑人，在其生日、国家重大节日前后，对犯罪嫌疑人开展执法关爱，送上小蛋糕等礼物，让犯罪嫌疑人感知到检察机关对其的关心和爱护。二是针对以下四种情形，为犯罪嫌疑人提供与羁押场所外人员之间非涉案信息沟通的便利：（1）犯罪嫌疑人为企业负责人的，因企业生产经营必需的；（2）犯罪嫌疑人家属存在婚丧嫁娶、重大生活决策等情形，需要其决定的；（3）犯罪嫌疑人提出的为满足其正常生活和身体健康需求的物品的；（4）其他需要及时与羁押场所外人员进行沟通的情形。

具体沟通方式，一般采取提供书面沟通或电话沟通。对于非紧急情况，由犯罪嫌疑人书写自己的意见，检察机关帮助转交其家属或利害关系人；反之亦然。而对于紧急情况，需及时由犯罪嫌疑人与家属沟通的，则提供犯罪嫌疑人与家属之间的在办案人员监视和控制下的电话沟通。

例如，2013年，海珠区人民检察院在办理文某某涉嫌滥用职权、受贿一案中，在文某某被羁押期间，其父去世，其家属第一时间将这一消息向检察机关反映，并提出需要文某某作为儿子来安排其父后事。办案人员立即到看守所提审文某某，专门安排文某某以电话形式布置其父亲的后事。此后，文某某及其家属对检察机关的这一举动诸多感谢，并坚持积极主动配合检察机关侦查和追缴赃款的工作。

又如，2014年，海珠区人民检察院在办理吴某某行贿一案中，因吴某某名下公司有大笔贷款到期，需及时安排续贷及员工工资发放等，这些都需要吴某某作为法人代表来安排，然而吴某某正因本案被羁押。为此，当办案人员了解到企业需要时，多次提审吴某某，专门安排吴某某以电话和书面形式布置其企业的相关续贷及员工工资发放等企业经营事宜，最大限度减少因吴某某被羁押对其公司正常经营造成的不利影响。

再如，2014年，海珠区人民检察院在办理刘某某行贿一案中，因案情需要，犯罪嫌疑人刘某某被羁押。在刘某某被羁押期间，办案人员了解到其女儿即将参加中考，面临选择报考学校的问题。而刘某某在多年前与妻子离异后，其女一直随其生活学习。为此，办案人员专门提审刘某某，安排其以电话形式为其女儿提供报考指导。这一举动使得一度十分倔强对抗的刘某某变得非常配合，坚持如实供述自己的罪行。

（四）侦查中适用强制措施的柔性司法

谦抑原则要求检察机关适用强制措施时，尽量缩减和抑制拘留、逮捕等严重限制人身自由的强制措施，以取得最佳的法律效果和社会效果。职务犯罪侦查中强制措施适用的柔性，主要体现在对一些情节轻微、认罪悔罪态度好及特殊情形的职务犯罪嫌疑人不采用羁押性质的强制措施，代之以非羁押性质的强制措施，如取保候审。

一是从罪名及罪行上，具有以下罪名和情形的犯罪嫌疑人应当适用取保候审：(1) 贪污、受贿数额在10万元以下，并具备下列情形的：①具有法定从轻、减轻处罚情节；②贪污、受贿2次以下；③不属于贪污救灾、抢险、防汛、防疫、优抚、扶贫、移民、救灾及募捐款物；④不属于故意刁难、要挟有关单位、个人，索取财物。(2) 行贿数额在20万元以下，并具有下列情形的：①向2人以下行贿的；②未将违法所得用于行贿的；③不属于向负有食品、药品、安全生产、环境保护等监督管理职责的国家工作人员行贿，严重危害民生、侵犯公民生命财产安全的；④不属于向行政执法机关、司法机关的国家工作人员行贿，影响行政执法和司法公正的。(3) 挪用公款数额在20万元以下，并具有下列情形的：①挪用公款两次以下的；②挪用公款未用于赌博、吸毒等非法活动的；③未因挪用公款影响生产、经营，造成较大经济损失的；④不属于挪用用于救灾、抢险、防汛、优抚、扶贫、移民救济款物归个人使用的。(4) 利用影响力受贿数额在10万元以下。

二是从家庭抚养责任上，职务犯罪嫌疑人很多都处于“上有老、下有小”的“中层年龄”阶段，当职务犯罪嫌疑人是未成年子女的唯一监护人，或者职务犯罪嫌疑人为生活不能自理的近亲属唯一的抚养人时，作为检察机关就应当考量适用羁押性强制措施的必要性，因为在这种情形下检察机关在保障人权的同时必然丧失对特定人群的人权保障。这就要求检察机关在法律允许的范围内“两害相权取其轻”，综合考虑、全面权衡，做到兼顾一般保障和特殊保障。对于上述两种情形的特殊人群，海珠区人民检察院认为一般情况下，犯罪情节较轻的可以采取非羁押性的强制措施。

三是从社会责任上，职务犯罪中行贿一方构成单位行贿罪的比率逐年快速上升，检察机关对单位及其主管人员的侦查行为，往往会影响到第三方及企业员工的权益。因此，职务犯罪侦查行为，虽然本身是一种司法行为，但是在司法实践中不得不考虑这种司法行为可能给企业、第三方及企业员工权益造成的影响。检察机关的侦查行为应当从最大限度避免损害企业利益、员工利益的角度出发，而不仅是达到追诉犯罪目的就可以。海珠区人民检察院认为，行贿方犯罪嫌疑人为企业负责人的，如对其采取羁押性强制措施可能导致企业破产、停产、员工罢工等严重影响生产经营、社会稳定的，根据案件情况可以采取非羁押性强制措施，已经羁押的可变更为非羁押性强制措施。

反贪办案柔性执法之再思考

唐润清[*] 李利军[**]

柔性执法也即“理性、平和、文明、规范”执法的一个学理概念。笔者认为，具体到反贪办案之中，柔性执法就是要在严格执法的基础上，将打击犯罪的刚性要求和保障人权的柔性举措有机融合，将理性、平和的执法观念和文明、规范的执法方式有机融合，积极运用情感型、互动型、合理型的办案方式，杜绝“粗暴执法”和“合法伤害”，最大可能地减少“次生伤害”，以实现执法办案综合效果的最大化。

一、反贪办案柔性执法的积极意义

罗豪才教授指出：“单一的硬法模式正朝着软硬兼施、刚柔相济的混合法模式转变。”① 严格执法并不意味着“冷漠执法”。提倡柔性执法，就是要摆脱反贪部门就案办案的传统执法模式，改变“冰冷”的执法形象，实现执法办案法律效果、社会效果、政治效果的有机统一。

（一）促使犯罪嫌疑人认罪服法

以海珠区院为例，该院反贪部门对涉案人员开展人权保障、生活帮助和心理抚慰“三位一体”的人文关怀。即以生活关爱为基础，做犯罪嫌疑人的送炭人；以情法交融为途径，做犯罪嫌疑人的贴心人；以阳光关爱为契机，做犯罪嫌疑人的指路人。通过加强人文关怀，让犯罪嫌疑人从内心深处

---

* 广东省广州市海珠区人民检察院党组副书记、副检察长、反贪污贿赂局局长；

** 广东省广州市海珠区人民检察院检察员。

① 转引自罗豪才：《中国行政法治建设30年》，载《国家行政学院学报》2008年第6期。

反思自己的行为，加深对犯罪行为的理解和认识，从而促使其心甘情愿认罪服法。如该院在查办尹某某涉嫌行贿一案时，初期尹某某对检察机关缺乏信任，只承认部分行贿行为。在羁押期间，该院得知尹某某母亲病故消息后，秉着柔性执法的理念，在征求犯罪嫌疑人和家属意见后，将尹某某带往其母亲灵堂吊唁，并采取干警着便装、犯罪嫌疑人进灵堂不戴手铐等方式，以表达对死者和家属的尊重。尹某某没想到法律也有柔情的一面，表示一定服法认罪、改过自新，其家属也鼓励尹某某配合检察机关工作，争取从宽处理。在随后的案件侦查中，尹某某对自己行贿的事实供认不讳，并配合办案人员一举牵出广州市 5 家医院 7 名干部的贿赂窝串案。

（二）增进当事人对执法办案的认同度

海珠区院在查办职务犯罪案件过程中，积极探索非羁押性强制措施的运用，减少侦查工作对犯罪嫌疑人自身及其家庭、所在单位的影响。同时，充分照顾犯罪嫌疑人家属及所在单位的感受及合理要求，在办理该案的过程中，尽最大努力减小对犯罪嫌疑人家属（特别是老人及小孩）的影响，并在确保家属知情权等法定权利的基础上，对于生活困难的，尽可能给予犯罪嫌疑人家属充分的生活关心和照顾；对于涉及企业的职务犯罪案件，坚持从有利于保护企业生存发展、有利于保障企业职工生计、有利于维护社会和谐稳定的目的出发，注意办案方法，尽量减少办案对企业造成的负面影响。该院在办理广州食品集团有限公司皇上皇肉食分公司总经理冯某某受贿一案时，考虑到该公司不仅负责肉品的销售工作，总经理冯某某还一手负责广州地区战略储备肉的购进、储存、销售工作，侦查人员专门向冯某某了解该公司肉品的购进来源、销售方式、销售途径、客户联系方式、经营过程中需注意事项等，并形成详细的书面材料转交给该公司，对该公司的业务开展起到了关键作用。调取证据时，经办人采用穿着便装、驾民牌车等方式低调取证，最大限度地避免该案对企业的负面影响。在后续侦查取证阶段，企业积极配合，甚至主动约请相关客户配合侦查人员取证，确保了案件的顺利查办。

（三）提升办案质量及执法公信力

海珠区院推行柔性执法以来，办案过程中人性关怀多了，对抗应付的少了，提升了检察机关执法公信力，犯罪嫌疑人翻供现象大幅下降，案件质量得到了保证，增强了反贪干警的职业归属感，也赢得了广大人民群众的支持，并实现了“零上访”、“零事故”、“零投诉”。2012 年查办贪污贿赂案件61件62人，2013年查办贪污贿赂案件61件68人，2014年1—6月查办贪污贿赂案件54件55人。如海珠区院在查处吴某某行贿一案时，其家属23时许从外省赶到广州，侦查干警主动接待了她，开车送其寻找住处，在当事人对酒店价格、环境有所选择的情况下，干警耐心帮其找酒店，直到第3家酒店才办理入住手续，此时已是凌晨2时许。事后，吴某某的家属写来《海珠区检察院办案人员职业素养值得学习》的表扬信："真没想到一个区级检察院的工作人员竟然有如此良好的职业素养，与我脑海中的公检法人员形象完全不同，让我感动……要向两位检察官学习，努力提高自己的职业素养，既坚持原则，完成工作，又温暖人心！"

二、反贪办案柔性执法应坚守三个原则

柔性执法是一种新生事物，在具体反贪工作实际中，实施过程中有很多需要注意的问题，虽然不同的案件会遇到不同情况，但从总体上看，反贪办案柔性执法必须坚守三个原则。

（一）执法为民理念是灵魂

执法为民是党和人民对检察工作的根本要求，是检察工作的出发点和落脚点，也正是柔性执法的精髓所在。人民检察院是国家司法机关，检察权来源于人民，必须用来为人民服务，对人民负责，受人民监督。在现实中，有些反贪干警还存在"官本位"思想，未能从思想上弄清楚"权从何来，为谁用权"，缺少群众观念，缺乏群众感情，没有树立执法为民的理念，这也与柔性执法以人为本的理念格格不入。在反贪工作中推行柔性执法，要求反贪干警在思想意识上要学会换位思考，学会"用心去聆听"，厘清角色定位和看问题的角度，尊重和理解犯罪嫌疑人、被告人、证人等涉案诉讼参与人，坚决杜绝特权思想和霸道作风。要始终牢记与人民群众保持血肉联系，把自己当作"民"，从感情上贴近"民"，以"依法履职，服务社会"为根本出发点，在与犯罪嫌疑人、家属、律师、相关证人及与案件相关的单位交往过程中，既要考虑依法办案，也要考虑对方合法权益与正当利益的保护。当执法为民理念深深植根于反贪干警的头脑时，执法的方式与态度自然，柔性执法、人性化办案将成为反贪干警潜意识的行为，柔性执法自然水到渠成。

（二）办案质量保证是基础

推行柔性执法，绝不能以牺牲办案质量为代价，唯有办案质量有保证，

才能有更多的精力更好地考虑社会效果，考虑对相关利益人合法权益和正当利益的保护。反贪办案必须坚持“质量为本、务必搞准”的原则，把“立得住、诉得出、判得了”作为保证案件质量的基准点，把无撤案、无罪判决、无办案安全事故、无干警违法违纪作为实现法律效果、政治效果和社会效果的基本目标。通过严肃办案纪律，规范执法行为，严守办案程序，严把“四道关口”，确保严格公正文明执法。一是把好立案关，坚持起步高标准，不凑立案数；二是把好证据关，在完善和固定证据上下功夫，把案子办成铁案；三是把好安全关，制定安全防范预案，落实防范措施，确保办案安全；四是把好廉政关，坚持把预防和遏制干警违法违纪作为办案的切入点，做到以廉兴检。

（三）严格依法依规是底线

查办职务犯罪案件是反贪干警的法定职责，只有法定的程序和标准，才能减少执法随意性。为此，海珠区院制定了包括《线索初查工作操作规程》、《立案工作操作规程》、《侦查终结工作操作规程》、《搜查工作操作规程》等40多个操作规程，从案件线索初查、立案、强制措施采取、搜查、冻结到侦查终结、移送起诉等每个环节都作了具体明确的规范。从最基础的环节抓起，从细节抓起，依靠健全的工作机制来保证对办案工作的全方位管理，使每道工序操作有章可循、规范有序。通过规范建设，反贪干警办案规范意识明显增强，办案工作得到规范，办案水平整体提高，杜绝了违法办案和安全事故的发生。在规范办案的基础上，海珠区院在反贪办案中加入人性化执法等柔性执法因素，反贪办案工作在高位运行的基础上取得到了长足的进步。

三、反贪办案柔性执法需要制度保证

反贪办案柔性执法概念出现时间短，制度化、规范化程度较低，仅靠转变执法观念在思想层面推进是远远不够的，更要通过规章制度来对柔性执法的实施提供保障。

（一）纪检特约监察员制度

在对讯问犯罪嫌疑人实行同步录音录像的同时，通过建立“特约纪检监察员制度”，在全院非反贪部门干警中聘请多名特约纪检监察员，观看同步录音录像进行全程同步监督，一旦侦查人员有不文明办案行为，立即进行制止；通过建立“定期通报制度”，加强与办案部门的沟通，保证全程同步监督工作有实效；通过建立“一案一档制度”，将监督及整改落实情况交由档案管理部门长期保存；通过建立“对外联络制度”，取得社会各方对纪检监察同步监督的监督和支持；通过“意见反馈制度”，定期听取办案对象意见，到发案单位回访及对反贪案件随机抽查等措施，规范化管理反贪局安全文明执法办案，使监督真正做到了全面、全部和全程化。通过制度化、成体系的监督，使反贪办案人员牢牢树立文明执法、人性办案的意识。

（二）执法关爱人制度

海珠区院制定并推行《执法关爱人制度实施细则》。一是人权保障，严格落实责任。明确案件经办人是当然的执法关爱人。在必要时，非案件经办人也可作为执法关爱人，确保一案一关爱，一人一关爱，以维护犯罪嫌疑人的合法权益。二是心理抚慰，坚持以人为本。执法关爱人对犯罪嫌疑人的心理抚慰贯穿侦查、预审、公诉、审判全过程，重点关注犯罪嫌疑人在不同阶段的心理状况，并及时对其心理波动进行抚慰。对犯罪嫌疑人家属及其关系密切的利害关系人，也及时进行沟通与抚慰，缓解双方焦虑及敌对情绪，保障案件侦办的顺利进行。三是生活帮助，维护合法权益。及时了解犯罪嫌疑人的日常生活所需，对其生活难处及时跟进并予以解决。同时，及时与家属沟通联系，了解犯罪嫌疑人的生活细节和习惯，更好地维护犯罪嫌疑人的合法权益。

（三）犯罪嫌疑人家属心理抚慰与指引制度

犯罪嫌疑人因为涉嫌职务犯罪而被检察机关反贪部门采取强制措施，其家属在面对这突入其来的状态往往处于束手无策的状态，内心需要得到抚慰与指引。从以往一些经验来看，如果不有效对犯罪嫌疑人家属进行抚慰和指引，其家庭中的老人和小孩容易受到较大的心理冲击而影响老人身体健康和小孩的学业。在办案的过程中，海珠区院要求反贪干警尽可能小地给犯罪嫌疑人家属带来负面影响，如尽量不当老人、小孩的面进行抓捕、搜查等。针对部分家属“病急乱投医”，到处托关系打听情况，有时还容易被骗取钱财的情况，海珠区院采取以下举措对犯罪嫌疑人家属心理进行抚慰与指引。一是及时依法通知犯罪嫌疑人家属被采取强制措施的情况，并耐心和礼貌作出解释和劝慰；二是了解犯罪嫌疑人家属的需要，对需要与犯罪嫌疑人进行沟通的，在不影响和不涉及案情的情况下，可以帮助传递书信；三是指引犯罪嫌疑人家属正当权益和为犯罪嫌疑人辩护的正当法律程序，并提醒犯罪嫌疑人家属不要被社会上一些别有用心不法分子骗取钱财。

（四）案发单位走访、沟通和预防制度

在查办案件过程中，坚持从有利于保护案发单位生存发展、有利于保障职工生计、有利于维护社会和谐稳定的目的出发，尽量减少办案对案发单位造成的负面影响，并畅通与犯罪嫌疑人单位建立沟通渠道，帮助犯罪嫌疑人与案发单位交接工作，服务其健康发展。在查办案件后，及时走访案发单位，并进行沟通。一是了解案发单位在办案过程中，工作正常秩序有无受到影响，检察机关能够采取什么措施减少损失。二是在法院有罪判决生效后，到案发单位召开案例剖析会，了解犯罪人的犯罪轨迹，以分析案发原因。三是与案发单位加强联系，根据案件反映情况向案发单位发送《检察建议书》，督促案发单位对存在的漏洞进行整改；根据案发单位的需要，提供讲法制课、预防咨询、制度审查等一系列预防职务犯罪的服务。

（载《法治论坛》2014 年第 3 期）

“柔性执法”促犯罪嫌疑人主动交代

——广州海珠检察院副检察长唐润清19载检察春秋甘当“孺子牛”

24年的军旅生涯，19载的检察春秋，他犹如一头孺子牛，以军人的使命感、检察官的情怀，在自己岗位上默默耕耘，用自己的实际行动维护着法律的尊严，坚守着正义和公平。他就是广州市海珠区人民检察院党组副书记、副检察长、反贪局局长唐润清。

犯罪嫌疑人主动供述罪行

唐润清坚持把群众是否满意作为检验检察工作是否落到实处的首要标准。2012年以来，海珠区人民检察院共受理群众来访来信1446件，均实现了“件件有着落，事事有回音”。

在反贪工作中，他在全市检察机关率先推行“柔性执法”。2014年，海珠区人民检察院反贪局在办理谢某受贿一案时，发现其妻子身患癌症已病危，但因案情复杂，涉案人员较多，无法将羁押的谢某取保候审。得知此情况后，唐润清亲自与家属联系，带上技术科的骨干，到危重病房内用视频对话的方式，使羁押在看守所内的谢某与妻子做最后的会面和通话。会面后，此前一直反复不肯彻底坦白交代的谢某痛哭流涕，如实将其罪行供述，并对唐润清深表感谢。

3年多累计加班190余天

唐润清调任海珠区人民检察院任副检察长兼反贪局局长时，既是指挥员又是冲锋陷阵的战士，加班熬夜成了习惯。3年多的时间里，已年近六旬的他累计加班已达190余天，共1365小时。

唐润清通过研究侦查工作的特点和规律，逐步形成了自己独特的指挥艺术、较强的侦查意识、清晰的侦查思路和灵活的侦查谋略，屡建新功。2012年以来，该局依法查处了贪污贿赂案件218件226人，立案数位居广东省和广州市基层检察院前列，查处的广州市食品行业贿赂窝串案、广州市市政重点工程系列贿赂案分别被评为广州市检察机关反贪部门“十大精品案件”，黄埔海关贿赂窝串案被评为广东省检察机关反贪部门“十大精品案件”。

严格依法办案拒绝说情

贪污贿赂案件办多了，唐润清常会碰到一些人来说情。对此，他说：“只要我们坚持严格依法办案，事实清楚，证据确凿，干扰再大也没有用。”

2013年5月，在查处白云区钟落潭镇国家工作人员贿赂窝串案时，人大代表朱某因涉嫌行贿被带回检察院。第二天，说情的电话来了，说只要能放朱某一马，愿意给50万元。在遭到唐润清严厉斥责后，对方恶狠狠地威胁说：“以后小心点!”

身边的干警为他的安全担心，他只是淡淡地说了一句话：“自古邪不胜正。我们要用事实和证据说话。”

面对威胁和利诱，他多次向干警表示：“当人民的检察官就不能辜负人民的期望，我们的行为代表了国家，人民看着我们，我们只能义无反顾。”

（载《法制日报》2015年9月2日第6版）

延迟抓捕，让小孩快乐多一点

“等一下，有小孩”，当犯罪嫌疑人出现在地下车库时，已是早上8点多了，我们凌晨5点多就开始蹲守，大家都还睡眼朦胧，肚子也在“抗议”，看到犯罪嫌疑人蔡某我们犹如饥饿的狮子发现了猎物一样情绪高昂，可我的师父李利军科长脸上却没有丝毫的兴奋，队员们都不明就里。就在大家一肚子疑问时，李科长平和地说道：“你们看小孩脸上幸福的笑容，今天可能要出去玩，小孩已经7岁了，当小孩的面抓捕势必给其心理造成阴影，影响小孩一生。暂时先别动，让他度过快乐的一天。”李科长主动放弃抓捕机会并继续跟踪，经秘密跟踪发现蔡某一直未与小孩分开。直到当晚23时许，蔡某一人回家时才伺机抓捕。蔡某得知办案人员为了不影响其小孩而主动放弃抓捕的情况后，对人性化办案的做法十分感动，在半小时内就如实交代了自己受贿50多万元的事实。

刚开始我还不太能理解师父的做法，但是随着工作时间和经验的累积，我慢慢悟出了其中的道理。对我们来说，查办案件只是我们的日常工作，但是对于小孩来说，如果父亲突然被戴上手铐押上警车，对他幼小的心灵无疑是重创，他的童年可能就此一片阴霾不见阳光，甚至自此他的人生将会发生天翻地覆的变化。办案过程中，我的师父始终要求我们人性化办案，尽量减少对办案对象及家人的影响，师父这方面给我们起了表率，多次收到犯罪嫌疑人家属的表扬信。从他很多细微的举动中，我明白了执法办案不是按部就班，法律也不是冰冷无情的，我们在办案过程中要坚守法律的公平正义，维护法律的权威和尊严，也要让办案对象和家属感受到法律也是有温度的。法律的终极目的不是打击，更重要的是教育威慑，让民众真正相信法律，敬畏法律，自觉守法，这样才能真正推进法治中国建设。

（载《方圆》官方微信2016年9月16日）

第五章　刑事执行检察中的柔性司法

2014年11月，最高人民检察院监所检察厅正式更名为刑事执行检察厅，全国各级检察机关监所检察部门也将陆续更名。监所检察更名为刑事执行检察，体现了在刑事诉讼法修改后，监所检察监督职能的扩展和内涵的丰富。海珠区人民检察院监所检察科目前尚未更名，但是日常所履行的职责已经与刑事执行检察工作这一称谓相符合，是诉讼监督职能的重要组成部分。

第一节　刑事执行检察的柔性司法理论

看守所主要关押未决犯，多年来在监管部门和检察机关将维护好监管秩序稳定，保证诉讼活动顺利进行作为工作的重点和目标，而忽视了对被监管人的合法权益的维护，特别是近年来，全国发生了以云南“躲猫猫”事件为代表的侵犯被监管人合法权益的事件，在社会上造成了恶劣的影响，也引起了社会对看守所内执法活动的广泛关注，被监管人的人权保障成为社会热点问题，被监管人人权保障状况在国家的民主法治建设中的重要性也日益凸显。2004年3月，我国首次将“国家尊重和保障人权”载入宪法；2012年3月，又将“尊重和保障人权”写入我国刑事诉讼法的总则。然而，在整体推进中国人权事业的进程中，侵犯被监管人权利的事件时有发生，如何有效发挥刑事执行检察职能，加强和改进被监管人权利保障工作，尊重、保护和促进被监管人权利的实现，成为新形势下刑事执行检察工作的重要职责和价值追求。在此背景下，海珠区人民检察院提出在刑事执行检察工作中树立柔性司法理念，并贯穿于法律监督工作始终，切实维护好被监管人合法权益。其中，该院讲积极推进羁押必要性审查工作作为落实柔性司法的重要内容。

一、羁押必要性审查的理论基础

刑讯逼供、律师辩护难、证人不出庭、羁押率高是我国刑事诉讼中的四大问题，随着证人出庭等机制的建立，其他几个问题都会有所缓解，但羁押率高的问题依然会存在，这非常不利于保障人权。此外，在全球化进程不断加快的背景下，诉讼制度的发展也越来越多地展现出了融合和接轨的趋势。联合国人权委员会强调“审判前的羁押应是一种例外，并且尽可能短暂”。《公民权利与政治权利国际公约》第9条第3款规定：“任何因刑事指控被逮捕或者拘禁的人，应当被迅速带见审判官或者其他经法律授权行使司法权力的官员，并有权在合理的时间内受审判或者被释放。”[①] 同时，是否存在羁押必要性，也成了判断是否适用羁押的最低标准。作为检察机关的法律监督职能之一，羁押必要性审查制度确立，也是与国际刑事司法制度的对接。由于羁押期限的不确定性，其具体时间实际上主要依附的是侦查、起诉和审判的期限。在审限被大幅度延长的前提下，羁押必要性审查就成了一种为有效地减少羁押而设立的制度。促进我国刑事诉讼程序的进步是修改刑事诉讼法的指导思想，而世界各法治国家也有借鉴先进制度提高刑事司法的文明程度的先例。此外，羁押必要性审查制度也是对检察机关实践经验的一种概括，是立法上对改革和探索的一种肯定与承认。

我国《刑事诉讼法》第93条建立了逮捕后羁押必要性审查制度。这项制度的实施主体为检察机关；复查内容为犯罪嫌疑人、被告人是否有羁押的必要性；如果羁押复查的后果是不需要继续羁押的，则由检察机关建议予以释放或者变更强制措施，有关机关应在10日内向检察机关通知处理情况。确立逮捕后羁押复查制度的目的有三：一是填补我国现行强制措施救济机制的缺陷，由于在逮捕后必要性条件可能在羁押过程中发生变化，因此需要这种审查；二是为了解决我国司法实践中“以捕代侦”的问题，使未决羁押不再异化为向犯罪嫌疑人、被告人施加痛苦以变相获取口供的手段；三是为了迎合联合国及多数国家和地区的立法通例，对被追诉人的羁押必要性进行持续性审查，从而更为有效地保障其基本权利。

（一）人权保障思想

新法的规定赋予了检察机关羁押必要性审查的职责，羁押必要性工作也成了刑事执行检察工作的重要内容，是保障被监管人人权的重要制度。而人权保障也恰恰是构建这个制度最直接的理论基础。不该羁押的犯罪嫌疑人被羁押就意味着人身自由被非法剥夺，这实际就是一种对人权的侵犯。羁押必要性审查这样的制度，就是为了从程序规范上切实保障人权，让犯罪嫌疑人

① 参见郎胜：《欧盟国家审前羁押与保释制度》，法律出版社2006年版，第179页。

在审前羁押程序中得到权利救济。[1] 此外，据以人为本的法治理念要求，检察机关在羁押必要性审查工作中应以人为中心、以人为目的，对人要有充分的尊重、理解和关心，并且要关注人的尊严、尊重人的价值、保障人的权利。民主法治要求尊重公民的民主权利、保障公民的司法参与权。具体对羁押必要性审查工作而言，调查、询问、充分听取各方意见的过程，也是促进公民参与司法程序的体现。加强公民的司法参与，既是民主法治的体现，同时也是柔性司法的题中之义。在公民的参与过程中，增强了司法的透明度，也提高了判断的准确性，因而在此基础上作出的司法判断也更容易为公众认可和信服。

在具体审查工作中，考虑到传统的执法方式往往以强制、命令或处罚为主，而羁押必要性审查则主要以调查、交流和审核的方式进行，因而需要通过柔性司法，以引导、沟通等非强制性机制来调动被监管人主动、自愿地服从和配合审查活动。柔性司法通过改变权力行使的方式，进而可以达到改善检察机关与被监管人之间的紧张关系，缓和双方的对抗力和矛盾，羁押必要性审查工作的效率也会因此会大幅提高。

（二）无罪推定理论

无罪推定理论要求，一个人在没有经过法院审判，并宣告有罪的情况下，就应当无罪。从无罪推定的角度来讲，羁押并不是因为嫌疑人有罪，而是为了避免其引发妨碍诉讼的危险。因此，罪行的轻重不应当成为羁押的理由，假如罪重的人没有危险性，照样可以不羁押。羁押仅是一种为维护诉讼程序而采取的一种防范措施，严格上来说它和实体问题没有关系。但审前羁押确实是对人权的一种侵犯，因而提高被监管人人权意识，使其充分了解这一制度并能够及时有效地行使相关权利是十分必要的。同时，我国的法治建设进程取得了许多卓越的进步和发展，逐步确立了公民权利本位的理念。因此，要求法治的模式逐步由形式法治走向实质法治。形式法治单纯强调法律的工具主义性，更多关注的是法律的外在形式要件。实质法治则更多强调的是法律的目的性价值即法律对于社会正义的实现和对人权的尊重和保障。柔性司法的本质就在于彰显法律条文的目的价值，并更加关注法律对人权的尊重和保障。因此，推行柔性司法是实现实质法治的必由之路。

---

① 参见陈卫东：《主题研讨——羁押必要性审查的理论与实践〈羁押必要性审查的理论认识与实践应用〉》，载《国家检察官学院学报》2012 年第 12 期。

（三）分权制衡理论

就羁押权而言，它具备了公权力的全部特征。由国家的授权，代表着国家的意志行使的羁押权具有与生俱来的不平等性。同时，以国家的强制力为后盾羁押权无疑具有强制性，即符合法定条件时便会羁押，没有商量余地。最后，羁押权强制性决定了其必然具有扩张性，这项公权力在实施时一旦违背了羁押机制的设置目的，便会出现羁押权力的滥用。“一切有权力的人都容易滥用权力，这是万古不易的一条经验。有权力的人们使用权力一直到遇有界限的地方才休止。”① 为了有效制约公权力，以维护公民的合法权益，孟德斯鸠提出了分权制衡理论。具体到刑事诉讼领域中，羁押作为剥夺人身自由的强制措施，如遭滥用，势必导致难以挽回的后果。因此，应当对羁押措施的运用进行严格的限制。基于分权制衡理论，由中立的司法机关对羁押的适用进行审查与监督，可以有效防止羁押措施的滥用，实现对人权的保障。国外的羁押必要性审查大都属于司法审查，而我国羁押必要性审查则属于法律审查监督建议，不论带有何种属性，羁押必要性审查机制设立的直接目的是通过控制羁押权的方式来保障人权。羁押必要性审查为了实现其权力制约功能，可以直接对羁押权限进行监控，防止其滥用。同时，要规范羁押权的运行，避免不必要的羁押。由此可见，羁押必要性审查机制需要检察机关积极主动履行职能，发挥其对羁押权的监督作用。

（四）程序正义理论

程序正义是保证公信力的基础，因此，在羁押必要审查过程中，需要有一套合理、正当的程序。如果公民的法定权利受到侵害，公权力机构的司法救济是第一位的。在这种救济程序中，程序正义有其显著而独立的价值，也是保障实体正义的重要前提。程序正义要求合理地设定诉讼程序并完善相关的配套机制，并力求实现对司法人员滥用权力的防范与制约。在程序正义的具体要求中有以下几方面：（1）确保利害关系人的程序参与权；（2）确保当事人充分地陈述主张；（3）程序要公开；等等。因此，在羁押必要性审查机制运行的过程中，应当确保程序正义的上述要求得以实现。作为诉讼程序的重要组成部分，羁押必要性审查机制在程序的设置上，应当保证当事人能够充分参与其中，如果权利受到损害时还应有相应的救济程序。司法实践中，不同刑事案件的犯罪嫌疑人、被告人所处环境不同，个人特点各异，因

① ［法］孟德斯鸠：《论法的精神》，张雁深译，商务印书馆1982年版，第154页。

而对犯罪嫌疑人、被告人的羁押必要性审查均应根据个案、个体的不同情况作出相应的处理。因此，科学、立体、有层次地进行羁押必要性审查工作，保证程序参与和程序公开，才能确保审查结果的公信和权威。

（五）宽严相济的刑事政策

羁押必要性审查对被监管人而言，也是宽严相济刑事政策的有效体现。刑事政策是一定社会对犯罪反应的集中体现，自新中国成立至今，刑事政策经历了由“惩办与宽大相结合”到“严打”再到“宽严相济”的过程。宽严相济的实质在于追求刑事立法、司法和执行过程中的宽和性。宽严相济的刑事政策是党中央在构建社会主义和谐社会新形势下提出的一项重要政策，具有重要的时代价值和现实意义。在我国刑事诉讼中，虽然立法早已明确逮捕措施的适用必须满足证据、刑罚和必要性三个基本条件，但实践中的逮捕三要件往往被简化为“有证据证明有犯罪事实”。① 通常而言，但凡犯罪办案机关认为其存在社会危险性，具有逮捕必要进而实施逮捕。被监管人往往在法院作出判决前都是被“一押到底”。即便是在羁押过程中案件事实、证据、情节发生改变，被羁押人的人身危险性是有所降低或是当初羁押的必要性已不存在，被监管人也很难获得释放或变更强制措施，这样不加区分的做法显然不符合刑事诉讼的价值追求和宽严相济刑事政策的基本理念。因此，羁押必要性审查工作需要积极开展，以实现对被监管人权利的切实保障。

二、羁押必要性审查的基本原则

（一）诉讼迅速原则

诉讼迅速原则是一项得到国际人权公约认可的刑事诉讼原则，德国、美国等一些法治发达国家甚至将其作为宪法的基本原则。因此，我国在完善刑事诉讼法的过程中，也很注重对该原则的把握。诉讼迅速原则，是指为了保障犯罪嫌疑人、被告人的合法权益以及准确地查明案件事实，诉讼活动应当在一个合理的期限内尽可能迅速进行。② 刑事案件的特殊性要求刑事诉讼活动的每个环节都能够在一个合理的期限内尽快完成，一旦未能及时调查取证查明案情，刑事案件的调查难度将会随着时间的推移逐步加大，甚至会导致案件事实再也无法查清。案件调查过程中，被监管人往往长期处于人身自由

---

① 刘计划：《逮捕审查制度的中国模式及其改革》，载《法学研究》2012 年第 2 期。

② 翁怡洁：《论刑事程序中的诉讼及时原则》，载《中国刑事法杂志》2001 年第 6 期。

被限制或剥夺的状态，其人权难以得到有效保障。因此，刑事诉讼必须严格遵从办案期限，遵守诉讼迅速原则。羁押必要性审查制度正是基于诉讼迅速原则建立的，它对被监管人所承受的羁押期限进行了严格限制，通过详细的审查来防止羁押权滥用，进而有助于实现司法效率的提高。

（二）诉讼经济原则

可以说，这是诉讼经济原则的有效落实和充分体现。所谓诉讼经济原则，是指诉讼主体以最低的诉讼成本，获取最大的法律效益，实现诉讼目的所应遵循的基本准则。① 司法资源有限一直是我国法治化进程中需要考虑的问题，加之司法资源配置的不充分、不平衡，刑事司法需求与司法资源之间的矛盾日益突出。因此，在具体到刑事诉讼制度的设计时，就必须要以诉讼经济原则为基础，充分考虑实施该制度的成本与其产生效益之间的比较，用尽可能少的司法资源满足尽可能大的司法需求，实现诉讼经济。因此，在羁押必要性审查工作的具体过程中，如何能够满足现实的司法需求，同时又能够有利于节约司法资源，是必须考虑的问题之一。一方面，及时有效的羁押必要性审查，可以使众多被不当羁押或者无必要羁押的犯罪嫌疑人、被告人回归到社会，从而大幅度降低羁押率，减少国家司法资源的无谓支出，实现诉讼资源的优化配置。另一方面，科学合理的内部职能划分和系统性协作，可以使羁押必要性审查工作尽可能节约有限的诉讼资源，实现诉讼经济的目的。

（三）比例原则

通过内容详细的审查是为了从被监管人所涉罪行轻重及社会危险性等因素，来考虑所运用的羁押是否得当，这一过程就是出于对比例原则的考虑。比例原则已在我国宪法中得到了确认，并且在我国一些基本法中有所体现，如刑法中的罪责刑相适应原则。刑事诉讼法历来都有小宪法之称，其中规定的羁押，作为限制人身自由最为严厉的措施，理应符合宪法中对比例原则的要求。总的来说，羁押必要性的审查无疑是确保羁押符合比例原则的方法之一。比例原则包括适当性原则、必要性原则和狭义比例原则三个部分。首先，羁押的适当性原则主要体现于适用强制性措施应符合立法规定的法定情形及条件，即犯罪嫌疑人是否可能作出逃跑等逃避法律惩罚行为，能否通过羁押替代性措施来保障刑事诉讼程序的顺利进行。其次，必要性原则要求采

---

① 房国宾：《审前羁押与保释》，法律出版社2011年版，第245页。

取对权利侵害最小的方式达成所需的法律目的。基于羁押的性质，该措施只能对影响范围广、社会危险性大的重大或重罪案件中犯罪嫌疑人、被告人适用。最后，狭义比例原则是指国家所采取的手段所造成人民基本权利的侵害和所欲达成目的之间应该有相当的平衡。在追求控制犯罪与保障人权的双重目的时，往往需要在两者之间找到一个均衡点。因此，狭义比例原则要求检察机关必须明确羁押必要性审查的内容以及规定适用羁押措施时所需参考的各种因素。

（四）有效救济原则

得不到救济的权利不是真正的权利，对于被监管人而言，赋予其充分有效的救济手段，是保障其基本权利的必备条件。有效救济原则可以避免被监管人权利的空洞化，因此，目前各主要法治国家都出于有效保障人权的目的，对羁押都设置了比较完备的救济程序，包括申请保释、提出复议和上诉、申请人身保护令等各具特色的救济措施。反观我国的审前羁押救济措施，可以说是“主动救济”效果不佳，“申请救济”途径不畅。因此，在完善羁押必要性审查程序中，一方面，要注重对被羁押人申请权利救济的保障，拓宽法律救济渠道；另一方面，要强调检察机关职权的有效行使，使被监管人能够真正得到有效的权利救济。

三、刑事执行与检察院监督

刑事执行监督是检察院诉讼监督职责的重要组成部分，在维护被监管人合法权益、保障法律顺利实施、提高司法公信力等方面发挥着不可或缺的作用。根据刑事诉讼法有关刑事执行的不同类型，法律监督的方式也有差异。一方面，检察机关行使法律监督权应当以监督刑事执行机关依法行使执行权为重点，防止侵害被监管人正当权益的现象出现；另一方面，检察机关在刑事执行监督过程中，同样需要对可能被侵害合法权益的被监管人给予必要的救济和帮助，充分发挥驻所检察室、驻监检察室等部门的特殊作用，在接受被监管人投诉、申诉或者控告并对此展开调查、予以处理等活动中，充分照顾被监管人的诉求，推动监管活动依法有序进行。

为保障被监管人及其亲属等主体充分了解检察院驻所检察室、驻监检察室等部门在刑事执行监督领域工作方式和工作内容，检察院有必要充分借助检务公开的方式，针对刑事执行检察的职责、工作方式及派驻检察室的设置等方面予以专门宣传，使其了解刑事执行监督在刑事执行阶段的作用和功能，接受被监管人的申诉、控告，并就其可能存在的违法犯罪行为展开调查，尤其是针对可能出现的违法或不当减刑、假释、暂予监外执行等情况。

在此方面，需要特别说明的是，监狱、看守所等机构的监管活动相对而言有其封闭性，一旦出现侵害被监管人人身、财产等权益的行为，如果不能对其进行及时救济、对实施侵害行为的主体予以惩戒，将会产生一系列消极影响。因此，在此领域，检察院行使法律监督权可以创新监督形式，通过与被监管人定期或者不定期交谈、听取其意见、了解其监管情况，或者通过设置意见箱、申诉（或者控告）箱等方式及时、有效地了解刑事执行过程中可能存在的违法犯罪活动，为被监管人顺利参与刑事诉讼并重返社会提供保障。

第二节　刑事执行检察工作概况

目前，海珠区人民检察院从事刑事执行检察工作的工作人员共有 8 名，包括 6 名检察官以及 2 名检察文员，具体负责海珠区看守所检察和海珠区社区矫正法律监督两项工作，其中看守所检察又是海珠区检察院监所检察科工作的重点，以派驻形式开展。海珠区人民检察院在海珠区看守所设有驻所检察室，共有 5 名工作人员。近几年，海珠区看守所日均关押量维持在 1400 人左右，属于特大型看守所，监管压力较大。在工作职责增加、要求提高，社会关注度提高的形势下，我驻所检察室在维护监管秩序稳定，维护监管活动中的公平公正、维护被监管人的合法权益方面也面临着更多挑战。

一、刑事执行检察中的柔性司法

看守所主要关押未决罪犯，多年来在监管部门和检察机关将维护好监管秩序稳定，保证诉讼活动顺利进行作为工作的重点和目标，而忽视了对被监管人的合法权益的维护，特别是近年来，全国发生了以云南“躲猫猫”事件为代表的侵犯被监管人合法权益的事件，在社会上造成了恶劣的影响，也引起了社会对看守所内执法活动的广泛关注，被监管人的人权保障成为社会热点问题，被监管人人权保障状况在国家的民主法治建设中的重要性也日益凸显出来。2004 年 3 月，我国首次将“国家尊重和保障人权”载入宪法；2012 年 3 月，又将“尊重和保障人权”写入我国刑事诉讼法的总则。然而，在整体推进中国人权事业的进程中，侵犯被监管人权利的事件时有发生，如何有效发挥刑事执行检察职能，加强和改进被监管人权利保障工作，尊重、保护和促进被监管人权利的实现，成为新形势下刑事执行检察工作的重要职责和价值追求。在此背景下，海珠区人民检察院提出在刑事执行检察工作中树立柔性司法理念，并贯穿于法律监督工作始终，切实维护好被监管人合法权益。其中，该院将积极推进羁押必要性审查工作作为落实柔性司法的重要内容。

二、积极推进羁押必要性审查工作

修订后的《刑事诉讼法》第93条规定："犯罪嫌疑人、被告人被逮捕后，人民检察院仍应当对羁押必要性进行审查。对不需要继续羁押的，应当建议予以释放或者变更强制措施。"同时《人民检察院刑事诉讼规则（试行）》第617条规定："侦查阶段的羁押必要性审查由侦查监督部门负责；审判阶段的羁押必要性审查由公诉部门负责。监所检察部门在监所检察工作中发现不需要继续羁押的，可以提出释放犯罪嫌疑人、被告人或者变更强制措施的建议。"上述规定赋予了检察机关羁押必要性审查的职责，羁押必要性工作也成了刑事执行检察工作的重要内容，是保障被监管人人权的重要制度。海珠区人民检察院结合该院的工作实际，从最大化发挥该制度功效的角度出发，确立了以该院监所检察科为主导，侦查监督科、公诉科等部门配合的羁押必要性审查工作机制，并从以下几个发面积极推进该工作开展：

一是主动加强宣传，提高被监管人维权意识。羁押必要性审查作为一项全新职责，要迅速开展并取得良好效果既没有较详细的法律规定作为指引也没有充足的实例作为参考，同时该项工作快速开展也会大幅增加工作强度。但是该项制度作为"尊重和保障人权"原则的体现，作为在押人员重要的诉讼权利，必须得到迅速落实，海珠区人民检察院经过充分研究确立了加强宣传、积极推进的方针，务必使被监管人知悉该项权利、了解如何行使该项权利。该院在第一时间重新制定了驻所检察室职能宣传手册和被监管人告知书，并通过驻所入所谈话、捕后权利义务告知、检务宣传栏、家属接待等方式全面宣传羁押必要性工作，使被监管人及时了解自己所享有的申请羁押必要性审查的权利以及申请的条件、方式、程序等。通过上述途径被监管人及时了解了自己新增的权利，增强了维权意识，同时掌握了申请羁押必要性的程序，既保障了被监管人行使自己的权利，又避免了申请的滥用，浪费司法资源，确保在现有人力条件下能够进行高效高质的审查工作。

二是积极依职权审查，工作快速取得突破。申请羁押必要性审查是法律赋予被监管人的新权利，在初始阶段，即使在加大宣传力度的情况下由被监管人主动申请的情形也比较少，被监管人家属及辩护人也很少提出申请，因此该院将依职权启动审查作为开展羁押必要性审查的首要方式，由驻所检察官主动维护被监管人的该项权利。通过分析被监管人员的实际构成，该院确立了筛选重点对象，动态审查的工作方法。将海珠区看守所在押的老、幼、病人员作为重点审查对象，即将年龄超过60岁人员、未成年人以及送医返回继续羁押人员作为重点审查对象，建立专门档案进行跟踪，定期对其他们的身体情况、思想状态、遵纪守法情况进行调查，如发现身体不适、认罪态度好等社会危险性降低的情况，就立即启动羁押必要性审查程序，并在充分听取各方建议的基础上，作出相关决定。通过上述的加强宣传并积极依职权开展审查，该院的羁押必要性审查工作迅速取得突破，案件数量逐年稳步提升，其中，2013年，共开展审查6件，发出羁押必要性审查建议书（函）6份，被采纳3份；2014年，共开展审查21件，发出羁押必要性审查建议书（函）21份，被采纳20份；2015年，共开展审查32件，发出羁押必要性审查建议书（函）23份，被采纳18份，切实维护了被监管人的诉讼权利。

三是内部加强协作，确保审查客观全面。角色的中立、立场的客观、审查的全面是羁押必要性审查取得实际效果的基础，因此该院确立了监所检察科为主导，侦查监督科、公诉科等部门配合的工作机制，同时由于各部门职能各不相同，掌握的被监管人信息侧重点也不一样，为能够发挥各自优势，提高审查效率和全面性，该院还在各部门之间建立了协作机制，确保涉及被监管人的信息能够得到及时共享。具体规定了监所检察科在开展羁押必要性审查时，可通过本院案件管理中心或者侦查监督科、公诉科的案件承办人获取《提请批准逮捕书》、《起诉意见书》、《起诉书》等法律文书副本或者复印件，及时了解被逮捕的犯罪嫌疑人、被告人涉嫌的犯罪事实、情节，是否有前科，侦查取证是否完毕，犯罪事实是否已经查清，是否有认罪、悔罪、坦白、自首、立功、积极退赃、赔偿被害人、与被害人达成和解协议等情节，案件证据是否发生重大变化，可能证明其无罪或者被判处缓刑、管制、拘役、独立适用附加刑、免予刑事处罚，在本地有无固定住处、工作单位和家庭情况，是否具备取保候审、监视居住等情况，确保监所检察可在审查全面、及时地掌握被监管人的情况，充分评估继续羁押的必要性，提高审查的效率和质量，并作出客观公正的审查结论。

四是综合采纳意见，保证结论公信权威。海珠区人民检察院在开展羁押必要性审查工作时，主要采取调查式审查。在调查时审查中，经办人员除进行书面审查外还必须听取各方的意见，在此基础上作出客观评估，确保审查结论考量充足、论据充实、说理充分，具有权威性。听取各方意见主要包括通过听取犯罪嫌疑人、被告人及其法定代理人、近亲属、辩护人的意见，听取被害人及其法定代理人、近亲属、诉讼代理人的意见，了解是否达成和解协议；听取现阶段办案人员的意见，了解原案进展情况；听取看守所监管民警的意见，了解犯罪嫌疑人、被告人羁押期间的表现；通过看所内的检察信箱听取案件审查对象同仓被监管人的意见。通过听取上述意见并经过分析采纳，结合书面审查的内容，作出具有公信力的结论。在调查式审查之外，该院针对重大复杂案件还采取听证式审查的方式，使各方有充分发表意见的机会。

例如，被监管人陈某某，男，因涉嫌绑架罪被羁押于广州市海珠区看守所。经鉴定，陈某某患有间隙性精神病，案发时具有限定刑事责任能力。在羁押期间，陈某某病情恶化，进一步发展为丧失生活自理能力，且出现危急生命的情况，案件进入审判阶段后，陈某某被鉴定为“无受审能力”，法院据此作出中止审理决定，陈某某一直被羁押于看守所。

针对上述情况，海珠区人民检察院监所检察科对陈某某启动了羁押必要性审查程序。通过查阅案卷资料、病情鉴定、询问主治医生、监管民警以及同仓人员，对陈某某的羁押必要性进行了评估，并根据调查情况初步判断陈某某不适宜继续羁押。由于该案属于严重暴力犯罪，为确保羁押必要性的评估全面、客观、慎重，该院决定以听证会的方式对陈某某的羁押必要性进行调查论证。听证会由检察人员、审判人员、羁押机关代表、陈某某的家属和辩护律师、被害人家属以及人大代表参与。在听证会上，辩护律师首先对陈某某不适宜羁押的理由进行了说明，出具了其患有严重精神疾病的材料，并进一步介绍了陈某某在会见律师过程中已经完全丧失辨认能力的情况，随后审判人员就目前案件进展进行了说明，表明案件事实已基本查清，证据已经收集固定，羁押机关代表也就陈某某患有精神疾病不宜继续羁押出具了相关材料。针对陈某某被取保候审后继续医治、监护的问题，检察人员向其家属进行了调查。陈某某家属介绍了对陈某某的医治与监护方案，家属已通过羁押机关与专业医疗单位进行了联系，待陈某某被取保候审后立即送医治疗，法院也将视陈某某治疗情况作出是否恢复审理的决定，被害人家属也根据陈某某目前的状况发表了意见。根据上述听证各方的意见及理由，该院对陈某某作出了变更强制措施的建议，法院也根据建议作出取保候审决定。

五是完善医疗协作机制，提高审查专业化。海珠区人民检察院针对该院羁押必要性审查案件中的不适宜羁押的情形多为被监管人身体状况已经不适宜羁押的情况，为确保对被监管人病情诊断的科学性，羁押必要性评估的准确性，与海珠区看守所积极联系高水平社会医院建立医疗协作机制，由专业医院派医生在看守所值班，由专业医生对被监管人进行诊断和治疗。该机制保障患病被监管人员可以接受更加科学规范的诊断和治疗，健康保障水平得到大幅提升。同时，驻所检察部门在判断被监管人是否患有不适宜羁押的疾病，在评估是否有继续羁押的必要性时，有更为科学、专业、权威的依据。

海珠区检察院建立三项工作机制将保护在押人员权益落到实处

羁押必要性审查是修改后刑事诉讼法确立的一项新制度，是检察机关的一项新职责，充分体现了尊重和保障人权的原则。为充分履行该项职责，有效发挥制度功效，将保护在押人员权益落到实处，海珠区检察院建立了三项工作机制。

一、重点人员跟踪机制，提高主动审查效率。该院监所检察科将看守所在押的老、幼、病人员作为重点审查对象，即对年龄超过 60 岁人员、未成年人以及送医返回继续羁押人员，进行重点跟踪，定期对他们的身体情况、思想状态、遵纪守法情况进行调查，如发现身体不适、认罪态度好等社会危险性降低的情况，就立即启动羁押必要性审查程序，在充分听取各方建议的基础上，作出相关决定。

二、内部信息共享机制，提高审查内容全面性。羁押必要性职责由侦查监督部门、公诉部门和监所检察部门共同行使，各部门掌握在押人员信息侧重点和职能特点各不相同。为充分整合信息资源，发挥各部门职能优势，提高审查效率和全面性，海珠区检察院在三部门之间建立了信息反馈机制，将监所检察部门掌握的在押人员关押状况和侦查监督部门、公诉部门掌握案情和证据情况进行共享，使各部门的羁押必要性审查内容能够尽可能覆盖在押人员的全部相关情况，包括案件证据、家庭状况、被害人意见、监管期间表现、身体状态等。

三、医疗协作机制，提高审查专业化。联系高水平社会医院与看守所建立协作机制。一方面，由医院派医生在看守所值班；另一方面，建立在押人员送院治疗绿色通道，对看守所送治人员，有快速检查治疗通道。该机制提高了对在押人员的健康保障水平，可以高效高质地对患病在押人员进行诊断治疗，同时对该院监所检察科判断在押人员是否出现不适宜羁押的疾病提供更为专业化的依据。

（载《海珠检察情况反映》2013 年第 14 期）

借力公开听证监督暂予监外执行

本报讯（通讯员周良）广东省广州市海珠区人民检察院今年以来通过深入排查减刑、假释、暂予监外执行的违法情况，加强对刑罚变更执行的监督。该院对2013年以来拟提请刑罚变更执行的案件逐案审查，截至目前共审查43件；对已变更刑罚执行的案件备案复查。同时，该院联合区法院、司法局会签《关于对罪犯暂予监外执行实行公开听证的实施意见》，邀请专家、人大代表、政协委员等参加听证会，促进决定过程公开、公正。截至目前，以听证方式审查法院决定暂予监外执行案件8件，对其中1人提出不予暂予监外执行的意见，被法院采纳。

（载《检察日报》2014年7月30日第2版）

公开听证，同步监督“暂予监外执行决定”

连线嘉宾：广东省广州市海珠区检察院监所科副科长　周良

连线记者：本报记者翟兰云

新闻背景：2013 年 8 月，广州市海珠区人民检察院会同该区法院、司法局制定了《关于对罪犯暂予监外执行实行公开听证的实施意见》。截至目前，该院已监督法院办理的暂予监外执行案件 14 件，对其中 2 名罪犯提出不予暂予监外执行意见，均被采纳。

记者：对法院暂予监外执行决定实行听证制度，是出于什么考虑？

周良：刑事诉讼法规定暂予监外执行情况有三种：有严重疾病需要保外就医的；怀孕或者正在哺乳自己婴儿的妇女；生活不能自理，适用暂予监外执行不致危害社会的。同时规定检察院有同步监督职责，监狱、看守所提出暂予监外执行的书面意见的，应当将副本抄送检察院；决定或者批准暂予监外执行的机关应当将暂予监外执行决定抄送检察院，检察院认为不当的可以提出书面意见。

具体怎样监督？没有配套措施。从以往的实际工作情况看，很少有将副本抄送检察院的；即使抄送的，罪犯也已交付执行，事后监督效果不佳，导致暂予监外执行问题较多。2004 年，最高检、公安部、司法部组织开展的减刑、假释、保外就医专项检查活动，发现问题较多，尤其法院决定的保外就医案件。我们在开展工作过程中，也发现了类似问题，2013 年 8 月，我院会同区法院、司法局推出了对法院暂予监外执行决定实行公开听证制度，将事后监督变为全程同步监督。

记者：如何通过公开听证实现全程同步监督呢？

周良：首先是台账审查。法院作出决定后，均将暂予监外执行案件的相关材料移送我院监所科，监所干警将其与我院驻所检察室台账逐一比对，分析该罪犯身体健康状况等，初步判断是否具备暂予监外执行条件。其次是文证审查。监所干警与法医一起审查有关单位和个人是否存在伪造鉴定材料、出具虚假病情诊断证明等情况。经过审查后与法院沟通确定公开听证日期、选择参加听证人员。

记者：参加听证的人员由哪些人组成？

周良：医疗专家、人大代表、政协委员、罪犯所在社区的社区矫正部门代表。我院与区法院共同在广州医药大学附属第二医院建立了医疗专家库，医疗专家从中产生。我院监所科派员出席听证会，区司法局以书面形式提出意见或派员到会。

记者：具体说说听证会的程序，好吗？

周良：好的。听证会由原案审判员或合议庭主持，首先是罪犯阐述自己申请暂予监外执行的理由、接受社区矫正的态度并提交相关材料。其次是医疗专家对罪犯身体情况进行进一步了解和检查。再次是检察官、司法行政工作人员讯问罪犯，并就罪犯的身体情况询问医疗专家是否适合羁押、羁押需要什么特殊条件等。最后是人大代表、政协委员、罪犯所在社区的社区矫正部门代表经主持人同意后提问。之后，罪犯及其辩护人退出会议，与会人员进行讨论，在此基础上检察官根据听证情况发表是否同意暂予监外执行意见。

记者：从材料看，目前你们已监督法院办理的暂予监外执行案件 14 件，对其中 2 名罪犯提出不予暂予监外执行意见。请举例说明不同意的原因？

周良：2013 年 9 月 18 日，海珠区人民法院原审合议庭主持召开了李某暂予监外执行公开听证会。因危险驾驶罪被判处拘役 3 个月的李某称其支气管哮喘严重，有被医院抢救的历史，需要特别治疗，不宜羁押，否则有生命危险。此前，检察官通过审查材料、询问李某原羁押地医护人员，并征求我院法医意见，初步认定李某不符合暂予监外执行条件，遂出具了李某在羁押期间曾经发病，但停止活动后恢复正常的证据，并指明李某所服药物为普通药物，监管场所均可提供。此案被广州市检察院评为 2013 年十大监督案件。

（载《检察日报》2015 年 2 月 25 日第 11 版）

第六章　未成年人权益保护

第一节　未成年人权益保护与柔性司法

一、柔性司法与未成年人的权利保障

对犯罪嫌疑人、被告人权利进行保护是刑事诉讼的重要目的。而衡量一个国家的法制化程度，通常可以将其在保障人权方面对弱势群体有无针对性的细化作为视角之一。这具体可以表现在未成年人犯罪案件中应采取哪些特殊刑事诉讼程序，为未成年被追诉人提供细致的人权保障和司法关怀。这就要求我们在执法工作中，不能过度强调司法的刚性。在法律规定的抽象性与社会活动的具体性之间，必然存在一定的距离，因此，在法律适用的过程中很难机械化的“对号入座”，而只能是一个创造性的，让静态的法律规范灵活作用于动态的程序及具体的案件上，进而令法律预期与现实正义相契合的过程。其柔性在这一过程中可见一斑。执法过程需要柔性化因素，而在处理弱势群体案件时，对柔性的需求显然更多一些。一种被认可的执法理念或方式，一定是契合社会现实需求的；一种契合社会现实需求的执法理念或方式，一定是稳定且充满人文关怀的。因此，执法方式不应当是单一、恒定、闭合的，而应当是多元、灵活、开放的。只有在相融、辩证、和谐的执法理念——柔性司法下，才能更加有效地保障老、幼、病、残、孕特殊群体的基本权利。

二、未成年人犯罪案件中柔性司法的依据

虽然未成年人犯罪具有严重的社会危害性，处理未成年人刑事案件诉讼程序应当遵循刑事诉讼的一般原则，但未成年人作为社会中的一个特殊群体，是转型期社会矛盾和社会弊病的受害者。因此，在处理其犯罪问题时，应在法律框架内设计特别的程序并给予更多的关怀。在程序本位主义理念之下，正当程序的内在价值要求充分保障未成年人的权利。在具体的执法过程

中，要彰显对未成年人这一特殊犯罪群体的宽和与仁慈。在侦查、起诉等刑事程序制度安排中，要更多地体现对未成年人的人文关怀。

尤其是针对涉嫌犯罪的未成年女性而言，其生理、心理等各个方面有其特殊性，法律和社会政策不可能建立在一个假设上，即男女人口是同质的并有相同的需求。女性作为特殊群体，处于相对脆弱状态，并希望得到特殊的保护和关怀。如果忽视性别差异，以相同的社会政策对待女性，恰恰可能就是一种对女性的不公平对待。因此，为了实现实质上的人权保障和司法公正，对女性被追诉人进行特殊人权保护是必需的。

（一）生理和心理方面的特性

对未成年人而言，无论在生理上还是心理上，都有多种特征。当他们以被追诉人的身份介入司法过程时，这些特征也会被带入并体现。从生理的角度讲，未成年人的身体尚未成熟，在体力、耐力等方面相对较弱；女性则有月经、妊娠、分娩、哺乳等生理特性。因此，对未成年人均有专门立法予以特别保护。而任何人本主义的司法都不应仅仅因为未成年人处于刑事被追诉地位就剥夺这些他们本应享有的生理保障。从心理的角度讲，未成年人心智尚未成熟，既可能情绪化，又容易被感化，对他们在诉讼中予以足够的人文关怀会收到更明显的积极效果。

（二）司法现代化的需求

未成年人的特殊性和弱势在司法过程中体现得更加明显。无论是历史上还是当今，整个社会对未成年人的保护还明显不足，需要引起足够的重视。从理论界到实践领域都开始强烈呼吁对未成年人采取一定的特殊保护措施，以柔性司法的理念消除他们在刑事司法程序中出于特殊原因所遭受的种种不公，从实质上实现司法公正。

（三）执法效果的优化

对于未成年人犯罪，要最大限度给予包容，因为他们改造的可能性还很大，可通过执法中的关爱感化他们，达到更好的效果。司法办案过程中的关怀，可以促使他们如实陈述案件情况，配合诉讼顺利进行，有罪者的反社会心理可以得到良性转化。此外，还可能通过退赃等行为减小犯罪对国家和社会带来的损失，在以后的执行过程中积极改造，进而提高对再犯的免疫力。

针对未成年人已有专门的程序予以保护，相信未来也会有针对女性被追诉人的特别程序。对于检察机关而言，特别程序不仅是一个全新的话题，更是一项全新的挑战。[①] 因此，在处理这类案件时，需要一些新的理念或方法。柔性司法恰恰是为大局服务，可以成为新时期检察工作主题。只有将刻板的法律通过执法活动的灵动性、人性化，巧妙地实现情理法的融合，以柔克刚，以情感人，以理服人，才能真正做到化解社会纠纷、构建和谐社会，体现新时代的司法精神。

第二节　未成年人权益保护具体实践

近年来，海珠区人民检察院认真贯彻“教育、感化、挽救”的方针和“教育为主、惩罚为辅”的原则，不断创新针对未成年人的柔性司法办案机制，在维护未成年人合法权益、预防和减少未成年人犯罪、加强对涉案未成年人服务管理等方面做了大量卓有成效的工作，取得了良好的社会效果。在办理未成年人刑事案件过程中，该院干警把“教育、感化、挽救”的方针外化为“救人、帮人”的“柔性”工作理念，始终以未成年人利益最大化为着眼点，尽可能挽救每一个未成年犯罪嫌疑人。2010 年以来，该院共对 10 件个案启动了附条件不起诉制度，对 8 名案件当事人、证人进行了心理辅导，在全区中小学进行法治教育 110 余次，参与撰写了海珠区关工委出版的《十万个怎么办（法治辅导篇）》，向广州市未成年人“法治进校园”授课库提交两个授课课题。2011 年以来，该院在未成年权益保护工作方面，先后被授予广东省青年文明号、广州市“五好”先进基层关工委组织荣誉称号。

一、附条件不起诉制度

附条件不起诉制度是我国刑事诉讼法 2012 年修正增加的内容。该制度不仅更好地维护了未成年人的合法权益，体现了教育、挽救的司法方针，更是对司法宽柔政策的完整诠释。事实上，海珠区人民检察院自 2010 年以来，即紧密联系刑事检控工作实际，创新行使检察裁量权，在公诉部门推行附条件不起诉制度。2011 年，该颁布了《附条件不起诉制度实施办法（试行）》。2013 年，根据《刑事诉讼法》的修正，该院对上述办法进行了修改。经过近五年时间的实践，海珠区人民检察院对 10 件个案启动了附条件

① 陈卫东、杜磊：《刑事特别程序下的检察机关及其应对》，载《国家检察官学院学报》2012 年第 3 期。

不起诉程序，最终作出附条件不起诉的有10件12人，取得了良好的社会效果和法律效果。该院的做法如下：

（一）以深入的研究为指导，夯实理论基础

附条件不起诉属于相对不起诉的范畴，是检察裁量权的具体体现。在新刑事诉讼法实施之前，为形成对附条件不起诉的法律依据、政策指引、范围条件、必要性和可行性的系统认识，海珠区人民检察院进行了深入的研究，夯实了改革创新的理论基础。首先，组织了专门的课题小组认真学习国内外关于附条件不起诉的各类做法，形成《附条件不起诉——检察机关不起诉裁量权之探索》等三篇关于附条件不起诉的理论成果。其次，组织课题小组结合基层检察机关不起诉案件进行分门别类的调查，对2005年以来涉及未成年犯罪嫌疑人、过失犯、初犯、偶犯等四类人员的不起诉案件11件23人进行了细致的分析，总结出附条件不起诉案件的适用类别、范围、考察条件和适用办法。

（二）以规范的规程为指引，严格操作程序

结合深入的理论调研，海珠区人民检察院通过对《刑事诉讼法》、《人民检察院刑事诉讼规则》的认真解读，紧密结合办案实际，反复酝酿，三次修改，并经院检委会讨论通过，制定了《海珠区人民检察院未成年附条件不起诉制度实施办法》。规程明确规定了附条件不起诉的四个程序，分别是：

1. 启动程序：成立专门办案小组，杜绝随意性。公诉人在审查案件过程中，发现可适用附条件不起诉的案件，应将案件提交附条件不起诉办案小组专门审查。办案小组就案件中犯罪嫌疑人的基本情况、是否构罪、量刑幅度、认罪态度、是否具备考察条件、被害人是否谅解等内容进行全面、严格审查。对于符合附条件不起诉的，主动询问双方当事人是否愿意接受附条件不起诉。如果双方都愿意，办案小组应立即着手启动工作；如果一方要求，而另一方拒绝，则视情况对拒绝一方进行充分解释说明，仍然拒绝的，则应依法进行审查。

2. 决定程序：增加案件听证环节，提升透明度。经审查符合附条件不起诉的案件，由办案小组制作案件审查报告，提出附条件不起诉意见，经公诉科科长、分管检察长审核。分管检察长根据具体案情，决定是否需要召开附条件不起诉公开审查听证会。对于不需要召开听证会的案件，应当在审查起诉期限内，直接报请院检察委员会决定。需要召开听证会的案件，则由公诉部门组织案件双方当事人、侦查部门经办人、案外监督人、人民监督员等相关部门及人员召开附条件不起诉公开听证会，形成是否适用附条件不起诉的意见，报请检察委员会讨论决定。

3. 承诺程序：严把三方承诺关，减少形式化。对确定适用附条件不起诉的案件，严把三个承诺关：一是犯罪嫌疑人承诺关，由犯罪嫌疑人承诺严格履行所附条件；二是被害人承诺关，由被害人承诺对犯罪嫌疑人谅解和解予以帮助；三是协助执行人或单位承诺关，由犯罪嫌疑人的监护人、所在学校、街道、社区或其他单位承诺，保证严格依照所附条件对犯罪嫌疑人进行监督考察。

4. 考察程序：考察多方位进行，推行综合化。考察通过犯罪嫌疑人定期报告、附条件不起诉办案小组定期帮教测评、相关单位或社区综合评价三种方式进行。由犯罪嫌疑人每月以书面汇报的形式向办案小组报告其思想、工作或学习、生活及接受考察教育服务社会的情况；办案小组每月会同犯罪嫌疑人所在学校、居委会、村委会等单位对考察对象进行帮教、具体行为评估，了解犯罪嫌疑人在考察期间的综合表现；考察期届满后由相关单位或社会作出综合评价。目前，我们还准备增设心理学专家约谈的考察方式，了解犯罪嫌疑人心理状态，消除隐患，作出其恢复回归社会的心理评价。

（三）以全面的监督为保证，确保实施公正

海珠区人民检察院从内到外，通过三个层面强化附条件不起诉案件的监督。

首先，凡是附条件不起诉的案件，一律经过三级审批和两级讨论。即办案小组在形成初步意见后，需经科长和主管检察长层级审批，以及科室诉务会和检察委员会的讨论通过，从而以上级对下级权力上的制约、行政上的监督来杜绝违法现象的发生。

其次，针对附条件不起诉案件的社会关注度，选择性地组织召开公开审查听证会。将案件的办理及审查过程、案件双方当事人的情况等向社会公众公开，并最终根据听证会的意见作出决定。以听证会为平台，监督附条件不起诉案件办理全过程。

最后，实行附条件不起诉案件备案制度，将附条件不起诉案件交由院检务督察室进行备案审查，避免附条件不起诉程序启动的随意性。

（四）以显著的效果为目标，力求成效突出

海珠区人民检察院创新实施附条件不起诉制度，目的是在合法合理行使检察裁量权的基础上，维护司法公正，提高诉讼效率，化解社会矛盾，凸显社会和谐化。为达到这一目标，该院重点实施了两方面的工作。

一是促成矛盾化解，节约司法资源，实行个案跟踪，求证个体效果。附条件不起诉既保护被害人的权益，又防止犯罪嫌疑人因被处以刑罚所带来的“交叉感染”及“犯罪标签”的不良后果，通过更直接、有效的措施，达到教育、感化犯罪嫌疑人的目的。在个案中，该院主要针对犯罪嫌疑人和被害人进行恢复关系、化解矛盾的跟踪，以帮助犯罪嫌疑人尽早回归社会。如未成年犯黄某抢劫同学游戏机一案，经审查，黄某具备未成年人、自首、退赃、初犯、偶犯等情节且对被害人进行了赔偿和道歉。对黄某作出附条件不起诉决定后，黄某回归学校，积极参加各种公益活动，转变为一名积极向上的青年学生，目前黄某已考上大学，学校也对附条件不起诉做法的法制教育效果、示范效果表示满意。

二是为促进社会和谐搭建平台，实行社区跟踪，考察整体效果。附条件不起诉制度坚持“以当事人为本”的司法理念，为化解矛盾、促进和谐搭建了平台。该院在实行附条件不起诉案件当事人所在的社区和群体中，着重考虑民众和居民自治机构对附条件不起诉做法的评价和感受，以考察法律效果和社会效果。如杨某故意伤害一案，身为体育老师的杨某在教学过程中使用暴力，致使一学生轻伤而被移送审查起诉，在着重考虑学生家长、学校的体会和要求，并在杨某履行了相关赔偿责任之后，启动附条件不起诉程序，维持了正常的教学关系、家庭与学校关系。杨某、学生、学生家长和老师都对这一做法反响强烈。

二、创新五个工作机制

海珠区人民检察院紧紧围绕未成年人刑事检察工作的重点，努力探索未成年人犯罪检察工作新思路、新途径、新方法，把青少年犯罪预防工作贯穿于检察工作的各个环节，力求体现人性化、社会化、轻缓化，取得了明显的社会效果和法律效果。

（一）亲情感化机制

亲情感化是挽救、改造未成年人的关键手段。在办理未成年人犯罪案件中，该院发现60%的未成年犯出现在单亲家庭、留守儿童家庭，亲情的关怀和感化对这些孩子更为重要。在刑事诉讼法修改之前，海珠区人民检察院就明确所有的未成年人案件都要求通知监护人到场，并分别根据未成年犯是否羁押的情况，设立了看守所聆讯室、院未成年人心理辅导咨询室进行讯问。同时，针对外地未成年犯的家属由于交通不便、流动性大等原因无法到场的情况，我们在以往告知诉讼权利的基础上，增加了询问家人、亲朋联系方式的环节，确保与未成年人相关的成年人均能参与到讯问过程中。

（二）未成年人法律服务志愿者机制

为保障青少年犯罪预防工作的长效性和持久性，该院与区关工委联合，吸收了由区退休司法工作人员、教师、义工组成的未成年人法律服务志愿者队伍。由该支队伍承担合适成年人到场、缓刑未成年犯的考察与教育、附条件不起诉犯的考察等工作。2014 年，海珠区人民检察院联合该支志愿者队伍共对 5 名判处缓刑的未成年犯进行了“跟踪”考察，最大限度地完成了对未成年犯的挽救和教育，并为一名未成年犯联系落实了接收学校。

（三）特约检察心理辅导员机制

未成年人由于其认知能力和调适能力的局限，往往对如何面对家长、同学，如何融入学校、社会产生更多的疑惑。解决好未成年犯的心理问题，才是避免再犯、回归社会的关键。为此，海珠区人民检察院与华南师范大学心理学教科院、海珠区关工委联合，聘任了一批具备心理学专业的教师、专业人士为海珠区人民检察院的特约检察心理辅导员。针对未成年人的特定情况，该院将需要辅导的未成年人划分为对司法机关持抵触情绪、对未来呈迷茫状态、对社会持对抗心理等类别，有针对性地邀请心理辅导员进行辅导，促使其顺利回归社会。目前，该院心理疏导小组已有成员 3 名，均具有国家心理咨询师资格。2013 年，海珠区人民检察院起诉的银某某猥亵儿童一案被法院因证据存疑判决无罪。在经过该院心理咨询疏导小组成员对 4 岁的被害人进行了一系列的心理评估和辅导后，该名被害人的家属放下包袱，同意陪伴被害人对被告人进行指认，最终该案被二审法院改判为有罪。

（四）社会帮教预防管理机制

海珠区人民检察院针对不诉方式进行非犯罪化处理的未成年犯罪嫌疑人，不是一放了之，而是本着帮助未成年人回归社会的认真负责精神，会同有关部门积极推进不诉未成年人社会帮教预防管理机制。这一机制针对未成年人的不同情况，结合海珠区人民检察院的 18 个驻街检察室，分别协同未成年人所在学校、工作单位、监护人对其进行帮教管理，解决其在回归社会过程中在学习、就业、生活、心理等方面遇到的困难。同时，在总结未成年人犯罪特点、犯罪区域、犯罪原因的基础上，海珠区人民检察院不定期地在所辖学校开展法制课宣讲、模拟法庭、学困生联系会议、检察开放日等活动，将帮教与预防工作有机结合，形成全社会共同关心、支持未成年健康成长的良好氛围。

（五）未成年犯羁押必要性考察机制

根据《刑事诉讼法》、《未成年人保护法》、《人民检察院刑事诉讼规则（试行）》、《人民检察院办理未成年刑事案件的规定》结合办案实践，制定《广州市海珠区人民检察院未成年人羁押必要性审查制度实施办法》。

明确对于未成年人涉嫌刑法分则第四章、第五章、第六章规定的犯罪，可能判处1年有期徒刑以下的刑罚，具备有效监护条件或者社会帮教措施，没有社会危险性或者社会危险性较小，不逮捕不致妨害诉讼正常进行的未成年犯罪嫌疑人，应当进行羁押必要性审查。

明确未成年人羁押必要性审查的启动、运行、监督程序。要求案件承办人在对未成年人案件的审查起诉过程中，发现可适用羁押必要性审查的案件，应当将案件提交未成年人刑事检察办案组专门审查。办案组应就案件中未成年犯罪嫌疑人的基本情况、是否够罪、罪行轻重、认罪态度、是否具备监护与社会帮教条件、被害人是否谅解等内容进行全面严格的审查。未成年人刑事检察办案组对案件进行审查后，对于符合羁押必要性审查条件的，应当听取公安机关、侦查部门、批准逮捕部门、被害人、未成年犯罪嫌疑人的法定代理人、辩护人的意见，并制作笔录附卷。未成年人刑事检察办案组对案件审查后，应当制作案件审查报告，提出意见，经公诉科科长、分管检察长审核。分管检察长应视案件的具体情况，确定是否召开羁押必要性审查公开听证会。对于需要召开听证会的案件，应在审查起诉期限内，召开听证会，并将听证会的笔录和案件材料一并报请检察长决定。对于不需要召开听证会的案件，应当在审查起诉期限内，直接报请检察长决定。

明确对未成年人羁押必要性审查的监督机制。对于检察长决定不需要继续羁押的，应当由公诉科向公安机关或侦查部门建议予以释放或者变更强制措施，公安机关或侦查部门应当予以调查核实，认为不需要继续羁押的，应当予以释放或者变更强制措施；认为需要继续羁押的，应当说明理由。公安机关或侦查部门应当在10日以内将处理情况通知公诉科。对羁押必要性审查的决定，公安机关要求复议、提请复核的，适用《刑事诉讼法》第90条的规定。办理羁押必要性审查案件，应当将案件交由检务督察室进行备案审查。

三、机制运行的效果

更有效地维护未成年犯的合法权益。检察机关的执法办案工作涉及未成年刑事案件诉讼的全过程，充分发挥检察机关告、问、答、找的职能，从最根本维护未成年犯的诉讼权利，落实适合未成年犯的讯问制度，把亲情会见、律师介入、特约检察员心理辅导等诉前引导工作与诉讼程序相结合，不仅解决了对检察工作有效监督的问题，更从多维化的角度，保护了未成年犯各个层面的合法权益。

更有效地预防和减少未成年人犯罪。海珠区人民检察院未成年检察制度的创新工作坚持“以当事人为本”的柔性司法理念，为化解矛盾、促进和谐搭建了平台。如附条件不起诉制度，既保护被害人的权益，又防止犯罪嫌疑人因被处以刑罚所带来的“交叉感染”及“犯罪标签”的不良后果，通过更直接、有效的措施，达到教育、感化犯罪嫌疑人的目的。

更有效地加强对涉罪未成年人的服务管理。海珠区人民检察院推行对未成年犯罪实施社会化的帮教、预防和管理体系。以全面推行法制教育为“纬”，以 18 个驻街检察室的深入矫正为“经”，将未成年人的政治思想、道德法制、心理健康等多方面纳入经纬之中，更好地进行服务管理。有效地解决了以往司法机关唱“独角戏”的局面，为未成年人的发展提供了全方位的保障。

广东广州海珠：未成年人法治教育线上线下齐推进

本报讯（记者钟亚雅 通讯员莫燕珍 罗群）“暖哥哥，约吗？诚挚邀请您来我们学校开展远离毒品的讲座……”每次在微信订阅号“暖苗行动”后台收到“微友”的留言，广东省广州市海珠区人民检察院的微信管理员司徒梓健都会火速回复，这样的亲密互动让他心里暖暖的。

在信息大爆炸的“云时代”，传统单一的法治教育模式遭遇前所未有的“瓶颈”。海珠区人民检察院积极对接“互联网+”新概念，将互联网时代“O2O”模式（Online to Offline）融入到“暖苗行动”中，努力形成线上线下相互补充、多层次、全方位的普法格局。

线上致力于将普法宣传、法律咨询搬上手机，通过QQ群、微博和微信公众号等新媒体平台，开设《检察官哥哥给你讲案例》栏目，每周固定推送青少年违法犯罪案例、“法律知识知多点”及“暖心贴士”等内容。今年以来，“暖苗行动”共推送《检察官哥哥给你讲案例》20多期、“法律知识知多点”50余个。线下则专注于提供“定制”法律服务，以需求为导向，在儿童节、新学期开学及放假前后等重要时期，根据学校“定制”的内容，安排经验丰富、亲和力强的干警深入10余所学校开展法治讲座、模拟法庭等活动20余次。

今年年初，该院“暖苗行动”荣获第二届广州市青少年服务项目创意大赛铜奖，是广州市检察机关唯一入选的项目。

（载《检察日报》2015年6月6日第2版）

第七章　民事诉讼监督案件和解

第一节　民事诉讼监督案件和解中的柔性司法理论

根据《民事诉讼法》第 14 条的规定，人民检察院有权对民事审判活动实行法律监督。人民检察院对民事诉讼的全部过程进行监督，主要是对公权力的监督，包括对民事审判权实施监督，具体是对生效的民事判决、裁定的裁判结果及生效的民事调解书的监督、对生效民事判决、裁定的审判程序的监督、对民事审判人员违法行为的监督；以及对民事执行权的监督，以维护司法公正和司法权威，保障国家法律的统一正确实施，保护人民合法权益，促进社会和谐。民事检察监督本着依法监督、服务大局和尊重规律的原则，构建多元化的监督格局。近年来随着当事人缠访缠诉情形的增加，检察机关摸索出检察和解的纠纷解决机制，是民行检察工作中柔性执法的具体体现，以更好地息诉罢访，化解社会矛盾，维护公平正义。

民事诉讼监督案件和解，即通常所说的民事检察和解，是指在检察机关审查民事申诉案件过程中引导当事人和解，从而终止抗诉审查程序的办案模式。[①] 这种方式在不损害国家、社会以及第三人利益的前提下，由双方当事人在检察机关的调解、参与或监督下自愿达成和解协议，原生效的民事判决就不再执行。近年来，检察机关在对民事申诉案件进行审查的过程中逐渐引导双方当事人达成和解的做法已经比较普遍，而这也对民事申诉案件的办理产生了积极的影响。

检察机关促成当事人进行和解的过程，也是检察机关柔性司法的重要体现之一。柔性司法的任务之一在于尊重和保障人权。首先，民事诉讼监督案件和解的前提与基础在于当事人自愿，检察机关不能强迫当事人进行和解，这也是柔性司法的要求。其次，在民事检察和解中，检察人员通过认真听取

---

① 赵芳芳：《民事检察和解构建探讨》，载《人民检察》2013 年第 2 期。

当事人诉求，为双方当事人分析案情与法律规定，“摆事实，讲道理”，最终促使当事人实现和解以化解矛盾，这亦与柔性司法“理性、平和、文明、规范”的理念、“灵活运用沟通、引导、和解、帮助、宣教等多种手段”的方式相合。

一、民事检察和解理论概述

（一）民事检察和解的含义

民事检察和解针对的是民事争议，而民事争议的前提在于争议主体间存在民事法律关系。民事法律关系一般是由平等主体自愿达成的一种财产关系或人身关系，与其他法律关系具有显著差异。首先，民事法律关系是在平等主体之间建立的，其参与各方具有平等性；其次，一般而言，民事法律关系是由当事人依自己的意思自愿设立的，具有自愿性；最后，民事法律关系是基于民事法律规范的要求建立的，体现了部分国家意志，具有合法性。① 民事和解、调解实质上是民事法律关系的变更，即各方当事人在合法性基础上，平等地进行协商，自愿对民事法律关系进行调整，以新的民事法律关系取代旧的、出现争议的民事法律关系，通过履行新的民事义务实现相对方的权利诉求，从而解决民事纠纷。

和解、调解的关键在于各方协商对民事法律关系进行调整的阶段，在此阶段各方将权衡利弊，通过充分的沟通了解对方的诉求，并进行相应的取舍、妥协，介入第三方起到的主要作用就是在此阶段促成各方当事人达成新的民事法律关系，即调解、和解协议，并敦促各方对协议进行积极、实际的履行。成功的民事调解或和解在于和解、调解协议的实际履行，彻底消灭原始的民事纠纷，避免当事人通过或再次通过司法途径解决问题，以节约司法资源，并达到社会关系和谐的效果。

民事检察和解所针对的各当事方之间的争议民事法律关系是由生效民事裁判确定下来的，具有羁束力、确定力与执行力。② 一般而言，民事调解、和解都发生在判决生效之前，但根据私法自治原则，在判决生效之后、全部执行完毕之前，当事人仍可本着平等自愿的原则对生效判决所确定的权利义务进行协商，民事检察和解就在此阶段介入，促使各方当事人达成和解协

---

① 参见王利明等：《民法学》，法律出版社2011年版，第33页。

② 民事判决具有羁束力、确定力、执行力与形成力四种效力，而形成力对应的判决如离婚判决、解除收养关系的判决不适用和解。

议、重新分配各方权利义务，从而达到解决纠纷、停息诉争的目的。在现行法律框架内，并没有明确的法律规范对民事检察和解作出规制，但和解作为一种能够彻底解决民事纠纷且能够大大减少司法成本的机制，应当在法律规定的范围内建章立制，使检察和解得到适用。

（二）民事检察和解的特点

根据《民事诉讼法》的规定，当事人不服法院生效裁判，首先应当向人民法院申请再审，当出现“人民法院驳回再审申请”、“人民法院逾期未对再审申请作出裁定”、“再审判决、裁定有明显错误”任何一种情形时，当事人才可以向人民检察院申请检察建议或者抗诉。① 人民检察院在审查此申请后，一般而言，将作出提出或者不予提出检察建议或者抗诉的决定。对于明显出现实体或程序错误的裁判，检察机关应当提起抗诉，这是检察机关作为法律监督机关的职权使然。而对于事实认定、法律适用、诉讼程序正确的生效裁判，检察机关应当作出不予提出检察建议或者抗诉的决定，这种刚性的处理模式在很大程度上不利于纠纷的最终解决与息诉工作的顺利完成。而民事检察和解独有的柔性特征能够很好对此类申诉进行处理，与上述刚性处理方式相比，民事检察和解有下列特点：

1. 程序适用的限定性

如上所述，检察机关受理申诉案件后，对于符合《民事诉讼法》第200条规定的情形之一的，检察机关应当提起抗诉；对于符合《民事诉讼法》第208条第3款规定的“审判监督程序以外的其他审判程序中审判人员的违法行为”，检察机关应当向同级人民法院提出检察建议。检察机关作为法律的监督机关，承担着保障法律公正实施的客观义务，对于民事案件裁判确有错误或审判人员行为不符合法律规定的，检察机关必须提起抗诉或提出检察建议，不能以民事检察和解代替法律监督程序。除此之外，对于那些由于不符合法定提起抗诉、提出检察建议条件，应当作出不予提出检察建议或者抗诉决定的申诉案件，人民检察院才能适用民事检察和解程序。

2. 程序启动的被动性

自愿性是任何民事和解、调解程序的前提，对于可调解、和解的民事争议，其基础应当都是一项由平等当事人自愿达成的民事法律关系，且纠纷的

---

① 参见熊跃敏：《民事再审案件审理程序论略——以再审诉权为基础的程序建构》，载《法学杂志》2007年第1期。

范围仅限于个人事务。基于纠纷的私法属性，争议各方可以根据自己的意志对民事权利进行处分，反过来说，当事人对其民事权利的处分必须以本人的自由意志决定，不受任何外部强制力影响。检察机关对于不符合提起抗诉、提出检察建议条件的申诉案件，可进行和解可行性评估；对具有和解条件的案件，可向各当事方提出和解的建议。[①] 检察机关提出的和解建议，包括前期对当事方进行的说服、协调工作，都不能带有强迫的性质，是否进行和解必须由各当事方自愿决定。只有各方同意进行和解协商或主动提出和解申请的，检察机关才能对其开展民事检察和解工作。换言之，民事检察和解只能由各当事方主动提出，对于检察机关而言，该程序的启动具有被动性。

3. 和解协议具有程序效力

一般而言，当事人自行达成的和解协议或人民调解委员会协调达成的调解协议书仅具有实体法上的效力。即当事各方对于争议民事法律关系的变更、调整，最终形成新的权利义务关系，但在程序上其并不具有强行效力。根据《人民检察院民事行政抗诉案件办案规则》第22条的规定，当事人自行和解的，人民检察院应当终止审查。[②] 也就是说，民事检察和解的最终达成，将直接导致再审程序的终止，具有程序上的效力。

（三）民事检察和解工作应当遵循的原则

在和解过程中，检察机关应坚持以下原则：

1. 自愿原则

自愿是指各方当事人明确表示愿意在检察机关的引导下进行和解，检察机关不能强行要求没有和解意愿的当事人和解。[③] 检察机关的引导作用主要体现在向当事人释法析理上，通过向当事人讲法、讲理，使当事人在明法明理的基础上作出自己的选择。[④] 也就是说，当事人最终是否达成和解协议及和解协议的内容均由当事人自主决定，检察机关尊重当事人自愿行使处分权的行为，不能主动干预。

---

① 参见方静：《民事检察和解的正当性及制度完善》，2013年苏州大学硕士学位论文。

② 黄旭东、胡晓霞：《论民事检察和解的理性与完善》，载《西南大学学报（社会科学版）》2010年第6期。

③ 刘辉：《民事检察和解的正当性基础及制度构建》，载《国家检察官学院学报》2009年8月。

④ 赵芳芳：《适用自愿和解方式处理民行申诉案件探析》，载《人民检察》2008年第8期。

2. 合法原则

合法原则包含两层含义：一是检察机关应对和解协议的内容进行审查和确认，和解协议内容必须合法，不得违反法律、行政法规的规定，不得损害国家、集体和他人的合法权益；二是检察机关引导当事人和解的行为合法，应当保持中立，不得对当事人进行法律欺诈或隐瞒，不能以公权力强压当事人和解，不能为和解而和解。①

3. 客观原则

检察和解不能“和稀泥”，审查证据、确认事实、分清是非是和解工作的前提。对于法院正确的生效裁判应做好服判息诉的工作，以免造成对审判权的不当干涉；对于符合抗诉条件的案件，要依法抗诉，不能用法定的监督职责与当事人做“交易”。根据案件的基本事实、证据，结合法律适用，当事人具有一定过错，案件存在一定瑕疵的，才有可能进行和解。

二、检察和解在民事实务工作中的适用

（一）在民事实务工作中适用检察和解的正当性

1. 检察和解是当事人自愿原则的应有之义

在民法领域，当事人自愿原则是一项基本原则，是指民事主体在从事民事活动时，能充分根据自己的内心意愿，设立、变更和终止民事法律关系。② 也就是民法理论中的当事人意思自治，即当事人在不违反法律、不损害国家利益和社会公共利益的前提下，可以任意处分自己的私权利，包括缩减权利范围、放弃权利等，并不受国家公权力和他人私权利的不当干涉，当事人的意愿优于任意性的民事法律规范，同时当事人为自己所作出的选择承担相应的法律后果。民事诉讼程序作为解决民事权利保护及纠纷解决的制度同样贯彻当事人意思自治，根据《民事诉讼法》第 13 条和第 50 条的规定，当事人有权在法律规定的范围内处分自己的实体权利和诉讼权利。即体现为处分原则，也称为处分权原则，是指当事人是否起诉或终结诉讼，何时或何种内容、范围（法院对当事人没有提出的请求事项不能裁判）对何人起诉，原则上由当事人自主决定，国家不能干预。法院在民事诉讼中应当处于被动

---

① 陈桂明、周冬冬：《检察和解的若干思考》，载《法学杂志》2010 年第 4 期。

② 佟柔主编：《中国民法学 · 民法总则》，中国人民公安大学出版社 1990 年版，第 17 页。

消极的地位。[①] 根据处分原则，当事人在民事诉讼过程中可以处分自己的民事实体权利及诉讼权利，如变更诉讼请求、撤诉、诉讼调解、执行和解等。

民事检察和解如同执行和解一样，它不否定人民法院生效的裁判，只是为了更彻底地解决纠纷。人民检察院在处理申诉案件时，通过阅卷和取证调查等工作，以主动的姿态对当事人进行说服息讼工作，在尊重当事人的权利处分基础上，鼓励或促进当事人自愿地对有关权利义务达成新的安排。[②] 从广义上讲，当事人之间解决纠纷的和解可以产生于诉讼前、审判中以及裁判后，不能因为这种和解的平台是由行使法律监督权的检察机关搭建的，其正当性就要受到质疑。因此，在民事裁判生效后，当事人仍然有处分权利的空间，于是使检察机关为双方当事人搭建和解的平台具有了正当性。[③]

2. 检察和解是实现检察职能价值目标的有效方式

检察职能，是指检察机关作为国家法律监督机关所具有的作用和功能。我国检察制度的基本特征，就在于检察机关法律监督机关性质的一元性和检察职能的多元性。检察职能可以具体解析为侦查职能（追诉性法律监督）、司法审查职能（救济性法律监督）、公诉职能（制约性法律监督）、诉讼监督职能（矫正性法律监督）、提出法律意见职能（规范性法律监督）和检察管理职能（保障性法律监督）。[④] 民事检察监督作为诉讼监督职能的一部分，其宗旨是通过对审判权、执行权等公权力的监督，实现公平正义、维护法律的统一正确实施，维护社会和谐稳定。当事人不服法院的生效裁判，申请检察机关监督，当前主要的监督方式是抗诉和再审检察建议，根据《民事诉讼法》第209条的规定，抗诉和再审检察建议适用同样的条件，提起抗诉和发出再审检察建议均有严格的要求和限制。抗诉具有一定的刚性，只要检察机关提出抗诉，法院必须启动再审程序，而再审检察建议是一种柔性的监督方式，检察机关向法院发出再审检察建议，是否启动再审程序，由法院决定，并且不管是哪种方式，都只是程序性的，终局裁判结果掌握在法院。根据近几年来最高人民检察院工作报告公布的统计数据显示，自2013年至今，

① 转引自张卫平：《民事诉讼法》，法律出版社2004年版，第24页。

② 肖建华：《解决民行纠纷的有益探索》，载《检察日报》2007年8月23日第3版。

③ 刘辉：《民事检察和解的正当性基础及制度构建》，载《国家检察官学院学报》2009年第4期。

④ 汪建成、王一鸣：《检察职能与检察机关内设机构改革》，载《国家检察官学院学报》2015年第1期。

依法对民事行政案件的生效裁判、调解书提出抗诉或再审检察建议的数量逐年减少。因此，对于未能启动再审程序，抑或是再审维持原判的结果都是当事人难以接受的。如果对这部分当事人置之不理，极易引发涉法、涉检上访，因此，检察机关近年来比较重视开展服判息诉工作。实务部门将息诉工作理解为民行检察工作的自然延伸，是检察机关在诉讼监督中的附随义务，也是在维护司法公正的同时所产生的附随效果。①

经过实践中不断地摸索和总结经验，2011 年 1 月 4 日，最高人民检察院民事行政检察厅《关于民事行政申诉案件和解的指导意见（试行）》明确规定，对有和解条件的民事行政申诉案件，民事行政检察部门要积极引导，促成当事人达成和解。2011 年 3 月，最高人民法院、最高人民检察院《关于对民事审判活动与行政诉讼实行法律监督的若干意见（试行）》也规定，人民检察院办理民事申诉、行政赔偿诉讼申诉案件，当事人双方有和解意愿、符合和解条件的，可以建议当事人自行和解。最高人民检察院《关于深入推进民事行政检察工作科学发展的意见》（高检发〔2013〕6 号）指出，在办理民事行政申诉案件中，应当增强息诉和解意识，注重开展和解息诉工作。对于当事人有和解意愿且具备和解条件的，可以引导当事人和解，但应注意与生效裁判执行工作的衔接。2013 年 11 月 18 日，《人民检察院民事诉讼监督规则（试行）》第 55 条规定："人民检察院在办理民事诉讼监督案件过程中，当事人有和解意愿的，可以建议当事人自行和解。"上述规范性文件为检察机关开展检察和解工作提供了法律依据。

（二）在民事工作中适用检察和解的必要性

1. 检察和解是践行检察机关发展理念和执法理念的重要体现

当前我国社会矛盾易发多发，检察机关履行法律监督职能面临更加复杂多变的形势，更需要树立正确的发展理念和执法理念，保证工作的正确方向。案件的处理不仅对当事人切身利益有直接的影响，还关系到社会的和谐稳定、大众对法治的认同，甚至直接影响党和国家的形象。检察机关在办案中不仅要坚持依法办案，还要综合考虑政治、法律、社会各种因素，妥善处理案件、化解矛盾纠纷，努力实现法律效果、政治效果和社会效果的有机统一。② 检察和解是通过检察机关搭建的平台，引导当事人和解，从对抗走向

---

① 张志文：《民事诉讼检察监督论》，法律出版社 2007 年版，第 100 页。

② 最高人民检察院政治部编：《检察工作发展理念和执法理念讲义提纲》，中国检察出版社 2012 年版，第 96 ~ 97 页。

对话，从胜负分明走向争取双赢，彻底解决纠纷，做到案结事了，真正实现了检察机关为大局服务的要求。

2. 检察和解是维护当事人合法权益和实现公平正义的现实需要

实践中，仅凭法律规定的权利义务和责任，尚不足以解决现实生活中层出不穷的问题和纠纷。在一些案件中，由于当事人不了解法律规定、缺乏证据意识等多种因素，法官通过庭审程序，形成内心确信，认定法律事实，依据一般法律规定作出裁判后，仍会留下一些与实质正义相悖的遗憾，导致当事人无法息诉服判。检察和解主要是针对在确有错误与确无错误之间的中间地带上，对可能有瑕疵的一些案件为当事人双方提供可以充分沟通、协商对话的平台，从而使双方权衡利弊得失，缩小争议的差距，逐步实现实体权益分配的公平，维护个案的实质公正。

3. 检察和解是节约司法资源和追求司法效益的要求

司法资源具资源的一般特征，即稀缺性，以抗诉为例，启动抗诉程序，就要有检察机关的人力、物力投入，抗诉必然引起再审程序，那么就需要法院再次为一个案件组成合议庭，进一步投入法院的人力、物力，花费诸多司法资源，而再审的结果可能当事人依然不服，继续缠访闹访。从当事人的角度，到检察机关申请监督案件，立案、调卷、审查、审结提请上一级检察机关抗诉，上级人民检察院审查后再决定是否向同级人民法院提出抗诉，加上法院再审的时间，整个过程时间长、程序繁琐，当事人备受诉累之苦。在考虑成本和效益平衡的前提下，对一些不必要抗诉的案件由检察机关引导当事人和解，成本相对较低，符合诉讼经济的原则。

（三）检察和解的适用范围

适用检察和解的案件前提是当事人申请检察机关监督的案件。根据《人民检察院民事诉讼监督规则（试行）》第75条的规定，当事人达成和解协议，且不损害国家利益、社会公共利益或者他人合法权益的，人民检察院应当终结审查。最高人民检察院民事行政检察厅《关于民事行政申诉案件和解的指导意见（试行）》第7条也规定，有证据证明判决、裁定、调解内容存在侵害国家利益、社会公共利益或者案外人利益的民事行政申诉案件，不适用和解。由此可以看出，目前尚无法律明确规定检察和解适用案件的范围，但至少可以明确的是损害国家利益、社会公共利益或他人合法权益的案件不适用检察和解。结合检察工作实践，总结出以下几种类型的案件比较适宜做和解工作：

1. 原审生效裁判、调解确有错误，但标的较小，对当事人的实体权益无重大影响，即使提出抗诉或发出再审检察建议也无效果或预期效果不明显的。

2. 案件本身不符合抗诉或再审检察建议的条件，但又存在一定的瑕疵，有损当事人实体权益的。这类案件通常在纠纷的产生过程中双方当事人均存在过错，而这个过错导致申请监督人有一定的实际损失，为了避免当事人再受诉讼之累，以及申请监督人据此缠诉闹访，检察机关释法说理，为当事人分析利弊，引导双方当事人达成和解协议，彻底解决纠纷。

3. 发生在家庭、亲属、邻里之间的案件，标的额较小，经过劝解，当事人之间能够冰释前嫌，有和解意愿的。

4. 不符合抗诉或再审检察建议条件，由于特定原因导致法院执行难的。如北京一分院办理的中国人民解放军某研究院与北京中北电力工程有限公司承揽合同一案，判决生效后申诉人向法院申请强制执行，但因对方系军事账户导致执行遇到极大阻力，检察机关以维护双方的权益为导向，进行了大量的析法释理工作。最终双方达成和解协议，该研究院给付工程款 110 万元，并即时履行完毕。①

5. 行政案件中，申请监督人与第三人之间有和解可能的。如房屋拆迁纠纷中，申请监督人对建委的拆迁裁决不服。审查法院的裁判过程没有违法情形，但裁判的数额略低，不足以达到安置目的，若开发商表示对补偿的具体数额还可作相应的调整，检察机关可促成申请监督人与开发商之间的对话，由双方自行确定最终的补偿数额，确保对申请监督人的妥善安置。②

6. 原审生效裁判正确的，这类案件检察机关依法无须启动任何监督方式，但在司法实践中，如有的劳动争议案件，为了维护社会稳定、保护弱势群体，在了解当事人诉求的前提下，往往需要检察机关引导当事人进行和解，取得较好的社会效果。还有的案件当事人因为证据意识薄弱或能力所限，法官依据证据规则认定的法律事实与客观事实不符，裁判实质上有失公正，当事人败诉后缠诉闹访的，检察机关不予监督的决定无法让当事人息诉服判，也难以从根本上解决当事人之间的纠纷，通过检察和解使双方当事人的权利义务最大限度地接近事实真相与利益的平衡，既能达到监督的目的，也能有效地解决纷争。

---

① 李新生主编：《民事行政检察工作重点与案件审查实务》，中国检察出版社 2013 年版，第 135 页。

② 李新生主编：《民事行政检察工作重点与案件审查实务》，中国检察出版社 2013 年版，第 135 页。

三、柔性司法在民事检察和解案件中的适用

在我国，柔性司法是一个学理概念，而非法律概念，它是人们在对过去及现有的执法改革模式反思的基础上，对行政执法模式的重新设计。[①] 柔性司法与传统具有强制性、单向性的刚性执法相比，它更强调执法的人性化，注重相对方的参与。作为学理概念而被提出的柔性司法，其重点在于执法理念的革新。过去公权人员的执法简单粗暴、机械僵化，很大的原因在于执法理念的落后，随着社会民主化的进一步发展，非权力化的执法方式为当下所需求，其要求的是一种理性、平和、文明、规范的执法模式与执法理念。[②] 对于民事检察和解而言，正是由于其存在上述内涵与特点，民事检察和解案件中运用柔性司法的方法与理念具有了合理性与可行性。

（一）柔性司法在民事检察和解案件中适用的合理性

执法，从字面上看是指掌管法律，手持法律做事，传布、实现法律。[③] 在民事检察和解案件中，检察机关的居中、引导也是一种广义上的执法。检察机关的引导作用主要体现在向当事人释法析理上，通过向当事人讲法、讲理，使当事人在明法明理的基础上作出自己的选择。[④] 在此过程中，检察机关便可以采用柔性司法的理念与方法促使当事各方达成和解。

首先，民事检察和解的基础在于各当事方的自愿，对当事人民事权利的处分属于其自身所具的合法权利，这正与柔性司法对检察机关“以人为本，在执法办案中注重人性化执法，尊重和保障当事人的正当合法权益”的要求相合。其次，检察机关对各方当事人的说服劝解实质上属于法治服务的一种，这正体现了柔性司法对检察机关“注重法治服务，在执法办案中提供法律咨询、法律指引、司法救助等服务”的要求。最后，柔性司法兼顾灵活性和原则性，根据情势变化作出适当调整，在民事检察和解案件中，检察机关的整个和解过程都必须符合法律法规的规定，但可在实体与程序合法的前提下灵活操作。

---

① 王春业：《论法治视野下的柔性执法》，2007 年第二届全国公法学博士生论坛。

② 参见曹建明：《要树立理性、平和、文明、规范执法的新理念》，载《人民检察》2009 年第 10 期。

③ 林霄红：《论影响依法治国的几个因素及其消除措施》，载《云南民族学院学报（哲学社会科学版）》2002 年第 4 期。

④ 赵芳芳：《适用自愿和解方式处理民行申诉案件探析》，载《人民检察》2008 年第 8 期。

（二）柔性司法在民事检察和解案件中适用的必要性

检察机关对于不符合提起抗诉条件的申诉案件可以促成双方进行和解，而检察机关介入民事案件这一行为的性质本身就不具备强制性，因此必须使用柔性的执法方式。采用柔性的执法方式与理念，耐心听取各方当事人的诉求，认真向各方当事人析明法律、讲清道理，努力促使纠纷各方进行协商交流，最终使各方达成合意、实现和解。通过检察机关的介入，以及检察人员的循循善诱，让纠纷各方心服口服，能够使纠纷解决的概率与效率双双得到提高。

和解的目的在于平息诉争，使被纠纷破坏的社会关系恢复至纠纷发生以前的状态，以实现社会关系的和谐稳定。在检察机关审查完毕再审申请之后，对于不符合提起抗诉条件的案件，如果按照传统的做法直接作出不予提出抗诉的决定，可能并不利于纠纷的平息。有的民事判决虽然证据充分、事实认定无误、法律适用正确并且未超出诉讼请求，但考虑到各当事方的实际情况，判决所确定的内容也有可能无法执行，从而使纠纷一直悬而未决，甚至会引发新的社会矛盾。检察机关对于民事判决的监督权使其具有一定平息诉争的责任，而在再审申请的审查中，检察机关采取柔性措施促使当事各方进行有效和解，将使纠纷得到彻底的解决。该效果是某些民事判决所无法实现的。

海珠区人民检察院在民事行政诉讼监督过程中加大服务和解力度，创新工作机制搭建和解一体化平台，通过“每案必询”、“同声传译”、“协议把关”、“效果跟踪”，努力化解社会矛盾。

第二节　开展民事诉讼监督案件和解的基本情况、主要做法

一、开展民事诉讼监督案件和解的基本情况

海珠区人民检察院充分发挥检察职能，秉持“和解化矛盾，群众更满意”的理念，贯彻柔性司法，着力在监督方式上下功夫，高度重视并强调和解优先，努力推进和解工作“四化”发展，强化和解促社会和谐。2010年至今，成功促成和解 14 件，取得了显著的政治效果、社会效果和法律效果。

二、开展民事诉讼监督案件和解的主要做法

（一）明确思路，建立和解优先常态化工作机制

和解与其他监督相比，尽管属于"软"监督，但它更能够减少当事人的诉累，节省司法资源，尤其是能够实现纠纷的一次性终结处理，切实化解矛盾。为此，海珠区人民检察院明确了和解优先思路，将促和解工作从自选动作上升为规定动作，不断推动和解工作常态化，要求在受理的所有民事行政申诉案件中进行和解可行性评估，对于不符合和解条件或当事人不同意的，在作出说明并经科室讨论后，依法审查作出支持或不支持监督申请决定。

（二）扎实基础，建立和解能力专业化培养机制

由于检察机关面对的申请监督案件都是经过了诉讼裁判后的纠纷，和解难度很大，因此，也就对检察队伍提出了更高的要求。一方面，要求检察人员能够准确发现案件中法律问题；另一方面，也要求检察人员必须娴熟地掌握接访规律。为此，海珠区人民检察院不断强化队伍建设，提升队伍素养，力争和解工作中的法律专业化和接访专业化。一是优化队伍年龄及知识结构。通过年轻干警的补充，形成民行老中青相结合的阶梯队伍，让年轻干警的法律专业性和资深干警的丰富接访经验相结合。二是强化专业学习，提升干警法律素养。通过学习沙龙、科室专题学习、案件讨论等方式，不断提升干警的法律思维和案件把握能力。三是建立帮带搭档，加强干警接访能力。一方面，通过科室内的资深干警与青年干警的一对一搭档，加快年轻干警成长；另一方面，通过与本院控申部门一帮一结对，努力提高接访水平。

（三）建章立制，建立和解流程规范化保障机制

长期以来，和解工作由于难度大、开展少等导致和解工作一直缺乏有效的规范和指导，从而形成和解越难，越难和解的恶性循环。为此，海珠区人民检察院在办案中逐步摸索总结出"听、析、巧、严、督"的"和解五字诀"。

一是"听"陈述。诉求上之差异是分歧的直接体现，事实和理由上的差异是分歧产生的根本原因，当事人和解意见的提出则是和解的空间和努力方向。为此，该院在办理民事行政申请监督案件中，将听取申请人和被申请人陈述作为受理案件后必须开展的第一项工作，要求干警必须做到"三听"，即听诉求以明分歧；听事由以辨是非；听意见以定方向。例如，2012年海珠区人民检察院办理的陈某与一涉外鞋类企业之间的侵犯商标权的纠纷

案中，陈某因为在自营档口出售侵权产品，被法院缺席判决支付6万元侵权费用并停止侵权行为。而后，该涉外鞋类企业申请法院强制执行。陈某对生效判决不服，向海珠区人民检察院申请监督。海珠区人民检察院受理该案后，认真听取了双方的诉求和理由，发现该案因陈某回外地老家未及时收到相关法律文书，未能出庭才缺席判决，双方对侵权事实和法律理由上无实质分歧。在征询双方当事人和解意愿时，双方均表示愿意和解。鉴于陈某已不再经营相关档口，该涉外鞋类企业接受陈某按照自身情况给予适当赔偿以终结该案的强制执行。其后，双方当事人在检察官见证下，到海珠区人民法院签署了和解协议。陈某当场支付了赔偿金3万元，而该涉外鞋类企业申请撤销了强制执行。

二是“析”案情。当事人发生纠纷，常常意味着至少一方的诉求超越了法律规定，或诉求不合理等。为此，海珠区人民检察院在办理民事行政申诉案件中，要求干警必须草拟一份《案件法律意见书》在科室进行讨论，明晰案件事实，以及当事人各具体意见的合法性与不合法性、合理性与不合理性，并在此基础上做好当事人相关释法说理等工作。例如，2011年在办理廖某申诉和解案过程中，廖某一开始提出40万元补偿要求，并拿某报纸上的案例对比，寸步不让。海珠区人民检察院在详细研究其诉求及依据后，采取三种方式对廖某开展法律方面的普及和解释。其一，自行梳理。检察官在释法过程中，首先请廖某对其各项诉求及依据列出清单。在此过程中，廖某自行将部分明显没有法律依据的诉求剔除，将40万元的诉求减少到32万元。其二，依法释法。针对廖某所借鉴的外地案例，检察官通过对两案不同之处的分析，以及不同情况下规范性文件的不同适用，比对相关规范性文件逐条解读。如此经过数次的释法，廖某再将诉求调整到了20余万元。其三，小型听证。通过邀请司法、劳动部门、律师与廖某展开小型听证，针对廖某的诉求中具体法律适用理解逐条讨论，使廖某最终放弃了对其诉求合法性的固执认识，转换到情理上，要求对其因残疾造成的损害给予适当照顾，并提出因为残疾30年，而将标准降到了15万元。这个要求数额上降低背后是廖某对于事实和法律认识上的纠正，为最终达成和解奠定了基础。

三是“巧”借力。众人拾柴火焰高，做好民事行政申诉和解工作亦同此理。一方面，多方给力，能够保证和解公信而不失偏颇；另一方面，多方给力，能够增强和解约束力保障和解效果。为此，海珠区人民检察院在办理民事行政申诉和解案中，充分发掘各相关方，建立健全“临时协调会制度”，共同努力，促成和解。其一，该院内部控申和民行部门联动办案。对于控申部门受理的信访案，民行部门提供专业意见；对民行部门开展和解工作过程中，控申部门从信访角度参与案件的和解工作，实现院内及时联动办案的一盘棋。其二，市区两级院联动办案。在办理和解案过程中，积极争取市院支持，依靠两级院一体化办公平台增强和解方案的科学决策。其三，加强检法联动。特别是对于执行过程中的案件，加强与法院的沟通协调，通过联动办案，强化和解效果。其四，加强区内部门联动。通过与区内信访、司法、街道等部门联系，争取政策支持与配合，及时解决历史遗留问题。

如 2011 年海珠区人民检察院在办理廖某申请监督一案过程中，经评估决定推进和解后，及时部署联络区信访、劳动保障、司法、残联及街道等部门，争取支持做好该案的处理工作。其一，建立了与信访、劳动、街道等部门的联动机制，明确以检察机关民行部门为主导、充分发挥检察机关控申部门的接访优势，信访部门从中做好沟通协调及向上级汇报，劳动部门做好相关法规和事实认定历史资料的解释和整理，街道负责当事企业的沟通及对廖某的稳控等，形成了分工明确临时议事机构。其二，及时强化与上级检察机关的联动机制，积极争取支持。对于判决的把握及案件所涉法律争议，及时向市检汇报并争取法律和和解技术上的指导。通过两个联动机制，初步达成了以人性化补助的处理方式，参考最接近工伤事故时的规范性文件标准，计算补助金基本线，在此基础上做好当事企业和廖某的释法说理工作。其三，在市区两级院的组织下，濒临破产的涉案企业根据自身情况出一部分，区属各部门和街道多方给予资金支援。廖某在理解当事企业的困难情况下，将标准调整到了当事企业愿意提供的 12 万元，最终顺利实现和解。

四是“严”把关。案件当事人的和解意愿达成一致时，需要通过和解协议书的形式及时固定和解成果。为了避免当事人在协议的拟定制作问题上留下矛盾隐患，海珠区人民检察院建立了“协议把关制度”，要求双方确立的协议文本需经海珠区人民检察院审查，并在海珠区人民检察院的监督下签订。所谓“协议把关”，一方面是把关协议的文意，确保协议内容表述准确、清晰；另一方面，把关协议的内容不存在违反法律强制性内容的情形。如 2010 年在办理何某申请生效裁判监督一案时，双方当事人虽和解达成一致，但所拟协议书中存在逻辑不清、语意不明等情况。海珠区人民检察院通过对协议把关，讲明其中可能存在的风险，在尊重当事人原意的前提下进行了完善，突出了款项的性质和和解的一次性终结处理的目的，以此排除了双方当事人再生矛盾的隐患。

五是“督”落实。和解工作的最终效果是和解内容的实现。为此，海珠区人民检察院建立了“效果跟踪”制度，即对于当事人达成和解后，能够马上履行协议内容的，必须在签署和解协议的同时履行。而由于性质原因不能立即履行的，通过回访等形式积极促成双方当事人按照协议内容及时履行其义务，固定和解成果。如2013年该院在办理申请人广州市盈润投资顾问有限公司申请执行监督一案的过程中，在周密调查核实的基础上，经多次与争议双方沟通交流，最终促使双方当事人达成和解并及时履行，申请人收到了拖欠四年的代理费185万元，成功化解了一起因执行难导致退伍军人多次群体上访的案件，实现了执法公信力和群众满意度的双提升。为表示对海珠区人民检察院公正执法的感谢，申请人特意送来内容为“扶危济困为民解忧，排除万难秉公执法”的锦旗，取得较好的法律效果和社会效果。

（四）录音录像，建立和解工作情景化存档机制

和解成果不是简单的和解协议签订，也不是简单的和解内容实现，更多地体现在一次性终结处理。为此海珠区人民检察院通过两个方面强化成果固定，保障和解良好效果。一方面，涉案各方及参与调处各方的共同见证。在廖某申请监督案中，除了当事双方外，该院控申部门、民行部门、区信访部门、劳动部门、街道司法人员及上级检察机关派员共同见证了和解协议的签订和和解内容的现场履行过程，从而使当事双方明白已无再次缠访途径，堵塞再生事端渠道。另一方面，全程录音录像杜绝再生矛盾借口。通过对和解过程的录音录像，以现场情境的动态固定形式，杜绝当事人以和解过程非自愿等借口再生事端，保障和解良好效果。

第八章　辩护人及诉讼代理人权利保障

在法治视野之下的法律职业共同体中，公、检、法、律是推进社会法治进程不可或缺的四个车轮，缺乏现代辩护律师制度的刑事司法制度，永远不可能驶入现代法治的轨道。为此、司法机关包括公安机关必须改变长期以来形成的律师参与刑事诉讼，会给侦查、起诉、审判工作造成困难的观念，树立律师参与诉讼是为了保障被追诉人的合法权益、保障程序公正的现代法治观念，在刑事诉讼中平等地、善意地对待辩护律师，与辩护律师携手并肩，共同推动我国法治建设的进程。①

第一节　刑事辩护与检察院的柔性司法理论

一、理念基础

辩护律师的根本目的是维护犯罪嫌疑人、被告人的合法权益，但是其仍肩负着实现和维护司法公正的义务，因此，公检法律之间应该是一种和谐的关系，这与柔性司法理念倡导的构建和谐的检律关系是一致的，主张检察机关在办理案件的过程中注重维护被追诉人及其辩护律师的合法权益，贯彻2012年《刑事诉讼法》确立的尊重和保障人权的理念，在追求实体公正的同时，保障程序公正。此理念对于辩护制度，尤其是律师辩护制度具有十分重要的影响意义。

此外，检察机关所负有的客观义务为检察机关贯彻落实柔性司法理念提供了坚实的基础。众所周知，检察机关是我国的法定监督机关，负有一定的客观义务。检察官的客观义务，是指检察官为了发现案件真实，不应站在当事人的立场，而应站在客观的立场上进行活动，在侦查过程中应该同时收集有利于和不利于犯罪嫌疑人、被告人的证据。检察官担负控诉职能，在刑事诉讼学理上，属代表国家提出控诉的诉讼原告（当事人），然而，客观义务

① 冀祥德：《控辩平等论》，法律出版社2008年版，第16页。

要求其超越当事人角色，在诉讼活动中坚持客观立场，客观义务的实现虽有一定难度，但这一要求毕竟有一定的约束作用。对客观义务的制度性确认，既可以促使检察官适当注意其行为的客观公正，也可以作为外界检验检察活动的标准，其制度安排亦将促进检察官履行客观义务。反之，在检察官享有重要的国家权力的情况下，不作这一要求，更会使检察官的权力行使缺乏必要约束，在某些情况下，可能导致灾难性后果。因此，不能否定客观义务，而应确认检察官的这一义务并尽力促使其履行。①

但是检察机关同时也是法定的追诉机关，承担着一定的追诉职能，此外，我国一直以来注重实体公正，忽视程序公正，注重打击犯罪，忽视保障人权，因此，导致检察机关的工作基本围绕着追诉犯罪嫌疑人、被告人进行，而忽视有利于犯罪嫌疑人、被告人有利的证据，为此，需要辩护律师积极参与到刑事诉讼程序中，及时对于相关问题提出意见，及时纠正检察机关在工作中存在的不足，防止该错误被带到审判程序中，使法官作出错误的裁判，进而导致冤假错案的发生。

二、辩护律师介入侦查程序

长期以来，我国的侦查程序处于封闭的状态，行政化色彩浓厚，侦查机关在侦查程序中居于绝对的主导地位，犯罪嫌疑人沦为被追诉的客体，辩护律师难以介入侦查程序中，2012 年《刑事诉讼法》确立了辩护律师在侦查程序中辩护人的身份，并将指定辩护提前到侦查阶段，这对于实现侦查程序的诉讼化，通过辩护律师制约侦查机关的权力，保障犯罪嫌疑人的合法权益具有十分重大的意义。但是遗憾的是，由于侦查机关的执法理念落后，认为辩护律师实质介入侦查程序会阻碍侦查工作的顺利进行，妨碍打击犯罪任务的完成，因此在司法实践中排斥辩护律师介入侦查程序，这与尊重和保障人权的理念是相违背的。

在柔性司法理念下，侦查机关应该保障犯罪嫌疑人的程序主体地位，保障辩护律师实质介入侦查程序，不得排斥辩护律师的参与，认识到辩护律师参与到侦查程序中不仅不会妨碍实体公正的实现，反而是程序公正的集中体现，通过辩护律师的参与，可以使犯罪嫌疑人获得专业律师的帮助，防止其合法权益受到侵害。此外，通过辩护律师参与侦查程序，可以及早发现侦查机关在侦破案件中的错误，及早改正，防止该错误进入审判程序，导致法官

---

① 龙宗智：《中国法语境中的检察官客观义务》，载《法学研究》2009 年第 4 期。

作出错误裁判，最终导致冤假错案的发生。因此，辩护律师介入侦查程序在一定意义上有利于促进实体公正的实现。

三、辩护律师的权利保障

众所周知，刑事诉讼法赋予了辩护律师诸多的权利，如会见权、阅卷权、调查取证权和申请调查取证权、向犯罪嫌疑人核实证据权、提出意见的权利以及申诉控告权等。但是司法实践中出现的“老三难”和“新三难”问题，在一定程序上反映了辩护律师的权利在司法实践中的落实情况不尽如人意，其中“老三难”一般出现在审前程序中，分别为“会见难、阅卷难、调查取证难”。根据我国宪法规定，“犯罪嫌疑人、被告人有获得律师帮助的权利”。该规定的应然解释是，犯罪嫌疑人、被告人不仅有权聘请律师，或者在无力聘请律师而又符合指定辩护的情形下，有权申请公检法机关通知法律援助机构为其指定辩护律师，而且更重要的是，犯罪嫌疑人、被告人有权获得律师的有效辩护。为此，国家负有相应的保障义务，保障辩护律师的权利落到实处。

柔性司法倡导的是一种和谐的理念，主张办案机关和犯罪嫌疑人、被告人及其辩护律师之间构建一种和谐关系，尊重犯罪嫌疑人、被告人的程序主体地位，这也是程序正义的本质要求，而犯罪嫌疑人、被告人由于在刑事诉讼程序中处于天然的劣势地位，无法行使其程序主体权利，无法与强大的控诉机关相抗衡，因此需要借助辩护律师的帮助。而刑事诉讼法赋予辩护律师的会见权、阅卷权和调查取证权等都是辩护律师为犯罪嫌疑人、被告人提供法律帮助的武器，为此，办案机关有义务配合辩护律师的工作，为辩护律师行使权利提供便利。

（一）会见权

会见权是保障辩护律师与犯罪嫌疑人沟通的前提条件，赋予犯罪嫌疑人、被告人律师帮助权的目的，是因为犯罪嫌疑人、被告人不了解法律，所以由专业律师提供法律意见，协助犯罪嫌疑人、被告人面对强大的国家追诉机关，因此，律师权利最重要的基础就是犯罪嫌疑人与被告人有机会通过会见进行完全充分及自由的沟通，犯罪嫌疑人、被告人得毫无恐惧、毫无疑虑地向追诉机关吐实，不用担心今日所述成为明日的不利证据，若犯罪嫌疑人、被告人没有机会与辩护律师沟通，或者其与辩护律师的沟通可能遭人窃听、可能成为证据，即不敢与辩护律师充分沟通，此种恐惧越强，犯罪嫌疑人、被告人的律师权就越虚无。犯罪嫌疑人、被告人的获得律师帮助权是宪法上的基本权利，而该权利最核心的价值又在于保障辩护律师与犯罪嫌疑人、被告人间有机会充分自由地沟通，因此，如果无理由限制犯罪嫌疑人、被告人与辩护律师会见或者在会见时进行监听，都属于违宪行为，这与柔性司法的理念是高度契合的。

在柔性司法理念下，检察机关应该尽量保障辩护律师的会见权，除了《人民检察院刑事诉讼规则（试行）》中明确规定“有下列情形之一的，属于特别重大贿赂犯罪：涉嫌贿赂犯罪数额在50万元以上，犯罪情节恶劣的；有重大社会影响的；涉及国家重大利益的”。其他的职务犯罪案件都应该允许辩护律师持律师执业证书、律师事务所证明和委托书或者法律援助公函就可以直接到看守所会见犯罪嫌疑人、被告人，不需要经过办案机关批准、安排。当然，对于法律规定的限制条件而言，应该向有利于犯罪嫌疑人、被告人的方向解释，不可一律不允许辩护律师会见。

（二）阅卷权

基于被告有接受公正审判的权利，被告享有知悉其当事人犯罪事实的权利，才能够对于国家机关的追诉进行实质有效辩护，为此，保障辩护律师的阅卷权就显得十分重要，不仅要在《刑事诉讼法》中赋予辩护律师阅卷权，更重要的是办案机关在司法实践中应该积极配合辩护律师的阅卷工作，为辩护律师的阅卷工作提供便利。我国台湾地区刑事诉讼制度多年来对于辩护人的阅卷权，均给予充分的保障，并随着科技的进步，逐步采取便利辩护人阅卷的措施，以节省辩护人在阅卷上所耗费的时间和精力。依据2006年4月24日修正公布的《各级法院刑事、行政诉讼及少年保护事件律师阅卷要点》第2条规定，律师就受委任、选任或法院指定办理之有关案件，得以书面、电话、传真或其他电子传送方式声请阅卷。第8条规定，律师可以预定阅卷期日，由阅卷室承办人员事先向书记官索取卷证，再以电话通知律师卷证是否已到，以免律师白跑一趟，并可一到阅卷室即进行阅卷影印工作，免去许多时间的耽搁。

因此，在柔性司法理念下，检察机关应该积极配合辩护律师的阅卷工作，不断推出新的举措，为辩护律师阅卷提供更多的便利。

（三）调查取证权和申请调查取证权

虽然辩护律师不承担证明犯罪嫌疑人、被告人无罪或者罪轻的责任，但是为了说服法官作出有利于犯罪嫌疑人、被告人的裁判，辩护律师必须提出相应的证据去推翻或者削弱检察机关的指控，而辩护律师证据的获得，一方面是通过阅卷权的行使，另一方面则通过自行调查取证或者申请检察机关、法院调查取证。由于辩护律师在侦查阶段是否享有调查取证权尚未得到立法的肯定，再加上辩护律师缺乏公权力的支撑，其在司法实践中的调查取证也是困难重重，但是根据学者的观点，在侦查阶段，从律师介入诉讼的目的以及我国庭审改革的方向考察，立法应当赋予侦查阶段律师调查取证权。在侦查阶段，律师就可以向侦查机关提出辩护意见，包括犯罪嫌疑人没有作案时间、犯罪嫌疑人无行为能力、行为不构成犯罪、犯罪嫌疑人罪轻与被害人和解等情形。而这些辩护意见往往需要相应的证据材料证明或支撑。另外，律师介入侦查除了为犯罪嫌疑人提供法律帮助外，还应当为审查起诉阶段和审判阶段的辩护做准备。律师只有在全面收集证据、了解案情的情形下，在审查起诉阶段才可以向检察机关提出比较客观、中肯的辩护意见，才能为审判阶段为被告人提供更加有效的辩护。最后，赋予侦查阶段律师调查取证权，在诉讼开始时就注意控辩双方权力（利）平衡，才能在审判阶段真正形成控辩平等对抗的格局。①

英美法系实行双轨制侦查，律师在侦查阶段有调查取证的权利自不待言。即使在传统的大陆法系国家，律师在侦查阶段也有此权利。如在德国，辩护人有权自行调查，只不过他们没有强制取证权，只能以公民身份收集信息。在法国，虽然法律没有明确规定侦查阶段律师是否有调查取证权，但是在实践中，律师可以行使此权利。在俄罗斯，根据《刑事诉讼法典》第53条，自准许参加刑事案件之时起，辩护人就有权进行法律不予禁止的辩护手段和方式。而法律没有禁止律师调查取证。据此，律师在侦查阶段也有调查取证权。

此外，辩护律师在司法实践中有权向检察机关、法院申请调查取证，为了保障辩护律师及时获得相关证据，检察机关对于辩护律师调查取证的申请应当积极配合，对于辩护律师提出明确的调查取证目标时，检察机关不得无正当理由拒绝或者对辩护律师的申请置之不理，如果有正当理由拒绝的，应当将该理由及时告知辩护律师。

四、听取辩护律师的意见

2012年《刑事诉讼法》增加了“听取律师意见”的规定，分别在侦查终结移送审查起诉、审查逮捕、二审开庭以及死刑复核等环节，这对于保障

---

① 陈光中、汪海燕：《侦查阶段律师辩护问题研究——兼论修订后〈律师法〉实施问题》，载《中国法学》2010年第1期。

辩护律师实质性参与到刑事诉讼程序中具有十分重要的意义。听取辩护律师的意见，体现了我国诉讼程序正在逐步走向开放，逐步淡化行政色彩，检察机关听取律师意见是落实刑事诉讼法题中之义。听取意见既有利于案件的正确处理，防止事实认定、法律适用方面出现错误；又能够保障律师充分参与，使案件的处理更加公平公正。辩护律师参与到刑事诉讼程序的目的就是要维护犯罪嫌疑人、被告人的合法权益，帮助犯罪嫌疑人、被告人行使其相关的程序主体权利，而辩护律师在刑事诉讼程序中提出意见就是犯罪嫌疑人、被告人程序主体性的体现，由于相关的决定对犯罪嫌疑人、被告人产生直接的影响，因此，根据程序正义的要求，犯罪嫌疑人、被告人有权利发表意见，而检察机关对于犯罪嫌疑人、被告人及其辩护律师提出的意见应该负有审酌的义务，并对采纳和不采纳辩护律师的意见出具理由。

检察机关的法律职权与职责和辩护律师的权利和义务各不相同，关于辩护人与公诉人在刑事诉讼中的不同目的，我国台湾学者蔡墩铭先生曾做过一个精辟的说明："辩护人为被告正当利益之保护者，亦即为保护被告之利益而附带协助刑事司法之公正实施，在此意义下，辩护人处于公益地位。然而，辩护人之公益地位异于检察官之公益地位，盖检察官为站在具体国家目的之立场为追诉犯罪，借以维持社会秩序，但辩护人仅为保护被告之正当利益，以免无辜之人受国家处罚，或返轻罪者受罪重之处罚，是其所关心者仅为个人之保护，不在于全社会之保护，由此可见，二者之公益地位所着重者，不完全相同。"① 但二者的终极目标是一致的，即控辩双方都是为了查明案件事实，实现公平正义，从终极职业目标上讲，均属于法律职业共同体。因此，检察机关要把辩护律师看作刑事诉讼活动的合作者，而不是刑事诉讼活动的竞争对手。辩护律师向检察机关提交犯罪嫌疑人、被告人无罪、罪轻的证据和表达辩护意见，有利于检察机关客观、全面、正确地认定案件事实和处理案件。因为受到执法观念、人力、技术等诸多因素的影响，检察机关往往难以做到全面收集证据，辩护律师收集无罪、罪轻等有利于犯罪嫌疑人、被告人权益的证据，对于刑事检察工作具有补强功能，检察机关听取辩护律师意见对刑事检察工作尚具有一定的促进作用。

同时，在证据规则面前，一旦指控方所构建的证据体系之中存在一个薄弱环节，就可能引发败诉或者其他不利结果，而这个薄弱环节也是辩护律师辩护的重点："经过辩护律师的调查取证，案件的关键证人突然推翻了原来

---

① 蔡墩铭：《刑事诉讼法论》，台湾五南图书出版公司 1993 年版，第 98 页。

向侦查机关所作的有罪证言，使检察机关精心组织的有罪证据体系受到削弱，整个指控存在被推翻的危险。在这种情况下，辩护律师的调查取证和证人的改变证言行为，就对侦查机关、检察机关的侦查破案、公诉成功构成严重的威胁。”相反地，检察机关主动听取辩护律师意见可以尽早发现检察工作中的不足，强化工作中的薄弱环节，避免刑事检察工作陷入被动局面。① 此外，检察机关积极听取辩护律师的意见有利于调适和缓和控辩之间的关系，否则辩护律师将会因为权利行使受到阻碍而对检察机关产生对立观念。

当然，辩护律师能够提出意见的前提条件是其能够及时了解案件的进程，即辩护律师享有相应的资讯权，其来源于犯罪嫌疑人、被告人的程序性主体地位，而辩护律师享有资讯权的同时，作为国家机关的检察机关则享有相应的保障义务，即检察机关应该及时向辩护律师提供了解诉讼进程和案件情况的便利条件，积极拓宽告知辩护律师案件情况的渠道等。

五、控告、申诉权

《刑事诉讼法》第 47 条规定：“辩护人、诉讼代理人认为公安机关、人民检察院、人民法院及其工作人员阻碍其依法行使诉讼权利的，有权向同级或者上一级人民检察院申诉或者控告。人民检察院对申诉或者控告应当及时进行审查，情况属实的，通知有关机关予以纠正。”从该条规定来看，刑事诉讼法确立了律师权利检察救济模式，一方面，它规定了辩护人和诉讼代理人，特别是介入诉讼的律师行使诉讼权利受阻时的申诉、控告权，即当其认为公安机关、人民检察院、人民法院及其工作人员阻碍其依法行使诉讼权利时，即可提起申诉、控告。另一方面，它赋予了检察机关救济审查权，即由检察机关负责审查上述申诉、控告，其审查的核心是判定“公安机关、人民检察院、人民法院及其工作人员阻碍其依法行使诉讼权利的情形”是否属实；如果情况属实，检察机关应作出纠正决定，并送达有关机关，通知其纠正违法行为。这一规定明确了检察机关针对公权力机关在辩护代理环节的阻碍行为进行审查的权力以及相应的处理方式，为辩护人、诉讼代理人，特别是介入诉讼的律师的权利救济提供了可能。

此种救济模式的有效性在理论上是遭到极大的质疑的，由检察机关行使救济职能是其法律监督权的重要体现，是契合我国国情的一种模式，体现的是一种监督性救济，救济模式的产生是立法者对人权保障的时代要求以及

---

① 王晶：《检察机关听取辩护律师意见工作探析》，载《人民检察》2015 年第 4 期。

公、检、法三机关宪法关系进行考量后的折中选择，具有现实正当性。然而，现实正当性不等同于理论正当性，与司法救济的本质特征相比对，这种以检察监督为内核的程序性救济，并非完整意义上的权利救济，而是一种不彻底的司法救济。主要表现为刚性效力的缺失、双重角色的冲突、审批方式的惯性、证明机制的空白等。无论是从裁决效力和角色分化功能上审视，还是从审查方式和证明机制上考察，监督型救济均表现出一种较弱的制度约束力，难以达到维护权利的制度效果，这说明以检察审查为中心的监督型救济模式存在结构性缺陷。

从《刑事诉讼法》关于执业阻碍救济、侦查违法救济、非法证据排除和羁押必要性审查等条款的内容来看，其制度设计的根本目的在于保障人权，将诉讼中的权利救济职能赋予检察机关是对其司法属性的一种强调。① 在我国当前的国情下，为了对辩护律师的权利提供彻底的救济，有必要构建审前阶段以检察机关为中心的程序性救济制度，需要赋予救济决定以执行力，并对审查程序进行诉讼化改造，确保当事方在封闭的法律隔音空间中进行理性交涉和充分对话，并在此基础上通过内设部门的调整和证明机制的填补，来分散可能存在的角色偏倚和效率滞后的制度风险，以通过程序的正当性运行促进人权保障功能的实现。②

从比较法上看，这一权力在其他国家均为法院享有。因为，当控诉方在诉讼中侵犯辩护方实体权利和程序权利，并形成诉讼争议的情况下，法理上认为只能由一个独立和中立于控辩双方，且具有裁决权的主体来审查和处置争议，纠正违法或不当的侵权性程序行为，这是国家行为的可诉性及可救济性的基本要求，我国行政诉讼的法律法规已经体现了这一精神。公民不服政府的行政管理决定，可以将其诉至法院，从而引起对行政行为的司法审查。

然而，我国刑事诉讼较为特殊，由法院来承担律师权利的救济工作也是不太现实的，因为法官介入审前程序还存在诸多障碍，因此在“侦查行为不可诉”的原则及检察机关担当法律监督的制度下，司法救济权赋予检察机关。但检察机关本身是一个侦查和控诉机关，因此可能成为直接实施侵权行为的被控告机关。为应对这一冲突，法律规定可以改为向其上一级人民检察院申诉或控告，即以检察机关内部的行政性监督，克服被控告的当事人与救济机关主体同一的矛盾。充当司法救济角色的检察机关，同时又是侦查和

① 詹建红：《程序性救济的制度模式及改造》，载《中国法学》2015 年第 2 期。

② 詹建红：《程序性救济的制度模式及改造》，载《中国法学》2015 年第 2 期。

控诉机关；当下级检察机关成为被告时，上级检察机关必须公允客观。制度设计本身的问题此处不议，但既然如此设置，就应尽量要求检察机关成为有效的、公正的司法救济者。而尽可能实现这一制度目的的路径和方式，只能是检察机关的适度司法化——检察机关在救济程序中成为相对独立、中立、不偏袒的公道主持人；采用适度司法化的办案方式，在对审兼听的框架中作出决定。①

为此，对于辩护律师提出的控告、申诉等救济申请，检察机关的相关部门应该通过相对开放的程序积极着手处理，并保障辩护律师程序的参与性，及时将处理结果告知辩护律师，而不能对辩护律师的控告、申诉置之不理，否则将会进一步激化控辩之间的冲突和矛盾，违反柔性司法的理念。

六、法律援助中的律师辩护

在刑事诉讼活动中，国家追诉机关（包括公诉机关和侦查机关）较之于被追诉人，具有权力的天然优势而有可能轻易地对置于被追诉地位的犯罪嫌疑人、被告人的权益造成影响。随着社会发展进步，被追诉人的诉讼地位以及对其诉讼权利的保障越发得到重视。为实现犯罪嫌疑人、被告人的私权利面对国家公权力时能够平等对抗，防止公权力对私权利的不当侵害、倾轧，强调犯罪嫌疑人、被告人获得律师帮助成为应然之义。但是，在获得辩护律师帮助时，如果犯罪嫌疑人、被告人并不具备聘请律师的条件，国家则须承担起对其提供辩护人的救济义务。

我国现有刑事诉讼法等法律规定国家为犯罪嫌疑人、被告人提供法律援助，既有法律援助机构在犯罪嫌疑人、被告人符合法定情形时必须为其指派律师提供辩护的内容，同时也包括犯罪嫌疑人及其近亲属可以向法律援助机构申请获得援助的内容。域外也有类似的为犯罪嫌疑人、被告人提供辩护律师帮助其行使辩护权的制度，如美国的公设辩护人制度等。② 在我国，具体到审查起诉阶段，根据《刑事诉讼法》第 34 条等条款的规定，当办理的案

---

① 龙宗智：《检察机关办案方式的适度司法化改革》，载《法学研究》2013 年第 1 期。

② 有关“公设辩护人制度”的具体内容可参见谢佑平、尹晓红：《公设辩护人制度的价值分析》，载《中国刑事法杂志》2013 年第 11 期；谢佑平、吴羽：《公设辩护人制度的基本功能——基于理论阐释与实证根据的比较分析》，载《法学评论》2013 年第 1 期；汪海燕：《贫穷者如何获得正义——论我国公设辩护人制度的构建》，载《法学评论》2008 年第 3 期；谢佑平、尹晓红：《公设辩护人制度的价值分析》，载《中国刑事法杂志》2013 年第 11 期。

件中出现法定援助情形时，检察院负有通知法律援助机构为犯罪嫌疑人指派律师的义务。同时，在法律援助过程中，援助律师是作为犯罪嫌疑人的辩护人履行援助职责的，因此，检察院在办理案件中应当依法为援助律师行使有关辩护权利提供相应的便利。

尤其是在当前刑事速裁程序试点过程中，各试点单位正在逐步探索在看守所和法院设置法律援助值班律师制度，检察院在办理有关简单轻微刑事案件时，可以根据案件实际情况和犯罪嫌疑人的个人意愿等，为了确保犯罪嫌疑人在了解自身案件实际情况的基础上主动选择认罪认罚，即确保犯罪嫌疑人供述自白的合法性、正当性，检察院应当积极探索如何将审查起诉工作与驻所援助律师（包括驻院援助律师）制度的实施有效结合起来，为援助律师在量刑协商和程序选择等方面发挥实质作用创造条件。

第二节　辩护人及诉讼代理人权利保障柔性司法的具体实践

针对司法实践中普遍存在的会见难、阅卷难、调查取证难“三难”问题，海珠区人民检察院于2010年9月成立案件管理中心，设置专门岗位和指派专门人员为辩护人及诉讼代理人提供阅卷、会见申请等服务。为更全面保障辩护人及诉讼代理人的合法执业权利，该院还不断加强基础设施建设，建立和完善案管接待大厅、构筑“海检网阵”、开发数字阅卷系统，并制定《广州市海珠区人民检察院辩护人、诉讼代理人一站式服务窗口操作规程》（以下简称《规程》），从制度上、机制上明确和细化相关规定，为其提供“一站式”服务。在“一站式”服务模式下，辩护人及诉讼代理人不仅能够合法、正确行使诉讼权利，而且更加便捷高效。具体而言，该模式带来了以下变化：

一是简化流程，为律师向检察机关提出申请、要求或者提交有关书面材料提供最简单便捷的服务。提供律师接待业务的统一对外窗口，建立检察机关与律师有效沟通的平台，使律师接待工作更加规范；使用网络方式即可完成会见、阅卷申请，委托书、所函、执业资格证的原件只需在领取会见许可文书、调阅案卷材料时查验，避免律师（尤其是异地办案的律师）为一件业务往返奔走，提高工作效率。

二是明确分工，避免因多头接洽而引起的材料丢失、答复不及时等工作失误。同时，案管部门的介入，亦对业务部门是否严格依法定程序办案进行监督，确保办案程序合法。

三是防范风险，案管中心对案件的程序性工作负责，不涉及实体案情，作为案件办理的第三方，避免了办案人员与律师的直接接触，可以起到防火墙的作用，能有效地排除办案当中不必要的干扰。

一、加强基础设施建设，为诉讼权利保障提供硬件支持

（一）完善案管接待大厅建设

作为最高人民检察院指定的全国检察系统案件管理软件四个试点单位之一，海珠区人民检察院在成立案件管理中心后便着手建立专门的案管接待大厅。该院购置了高速扫锚仪、律师阅卷一体机、多联文书彩色激光打印机等办公设备以及案管系统、电子签章等软件系统，并独立开发出一套数字化律师阅卷系统。由此，构建了由小型服务器 1 台、律师阅卷终端一体机 4 台、用于扫描管理文档的终端一体机 1 台组成的小型律师阅卷局域网，为阅卷提供便捷。通过高速扫描仪将纸质案件卷宗转换为数字化资料，用 TIFF 图像格式储存，并以电子附件的形式附加于办案系统相应的电子卷宗之中，辩护人和诉讼代理人在指定终端机即可查阅到相关案卷的信息资料，而不需再翻阅纸质原始卷宗，对需要的资料可用 U 盘复制，整个阅卷过程可在 10 分钟内完成。同时，该院还利用 Microsoft Office Document Imaging 软件对数字化卷宗里的证人、被害人的姓名、出生日期、工作单位、详细户籍及住址、居民身份证号、联系电话等个人隐私信息资料进行覆盖，律师阅卷系统中展现给律师的是没有涉及证人、被害人个人信息的案件材料，保障了证人、被害人个人信息的绝对安全。由此解决长期困扰律师界的“阅卷难”问题。2014 年 12 月，最高人民检察院曹建明检察长到海珠区人民检察院调研时了解到律师前来阅卷只需要用 U 盘拷贝所有电子卷宗，公诉人出庭也只携带电子卷宗后，评价这种做法“规范了检察工作，方便了阅卷律师，是保障律师权利的便民之举”。

2014 年，党的十八届四中全会第一次鲜明提出“法治工作队伍”概念，明确指出律师队伍是其中的重要组成部分，突出强调加强对律师执业权利的保障。2014 年 12 月 8 日，最高人民检察院召开律师界代表座谈会，曹建明检察长强调，律师和检察官都是社会主义法治工作队伍的重要组成部分，都是建设社会主义法治国家的重要力量。同时要求各级检察机关要认真落实党的十八届四中全会要求，强化对律师执业权利的保障，着力构建新型健康良性互动检律关系，共同肩负起推进法治中国建设的神圣使命。此后，海珠区

人民检察院更加重视健康良性互动检律关系的构建，在原有的接待大厅基础上，于2015年进一步加强硬件设施建设，升级改造律师接待室，依托现代信息化技术充分保障辩护律师在侦查、审查逮捕、审查起诉过程中的提出辩护意见权。该接待室有别于传统的会谈室，除了配备电脑、办公桌椅、打印机等必要办公设备外，还配置了现场录音录像系统、远程视频交流系统和现场分析互动系统三个系统平台，完全实现数字化、智能化。上述三个系统具有不同功用，其中，现场录音录像系统的功能是对律师和当事人在接待室进行会谈的过程进行全程监控和录像。录制的视频和音频整合成音视频信号后可通过网络进行预览、直播、录制，并存放到录播服务器上，必要时可以进行调阅。所以，该系统实现了实时监控、随时调阅，确保了交流全过程有记录，有利于保障律师正确行使权利。远程视频交流系统使律师接待室具备远程视频会议条件，当律师与案件承办检察官需要时，可进行远程视频交流。该系统不仅能节省律师往返检察院的时间，同时又能达到面对面无障碍沟通的效果。现场分析互动系统具有强大的交互式操作功能，允许在智能显示终端上准确、自由地书写，同时自动记录下屏幕上的任何内容。利用该系统，律师与案件承办检察官可在PC桌面或任意应用软件界面上对电子化案件证据材料进行现场分析、书写、标注等，沟通更加便捷、表达更为直观。

（二）构筑“海检网阵”建设

海珠区人民检察院以检察外网、官方微博、官方微信为载体构建三位一体“海检网阵”，承担发布案件程序性信息、公布法律文书、接受辩护人与代理人预约等职能。早在2010年，该院就着力完善检察外网建设，打造网上检察院，对已经建成的案件信息查询、律师预约、公诉案件办理进度公告、阳光检务等系统进行资源整合，将网上检察院业务科室与现实中检察院业务科室一一对应，实现异地访问、业务办理、控告申诉、远程视频接访等所有检察业务功能。网上检察院的信息收集统一由案管中心负责并根据相关业务分流到业务科室办理，办理情况由案管中心收集后统一答复，实现网上检察院信息进出的“合一”。此后，该院开通官方微博和微信服务号，形成三位一体的“海检网阵”，为辩护人及诉讼代理人提供“一站式”服务。辩护人及诉讼代理人可以通过任意平台进行案件流程信息及终结性法律文书查询、行贿犯罪档案查询、阅卷及听取意见预约、提交相关诉讼材料及会见申请等。同时，为更方便辩护人及诉讼代理人行使诉讼权利，该院在官方网站、官方微博、官方微信、检务公开栏等平台公示服务辩护人及诉讼代理人的专门电子邮箱、电话号码等信息，及时解决疑问及相关业务办理预约。

二、加强制度规范建设，为诉讼权利保障提供软件支持

（一）合理分工，配置专门人员

将以往分散在各业务部门的案件流程信息查询、行贿犯罪档案查询、法律咨询及律师和其他诉讼代理人阅卷、材料递交、会见申请等业务工作统一归口案件管理中心办理，优化工作流程，确保一次性完成业务办理，充分保障相关诉讼当事人和参与人的诉讼权利。根据案管中心职责要求，将工作细分为九大岗位，设置了案件受理分流管理岗、侦查监督案件程序管理岗、公诉案件程序管理岗、民事行政案件程序管理岗、职务犯罪案件程序管理岗、案件卷宗归档管理岗、案件送达管理岗、辩护律师和诉讼代理人接待管理岗和司法统计管理岗。每个岗位各司其职，专人负责。其中，辩护律师和诉讼代理人接待管理岗就是专门负责辩护人和诉讼代理人的阅卷、材料递交、会见申请、约见检察官等业务。

（二）制定规范，提供制度保障

修改后的《刑事诉讼法》和《人民检察院刑事诉讼规则（试行）》，在律师的辩护与代理方面作了较大的调整，对在工作中保障律师诉讼权利的行使提出了更高的要求。海珠区人民检察院因应时代发展的要求，在原有的数字化阅卷工作模式基础上，创建了律师接待一站式服务窗口，并于 2013 年发布了《广州市海珠区人民检察院辩护人、诉讼代理人一站式服务窗口操作规程》，详细规范律师接待人员对辩护人、诉讼代理人提供一站式服务的各项细则，畅通律师接待渠道，规范接待流程，为辩护人及诉讼代理人参与诉讼提供便捷高效服务。按照该规定，对处于侦查阶段的特别重大贿赂案件申请会见的，案件管理部门应在收到申请当日进行初步审核并移送职务犯罪侦查部门，职务犯罪侦查部门应在 3 日内作出决定，案件管理部门应在收到职务犯罪侦查部门作出的决定当日通知辩护人。对申请、预约阅卷的，案件管理部门应在当日安排；案件管理部门进行审核后，提供电子阅卷并提供电子案卷材料。对提交与案件有关材料的，案件管理部门应立即交付办案部门。

三、保障辩护人及诉讼代理人权利的具体做法

（一）提供数字化阅卷

海珠区人民检察院根据实际情况，在便于律师阅卷又不妨碍前期准备工

作的前提下，制定了律师网上预约阅卷程序。受委托的律师或其他诉讼代理人通过官方网站、微博、微信查询到案件移送检察机关后，根据网上预约指南中的流程，可直接发送 E－mail 至预约电子邮箱进行网上阅卷预约，或者微信预约。该模式不受时间限制，可以 24 小时预约。案件管理部门律师接待人员每天检查预约电子邮箱，收到预约信息后及时回复并安排阅卷时间，保留预约电子凭证。由于案件管理部门律师接待人员对数字化卷宗材料可以随时掌控，不需要与案件承办人员协商借取案件材料，确保在收到预约邮件后立即回复，并快速安排律师阅卷。该种模式下即可以保障律师随时预约，又可以较为灵活地掌控安排阅卷时间。在做好网上预约的同时，还有多种形式的预约方式，如电话预约、上门预约等。律师接待人员以电子邮件或其他方式接受其提出的阅卷预约，并根据案件办理进度安排阅卷。若申请人为律师诉讼代理人或非律师辩护人和诉讼代理人，由律师接待人员将预约表单移送案件承办人审批后予以安排。

辩护人及诉讼代理人根据阅卷时间安排，携带律师证、委托书、律师事务所函等材料到案管接待大厅接受现场审核验证后即可进行数字阅卷。如果不是律师，则需提供身份证原件及复印件、辩护人与犯罪嫌疑人关系证明材料原件及复印件等材料。律师接待人员检查有关证件合格后，利用律师阅卷系统后台控制，开放律师查阅犯罪嫌疑人数字卷宗的权限。阅卷律师在阅卷室内的任一台电脑上打开律师阅卷系统，准确输入犯罪嫌疑人姓名便可以查阅案卷资料。律师可以对案件材料摘抄、拍照，对于需要复制件的律师，可以选择纸制打印，也可以选择数字案件材料复制。由于律师阅卷系统的开放权在律师接待人员的后台控制之下，律师无法查到与其委托人无关的案件资料，不会出现泄露无关案件资料的情况。

海珠区人民检察院的数字化阅卷服务模式实现了一系列制度创新，一是利用高速扫描设备实现纸质卷宗数字化，并对相关隐私信息进行技术处理；二是建立便捷、高效的案件信息更新、查询机制，确保辩护律师等在第一时间查询到相关案件程序性信息；三是开设电话、电子邮件、微博、微信或现场预约等渠道，建立阅卷预约受理和阅卷安排告知机制；四是建立阅卷主体资格现场审核机制，确保阅卷服务依法规范有序进行；五是建立按需复制电子卷宗机制，提供现场打印、复印、光盘拷贝等服务；六是建立《委托书》、《律师事务所函》、律师证复印件、《阅卷情况表》等交存公诉部门随卷备案制度。

同时，这些创新做法也为辩护人及诉讼代理人提供了极大方便。一是有利于灵活、及时地安排阅卷时间。数字化案件卷宗后，案件管理部门负责接待律师的工作人员等于掌控了案件材料影印件，为律师预约阅卷时间安排奠定了基础。数字化阅卷模式下，律师接待人员由于不再受案件承办人实物卷宗的影响，接到律师阅卷的预约后，可以立刻回复安排律师阅卷时间。在阅卷时间的安排上，有充分的自由度作出灵活的安排，可以采取集中时间阅卷。对于特殊情况，如跨地区临时预约的外地律师，也可即时安排阅卷，以解决律师往返的劳苦。二是有利于保障律师的合法权利。数字化阅卷模式下，律师在电脑上阅卷不会受到任何监控，阅卷环境非常轻松，同时可以提高律师阅卷的速度和质量。有数字化阅卷经验的人的阅卷时间一般为 10 分钟，这一过程中，阅卷人仅确认该案是否属于自己代理的案件、材料是否齐全即可，一些跨省阅卷的律师都能做到当天来当天回。在实践中，海珠区人民检察院还根据预约情况，为阅卷人事先准备好数字光盘，阅卷人甚至可以在相关证明文件审查合格后直接在案管接待大厅取走，所以很多律师都感到数字化阅卷非常方便，而且只需要一次阅卷就可以拿到所需要的案件资料。三是有利于全面阅卷。在实际工作中，多人犯罪的案件材料装订，通常以犯罪嫌疑人进行分卷，同案人的供述材料往往不再复制装订。在律师阅卷的实践中，经常发生律师只阅到自己代理的犯罪嫌疑人的供述，却看不到同案人的供述。从证据角度来讲，同案人的供述也是证据之一，应当向阅卷律师开示。为了解决这一矛盾，有的检察机关会将案件所有犯罪嫌疑人的案件材料开示给阅卷律师，这一做法又超出了法律规制。因为同一案件不同犯罪嫌疑人可能有不同的证人和被害人，把案件不相关的材料开示给不相关的律师是法律所禁止的。数字阅卷模式则很好地解决了这一矛盾，利用软件的复制、粘贴功能，将与犯罪嫌疑人有关的证据材料从其他犯罪嫌疑人数字卷宗中复制过来即可。这一做法在法律允许的范围内，很好地保障了律师的全面阅卷权。

（二）及时审查重大案件会见申请和接收与案件相关的材料

根据《刑事诉讼法》和《人民检察院刑事诉讼规则（试行）》的规定，对于涉嫌贿赂犯罪数额在 50 万元以上，犯罪情节恶劣、有重大社会影响、涉及国家重大利益的犯罪，属于“特别重大贿赂犯罪”。对该类犯罪，辩护律师在侦查阶段会见在押或者被监视居住犯罪嫌疑人的，需经人民检察院许可；人民检察院侦查部门应当提出是否许可的意见，在 3 日以内报检察长决定并答复辩护律师。为方便辩护律师并缩短审批时间，海珠区人民检察院为辩护人提供了电子邮件、微信、电话等申请会见方式，并明确规定了各部门的工作流程和各环节的流转时限，避免出现因对“及时移送”理解不同而拖延时间。该院要求案件管理部门在收到申请当日就要根据法律规定对相关材料进行初步审核，并以电子资料或纸质资料的形式移送职务犯罪侦查部门；职务犯罪侦查部门必须在3日内作出是否许可会见的决定；案件管理部门在收到职务犯罪侦查部门作出的决定当日必须通知辩护律师到案件接待大厅领取批准会见文书。对于辩护人及诉讼代理人向检察院提交与案件相关的诉讼材料，该院同样在官方网站、微博、微信及检务大厅等平台公示办事指南给予指引，也为其提供电子邮件等方式递交材料的渠道。案管中心接收材料后，须立即根据法律规定对相关材料进行初步审核以确认材料分流方向，并以电子资料或纸质资料的形式移送相关办案部门。办案部门审查后及时答复律师接待人员，律师接待人员再根据办案部门的答复立即回复辩护人及诉讼代理人。

（三）详细听取辩护意见

根据法律规定，人民检察院应当依法保障辩护律师的提出辩护意见权。在侦查、审查逮捕、审查起诉过程中，辩护律师提出要求听取其意见的，人民检察院应当在3个工作日内答复并及时安排时间听取。听取意见应当制作笔录，辩护律师提交书面意见的，应当附卷。对辩护律师提出不构成犯罪，罪轻或者减轻、免除其刑事责任，无社会危害性，不适宜羁押，侦查活动有违法情形等书面意见的，办案人员必须进行审查，在相关工作文书中载明辩护律师提出的意见，并说明是否采纳的情况和理由。如果存在犯罪嫌疑人辩称无罪、犯罪嫌疑人提出侦查人员存在刑讯逼供等非法方法收集证据的、在案证据存在重大矛盾的等情形，侦查监督部门、公诉部门办案人员应当主动约请辩护律师听取意见。为充分保障辩护意见权，该院不断健全听取律师意见工作机制，要求案件经办人要主动与辩护律师取得联系，听取辩护律师的意见。听取意见时，案件经办人要制作《听取律师辩护意见记录表》，记载律师的详细联系方式、约见时间、方式、聘请手续是否完备及约见内容等，并将该表格附监督卷。辩护律师提出不构成犯罪、无社会危险性、不适宜羁押、侦查活动有违法犯罪情形等书面意见的，案件经办人要认真审查并详细说明是否采纳的情况和理由。如2013年，该院在办理张某飞聚众斗殴案时，犯罪嫌疑人张某飞的辩护律师提交了《取保候审申请书》及《法律意见书》各一份，并称张某飞的行为不构成聚众斗殴罪或寻衅滋事罪。案件经办人结合该案同案人的处理情况以及移送审查起诉后证据发生的变化，认为根据现有证据仅能认定犯罪嫌疑人张某飞有参与殴打被害人，由于聚众斗殴要求至少有一方达到三人以上，因此无法认定犯罪嫌疑人张某飞涉嫌构成聚众斗殴罪；其打人系事出有因，而非出于寻求刺激、耍威风等动机，因此不构成寻衅滋事罪；且其仅导致被害人受轻微伤，也不构成故意伤害罪。因此，案件经办人最终采纳了律师提出的辩护意见，对该犯罪嫌疑人做出不批准逮捕决定。与此同时，该院在硬件建设上也做了大量工作，通过升级改造律师接待室和利用现代信息化技术来充分保障辩护人在侦查、审查逮捕、审查起诉过程中的提出辩护意见权。如前所述，该接待室配置了现场录音录像系统、远程视频交流系统和现场分析互动系统三个系统平台，使辩护人与案件经办人之间的沟通更加直观、便捷、畅通，辩护意见权也比以往任何时候都更能得到保障。

从“独角戏”到“交响乐”

——广州海珠：开启检律沟通新模式

本报讯（钟亚雅　狄波　罗群）“原本想着至少要3天才能阅完卷，没想到10分钟1张光盘就全部搞定了。”来自北京的王律师在广东省广州市海珠区检察院案管中心阅卷后惊叹道：“马上改签机票，今天就可以回去了。”

近年来，海珠区检察院不断完善检律沟通模式，在坚持严格规范文明司法的同时，注重探索实施高效、便捷的新举措，切实保障律师执业权利，加强控辩双方的平等对话交流，变检察机关唱“独角戏”为检律齐奏“交响乐”。

律师阅卷“永不落空”

早在2010年11月，海珠区检察院就开创了律师阅卷“数字化”模式，利用高速扫描机和隐私信息技术处理等，率先实现纸质卷宗百分之百数字化。

该院还建立面向公众的案件查询机制，及时将公诉案件的受理、退查、延期、上调、管辖请示、移送法院等流程信息在该院门户网站上更新。根据查询到的案件信息，律师可通过电话或现场预约阅卷，也可以随时通过电子邮件、微博或微信预约。工作人员在收到预约阅卷申请后，根据工作情况合理安排阅卷时间，并以电话或电子邮件的形式告知预约律师，确保律师阅卷“永不落空”。自实行律师“数字化”阅卷模式以来，该院已接待阅卷律师2400余人次。

近日，该院专门开辟了律师意见听取室，及时安排律师约见经办检察官。检察官则充分听取律师对案件事实和证据的意见，并形成听取律师意见记录，律师们对此纷纷“点赞”。

扎紧制度篱笆防止“越界”

2013年下半年开始，该院在对2011年以来办理的自侦案件律师辩护情况进行全面督察时，发现存在档案材料不齐、资格审核有漏洞、管理制度不完善等问题。

为此，该院纪检监察部门针对上述问题，督促自侦、案管部门完善档案存储、律师来访备案、律师资格实质审核、部门间律师接待工作衔接4项配套管理机制，定期对自侦案件的律师辩护情况进行督察。截至目前，该院已对侦查阶段有律师辩护的149件自侦案件进行督察，并对2014年办理的53件自侦案件的律师辩护情况进行实时、动态督察。

为依法规范检察人员与律师的接触和交往行为，该院建立了自侦部门检察人员与律师交往行为的常态督察机制，还出台了《关于规范检察人员在办案中与律师交往的行为（试行）》，设定“检察人员外出办案不得与律师同行吃住”等21条禁止性条款，规范检察人员会见、接待律师的具体要求，促进检律关系规范化。

“零距离”交流促双向互动

“建议创新检律交流机制，多听取一线律师的辩护意见，减少案件诉讼过程中的具体摩擦，增强对双方职业的理解与认同。”今年1月，海珠区检察院组织召开检律座谈会，主动邀请辖区内的23名律师事务所负责人参观检务公开大厅、案件管理中心、纪检同步监督室等，并请他们对检察工作“挑刺”、“找茬”。

参加座谈会的律师们直奔主题、开门见山，在肯定该院检察工作“文化含量高、技术含量高、饱含人文情怀”的同时，结合执业活动和平时了解到的情况，就律师会见、意见听取、未成年犯罪嫌疑人不起诉及案件程序告知、检律交流互信等问题提出了10余条富有建设性的意见建议。

该院检察长蔡世葵在听取大家的发言后，诚恳地说：“律师们的发言真挚朴实，我们将逐条梳理、充分吸收、认真落实，进一步改进检察工作，强化对律师执业权利的保障，促进法律职业共同体的建设。”

（载《检察日报》2015年4月6日第1版）

优化检律关系　保障律师权利

蔡世葵*

律师和检察官同属法律共同体，都是法治工作队伍的重要组成部分，秉承着相同的法治理念、职业信仰和价值观。近年来，广东省广州市海珠区检察院根据刑事诉讼法、律师法，着力构建彼此尊重、平等相待、相互支持、相互监督、正当交往、良性互动的新型检律关系，取得了一些成效。

更新理念、主动沟通，增强检律双方互信

一是主动公布案件信息。为方便律师及时查询案件流程信息，海珠区检察院自2010年起，率先改变案件程序信息不主动公开的做法，主动将公诉案件的受理、移送起诉等程序性信息在门户网站上发布。2012年，又将社会影响较大或群众广泛关注的重要案件信息予以发布。2014年，不仅做好上级检察机关要求的“规定动作”，而且根据律师需求，在受案当天即发布相关案件信息。实践证明，为律师提供全面准确及时的案件信息，切实保障了律师的知情权、参与权和监督权。

二是主动听取律师意见。为进一步发扬司法民主、促进司法公正，海珠区检察院不断完善主动听取律师意见的工作机制。2006年，专门设立听取律师意见室，为律师发表意见提供场所。同时，制定《会见律师听取意见工作规定》，规范了听取律师意见的流程，明确了书面听取、当面听取两种方式，保持客观公正立场、耐心倾听律师意见成为检察工作的常态。2015年，又开创了“远程听取意见”新方式，即依托全程同步录音录像、远程视频接待系统，设立远程听取律师意见平台，使律师虽身处异地，但只要轻点鼠标就能实现与检察官“零距离”交流对话，方便了异地律师及时有效地提供法律意见。

---

* 广东省广州市人民检察院党组成员、副检察长。

三是主动通报检察工作。为方便律师更好地了解司法政策和检察工作情况，海珠区检察院采取“三个专门”为律师提供服务，即为律师身份的人大代表专门征订检察报刊、专门编印《海珠检察工作通讯》、专门邀请辖区内律师事务所负责人参观、座谈。2010年以来，为律师身份的人大代表专门征订检察报刊100余份，寄送《海珠检察工作通讯》100余册，邀请律师参观、座谈120余人次，收集对检察工作的意见和建议共150余条。实践证明，向律师主动通报检察工作，不仅为律师发挥监督作用、提出专业意见提供了有力保障，而且为争取律师对检察工作的理解和支持，共建法律职业共同体创造了有利条件。

创新模式、积极保障，促进检律良性互动

一是率先推行“庭前示证”。2002年，与海珠区法院共同出台《刑事诉讼证据展示规则》，探索庭前证据展示机制，由公诉人在庭前向律师展示案件证据，保障控辩双方在庭审前明确争议焦点，使庭审活动快捷、高效。此举得到上级检察机关和法院系统的好评，被认为是“推进我国刑事诉讼改革的重大尝试”，并由此创建了控辩双方证据交流平台。

二是率先提供“一站式”服务。2011年，制定《辩护人、诉讼代理人一站式服务窗口操作规程》，将分散在各业务部门的律师接待、阅卷、会见等工作统一归口至案件管理中心，配置专门场地、专线电话、专业设备，打造专业化、立体化、人性化的接待模式。在门户网站开辟专栏，设置了案件查询、会见申请、文证递交等功能，并安排专人负责接收录入、提交审批、反馈结果，确保律师上门一次即可办完业务，为律师提供了便捷高效的“一站式”法律服务。

三是率先开创“数字化”阅卷。2011年11月，全面开展律师数字化阅卷，即将全部纸质卷宗数字化，供律师查阅，并免费提供光盘拷贝，大大提高了律师阅卷效率，彻底解决了“阅卷难”问题。曾有北京律师来海珠区检察院阅卷后感叹，“原本想着至少要3天才能阅完卷，没想到10分钟1张光盘就全部搞定了”。

规范交往、相互监督，实现检律共进互长

一是建章立制，明确规范。为依法规范检察人员与律师接触、交往行为，2013年，海珠区检察院出台《关于规范检察人员在办案中与律师交往行为的规定（试行）》，设定21项禁止性条款，明确检察人员会见、接待律

师的具体要求，促进检律关系制度化、规范化。

二是双管齐下，强化监督。海珠区检察院坚持内部自查和外部监督相结合的方式强化对律师接待工作的自身监督。2013 年初以来，海珠区检察院对 149 件职务犯罪案件律师接待情况全面自查，发现存在档案材料不齐、资格审核不严、部门衔接不畅等问题并一一整改。同时，采取在门户网站公布检察长信箱，在律师接待室设置意见簿等措施，主动引导律师监督，多渠道掌握律师会见、阅卷等环节存在的问题，并督促整改。如对律师提出的“会见难”问题，召集案管、自侦等部门专题研究，对于律师提出符合法定条件的会见申请，明确要求相关部门必须三日内安排会见，得到了律师好评。

三是引导规范，实现共赢。在做好律师服务工作的同时，共同规范检律合作方式，严格审核律师证、律师事务所函件、当事人委托书三个方面的内容，确保律师代理资格合法；使用电子台账登记律师代理情况，杜绝多人代理违法行为；制定电子卷宗的保密规范，引导、监督律师自觉遵守保密规定，保证了案件信息安全和律师执业安全，从而保障了刑事诉讼顺利进行。

（载《检察日报》2015 年 12 月 19 日第 3 版）

第九章　检务公开工作

第一节　检务公开工作与柔性司法

随着国家法治发展与进步，司法秘密主义已然不再适应社会实际和公民需求，司法公开成为法治社会的基本共识和基本特征。较之于法院司法审判活动公开而言，广义层面的司法公开的内涵丰富、多样且在不断充实过程中。通常理解的公开，不但包括作出结论的公开，而且包括形成结论过程甚至是形成结论所依据规范等方面的适当公开。司法公开所囊括的内容亦应是如此多面。结合国内外法治实践情况来看，司法公开是保障公民合法权益、推动司法机关有序活动，进而维护司法权威、增强司法公信力的基石之一。在我国，人民检察院作为国家法律监督机关，在履行法定职责时同样需要贯彻司法公开原则，是坚持司法为民的直接体现。同时，结合检察机关法定具体工作的特点与程序规范，除履职时法定公开、告知程序之外，检察院主要通过检务公开贯彻司法公开精神。

一、检务公开的内涵与要求

检务公开作为司法公开的重要组成部分之一，是指检察机关依法向社会和诉讼参与人公开与检察职权相关的不涉及国家秘密和个人隐私等有关事项的活动。不仅注重结果的公开，还特别注重司法过程的公开。检察公开正是检察机关健全民主制度，丰富民主形式，拓宽民主渠道，依法保障人民知情权、参与权、表达权、监督权的绿色通道。正义必须实现，而且必须要用看得见的方式实现，程序正义是检察公开的基本要求，反过来，检务公开是实现程序正义的基本条件。也就是说，检务公开要求检察机关在执法过程中向当事人、诉讼参与人以及社会大众公开除国家秘密和个人隐私以外的各项检察事项，旨在将检察职权行使的方式与过程公开化、透明化，把检察工作置于人民群众的监督下，因而它是司法民主的生动实践。

从法理层面讲，检务公开是人民主权原则在法律监督领域的重要体现，符合中国特色人民代表大会制度的宪法规定。检察事业的科学发展观要求检察工作必须坚持以人为本，保障人权。和谐的执法观要求检察机关必须依法办案，破解检察工作保密性与司法民主的难题。实际上，司法民主理论也凸显社会权利制约检察权的重要性。①

构建社会主义和谐社会是贯穿中国特色社会主义事业全过程的长期历史任务，是在发展的基础上正确处理各种社会矛盾的历史过程和社会结果。检察机关在和谐社会中的地位和作用决定了检察机关必须借助于权利、义务分配及其保障机制，才能使和谐社会由可能变成现实。一方面，只有社会成员的正当权利得到应有的尊重和保障，才可能有社会和谐。另一方面，只有和谐社会才有能力使所有人的正当权利得到应有的尊重和保障。显然，检察公开是实现和谐社会和权利保障的桥梁和纽带。②

推行检察公开，让检察权在阳光下运行，是制约和监督检察权被滥用的有效举措。检察机关在执法活动中如果对人民群众不予公开或公开程度不够，人民群众则无法知晓检察机关有哪些权力，那么人民群众的知情权、参与权、表达权和监督权就会成为空话。因此，实行检务公开，必须让检察权的内容公开、程序公开、结果公开。

二、检务公开的柔性司法

检务公开之原则与柔性司法之要求在价值导向层面具有一致性。检务公开理论为柔性司法理念提供了理论支撑，柔性司法理念是民主和法治理念的重要体现。柔性司法要求切实贯彻检务公开原则，对于可公开的内容应当一律进行公开。从概念来看，检务公开是指检察机关依法向社会和诉讼参与人公开与检察职权相关但不涉及国家秘密和个人隐私的有关活动和事项的工作制度。其目的在于通过增强检察工作透明度，提高检察机关办事效率，切实促进规范执法、公正执法、文明执法。③ 可见，检务公开要求检察机关办案的依法、规范、文明，实现社会民众了解检察机关工作、理解检察机关履职效果乃至接受监察机关所做决定，而这同样是前述柔性司法的实在内容和追求。

---

① 刘新湖：《检察机关深化检务公开的法理基础》，载《湖南行政学院学报》2012年第6期。

② 易志斌：《检务公开制度的法理思考》，载《湖南社会科学》2009年第5期。

③ 易志斌：《检务公开制度的法理思考》，载《湖南社会科学》2009年第5期。

检务公开作为司法公开的一个侧面。司法公开则是司法民主的重要标志和司法公信力的建构基础。权力运行公开化是民主法治建设和时代发展进步的大势所趋，也是司法权包括检察权依法正确行使的重要保障。实行检务公开不仅是接受人民群众监督的需要，也是促进检察工作科学发展的内在要求。党中央在十八届三中全会提出了深化司法体制改革的目标，这对检察机关司法公开以及自觉接受人民群众监督提出了新的要求。在这一新的历史时期，检察机关必须适应检察权运行公开化、规范化的要求，把深化检务公开放到更加重要的位置来抓，要自觉把外部监督转化为内部监督，不断提高公正廉洁的执法水平。要健全民意收集、研究和转化机制，认真对待人民群众的建议、批评和意见，把民声民意作为检察工作决策的重要依据，转化为加强和改进检察工作的重要措施。牢固树立以公开促公正、以透明促廉洁的理念，坚持依法、全面、及时、规范的原则，进一步加大检务公开工作力度，更加自觉地把检察工作置于全社会的监督之下，形成严格公正规范文明执法的倒逼机制，确保检察权依法正确行使。①

柔性司法是“阳光下”的执法，要保证执法活动在人民的“目光”之下进行。这就要求进一步贯彻检务公开制度，增强检察工作的透明度，让人民群众更好地了解、参与和监督检察工作，最大限度满足人民群众的知情权、参与权、表达权和监督权。② 柔性司法中的检务公开原则要求，各基层检察院应当细化执法办案公开的内容、对象、时机、方式和要求，健全主动公开和依申请公开的机制。除法律规定需要保密的外，执法依据、执法程序、办案过程和检察机关相关法律文书一律向社会公开。坚持和完善检察开放日、案件公开审查、人民监督员等制度，切实保障人民群众对法律监督工作的知情权、参与权和监督权。③

有鉴于检务公开的法治特殊意义，最高人民检察院一直高度重视推进检务公开工作，相继出台一系列重要文件予以规范，如 1998 年《关于在全国检察机关实行“检务公开”的决定》等。特别是在当前全面深化司法改革

---

① 曹建明：《检务公开是原则，不公开是例外》，载 http：//news. xinhuanet. com/legal/2013 - 07/01/c_ 124932601. htm，访问日期：2016 年 1 月 19 日。

② 参见高一飞、张绍松：《检务公开中公民知情权的实现》，载《人民检察》2014 年第 11 期。

③ 《最高检：健全主动公开和依申请公开制度》，载 http：//news. xinhuanet. com/legal/2013 - 12/10/c_ 118501933. htm，访问日期：2016 年 1 月 23 日。

大背景下，为深入贯彻中共十八届三中全会、四中全会改革精神，最高人民检察院相继出台《人民检察院案件信息公开工作规定（试行）》、《关于深化检察改革的意见（2013—2017 年工作规划）》、《关于全面推进检务公开工作的意见》等改革文件，并发布检务公开典型事例发挥规范引导作用①，在既有公开机制基础上强调拓宽公开范围、丰富公开形式、保障公众权益、提升司法工作效果。按照最高人民检察院改革方案和规范文件的要求，贯彻检务公开坚持依法、全面、及时、规范和便民这五项原则，创新实现“三个转变”：从侧重宣传的一般事务性公开向案件信息公开转变；从司法依据和结果的静态公开向办案过程的动态公开转变；从单向宣告的公开向双向互动的公开转变。同时，检察机关推行检务公开明晰可公开的内容包括检察案件信息、检察政务信息以及检察队伍信息，并在此基础上予以细化分类，结合检察工作实际明确公开方式方法，追求实现让人民群众在检察机关办理的每一个案件中感受到公平正义的改革目标。

结合前文所述，与柔性司法工作标准相结合，检察机关贯彻检务公开原则必须满足以下六个方面的要求：

第一，依法公开。无论检务公开的具体内容何其多样，检务公开工作始终是检察机关依法履职的结果，因此，检察机关要严格按照法律和有关司法解释的规定，公开的事项、程序、规范规定等均需有法定依据。

第二，以公开为原则，以不公开为例外。结合我国法律法规等规定，法定不公开事项是有专门条款予以明确和限制的，与依法公开要求相配合，除涉及国家秘密、个人隐私和未成年人案件等法定情形之外，检察机关对其他事项一般应当予以公开。

第三，及时公开。考虑到信息具有时效性，而且也与检察办案工作办案期限紧密相关；考虑到民众知晓相关信息的迫切性、必要性，检察机关在推行检务公开工作时应当采取多种形式，方便、快捷、及时公开。

第四，科技公开。虽然公开的事项、内容等方面是法定的，但是公开的形式却可以是丰富多样的。随着科学技术进步、发展，检察机关借以公开信息的途径和平台也逐渐丰富起来，包括自媒体等形式在内，只要方式得当、

① 《最高检发布 11 个检务公开典型事例》，载 http：//www. legaldaily. com. cn/index_article/content/2015 -02/28/content_ 5981043. htm？ node =6148，访问时间：2016 年 6 月 7 日。

民众需要，检察机关都可以借此公开相应信息，拓宽社会了解检务信息的渠道。①

第五，公开与互动相辅助。检察机关公开的信息是由其所掌握的，公开后以供社会了解，但这并不意味着公开只能是单向的、被动的。着眼于尽可能地提高公开效果，检察机关在推动检务公开工作时可注重与社会民众、媒体的互动、交流，把握其所想、所需、所期，有针对性地公开相应内容，在互动中强化公开效果。

第六，公开与救济相配合。检察机关推行检务公开工作既可提高履职公信力，又可保障公民知情权、监督权等基本权利。因此，检察机关推行检务公开，不但需要检察机关主动为之，而且还需要注重对公民权利的救济和保护。如果公民认为检务公开不当或者侵害其权益的，有可获得救济的途径，这也是提高检务公开实践效果的一个方面。

诚然，推行检务公开的意义是显著的，也是检察机关工作规范化的必然趋势。但是，由于检察机关推行检务公开很可能会增加相应办案人员和办案部门的工作负担，也会对整个检察机关工作提出更高水准的要求。这无疑引发争议和质疑，主要是检务公开与检察工作效率是否可以协调的问题。尽管检务公开会提高检察机关业务水平，但由于增加工作量，致使检察机关工作人员可能在琐事上耗费较大的精力和资源。特别是由于某些案件类型的特殊性或者案件当事人等主体的理解、认识问题，检察机关对这部分案件的解释、公开和说理也会发生不尽如人意的情形，如此一来，反而影响公众对检察机关的不信任，在一定程度上减损检察机关工作效果，影响检察工作的整体效率。在推行柔性司法过程中，强调检务公开同样面临如何妥善处理公开与效率的问题。

实际上，这种争议或者质疑是不当的。大局观之，检务公开的推行是提高检察工作效率、增强检察工作公信力的重要路径。与之相联系的，检察机关践行柔性司法的理念并不会带来检察工作效率不当下降，反而会带来节约司法资源的积极效果。一方面，检务公开实际上是对检察机关工作规范化提出的要求，同时也是着眼于检察机关依法履行职责、维护司法权威的长远目标，在倒逼和激励两个维度同时发挥作用，促进检察机关及其工作人员注重提高业务能力水平，从而提升工作办案质量，进而检察工作效率也必然会随

---

① 穆红玉：《检务公开制度的建立、发展和完善》，载《国家检察官学院学报》2005年第5期。

之提高。另一方面，检务公开在于强调检察工作信息、检察工作办理过程以及检察工作说理的统一，面向社会、面向媒体、面向民众，也注意民意信息的互动和交流，实际上检务公开的过程就是法制宣传的普法过程，带动民众在了解检察工作、理解检察机关运行的积极性，并在此基础上扭转社会民众对检察工作的不当认识。面对民众不熟悉、不理解、不认同的状况，检察机关及其工作人员更有义务释法说理，从案件办理、信息公开、接受申诉等多个渠道促进民众形成信服法律的观念，并体现在民众的日常生活行为中，减少缠访闹访等影响社会稳定事件的发生，从而维护社会和谐。由此视之，检务公开实际上不但追求案件当事人息诉服判、案结事了，而且将社会对司法机关处理案件的可接受度、认可度也考虑在内，真正实现司法资源优化配置，提高检察机关办案效率。

第二节　检务公开工作的基本概况

海珠区人民检察院深入贯彻落实党的十八大、十八届三中、四中全会精神，始终坚持把公开透明作为检察工作的基本原则，坚持以公开促公正、以透明保廉洁，切实增强主动公开、主动接受监督的意识，不断丰富检务公开内容，创新检务公开形式，深入推进检务公开制度化、规范化和长效化建设，检察执法公信力和人民群众满意度进一步提升，检察工作得到区委、上级检察机关和社会各界的充分肯定。

一、检务公开主要做法

（一）以组织管理为统领，强化检务公开的规范性

1. 加强组织领导。海珠区人民检察院党组对检务公开工作高度重视，始终将其作为主要工作任务来抓。成立检务公开工作领导小组，强化对全院检务公开工作的部署、组织和协调。检察长作为第一责任人，带头抓部署、抓推动。各内设业务部门负责人为责任落实主体，具体负责本部门检务公开任务。各部门需每月填报《阳光检务工作报表》，定期向领导小组汇报工作情况。

2. 加强工作规范建设。制定《海珠区人民检察院关于全面加强阳光检务工作的实施方案》，从公开内容、公开流程、硬件建设、责任分工等10个方面加以规范，明确责任，指导全院检务公开工作有序推进。针对具体公开事项和程序，制定《刑事申诉案件公开审查规定》、《关于对罪犯暂予监

外执行实行公开听证的实施意见》、《官方微博微信管理规定》等规范性文件10余份，力求在规范化、长效化建设方面下深功夫、细功夫，不断推动检务公开工作稳步发展。

（二）以案件信息公开为核心，提升检察工作的公开性

1. 公开执法依据和程序。一是切实公开最高检规定的检务公开20项内容，将检察机关的性质职能、直接立案侦查案件范围与标准、办案期限与程序、检察工作纪律等法律实体规定和程序要求，通过互联网、微信、宣传手册等载体予以公布，让社会公众全面了解执法依据和执法程序。二是分类制作《犯罪嫌疑人权利义务告知书》、《犯罪嫌疑人羁押情况告知书》、《实施同步录音录像告知书》、《国家赔偿权利义务告知书》、《检察机关受理涉法涉诉信访事项告知书》、《民事行政检察监督申请权利义务告知书》6类告知书，告知当事人享有的诉讼权利义务、救济方式、办事流程及法律后果等。如2013年，海珠区人民检察院率先在全市检察机关实行国家赔偿主动告知制度，到目前共发出国家赔偿告知书14份，其中11人已获国家赔偿。

2. 公开案件审查和答复。一是对案件事实、适用法律方面存在较大争议或有较大社会影响，拟作不立案、不起诉、刑事申诉、国家赔偿案件、暂予监外执行的案件，组织召开听证会76次，并邀请人大代表、人民监督员、法学专家、被害人、诉讼代理人等参与公开审查。二是在立案、采取强制措施、审查批准逮捕、审查起诉、刑事申诉复核、羁押必要性审查等执法环节制作检察文书和答复诉讼当事人时开展释法说理，对案件的证据和法理进行分析，充分阐明检察机关作出决定的理由和依据。

3. 公开案件情况和结果。一是实行终结性法律文书上网，将法院已作生效判决的起诉书、撤回抗诉决定书及释法说理文书、不支持监督申请决定书、终结审查决定书、刑事申诉复查决定书等法律文书全部上网公开，供社会公众查询和监督。2010年以来，共上网公开各类终结性法律文书2182份。二是推行新闻发布会和新闻发言人制度，通过召开媒体通报会，向新闻媒体发布重大案件和典型案件的办理情况，接受社会监督。如就广医二院袭医案等召开新闻发布会，通报案件定性、办理进度、处理结果等，及时回应群众关切。

（三）以三大平台建设为重点，提升检察工作的便民性

1. 完善检务大厅功能建设。在办公楼一楼开辟专门场所扩建检务公开大厅，并分设自助区、接待区、宣传区三大功能区。检务大厅集控告申诉举

报、来访接待、检察长接访、远程视频接访、法律咨询、心理辅导、阳光检务宣传等功能于一体，配备 LED 显示屏、自助查询机等设施，并安排专人为来访群众提供检务咨询与服务。2012 年以来，共接待来访群众 29604 人次，受理各类咨询 31065 次。

2. 打造“一站式”案管接待大厅。将以往分散在各业务部门的案件流程信息查询、行贿犯罪档案查询、法律咨询及律师和其他诉讼代理人阅卷、材料递交、会见申请等业务工作统一归口案件管理中心办理，简化流转过程和审批流程。制定“一站式”服务窗口操作规程，进一步完善管理制度，优化工作流程，确保来访群众、律师一次来院即可完成相关业务办理。在全市率先推行电子化阅卷模式，为辩护人、诉讼代理人提供电子卷宗，充分保障其阅卷权。2014 年 12 月，最高检曹建明检察长在海珠区人民检察院调研时指出，该做法规范了检察工作，方便了阅卷律师，是保障律师权利的便民之举。2015 年 4 月，广州市人民检察院下发《关于在全市检察机关推广海珠区人民检察院接待辩护律师工作做法的通知》，要求全市检察机关学习和借鉴海珠区人民检察院的阅卷服务模式。

3. 构筑三位一体“海检网阵”。一是搭建互联网控告申诉和案件流程信息查询平台。在检察外网专设检察长信箱、留言板、举报电话，在线接受群众的控告、申诉、举报；对侦查监督、公诉、民事行政、刑事申诉、国家赔偿等案件的程序性信息予以公开，方便诉讼当事人查询案件案由、受理时间、办案期限、办案部门、办案进度、处理结果、强制措施等相关信息。现网站累计点击量达 314343 次，收到群众网络申诉举报 345 件，其中检察长信箱接收来信 87 件。二是搭建微博宣传平台。发布法律法规、检察职能介绍以及检察动态信息等，运用典型案例进行预防犯罪宣传，开展检民互动和收集网民意见建议。截至目前，发布微博 2372 条，官方微博粉丝数达 8148 人，与网民互动 1200 余次，回复网民留言 312 条。三是搭建微信公众服务平台。推出举报、控告、申诉，约见检察官，辩护与代理预约，行贿犯罪档案查询以及投诉建议等在线服务，群众可随时随地通过微信平台直接填写预约表单或办理相关业务。

（四）以“开门搞活动”为抓手，提升检察工作的参与度

1. 定期举办“检察开放日”。广泛邀请社会各界代表走进检察机关，开展实地参观、集中座谈等活动，促进人民群众了解检察工作，拉近检民距离。2015 年以来，共举办党政机关、中小学校、企业、社区、经济联社等 37 场不同主题的“检察开放日”活动，吸引 2600 余名社会各界人士参加。

发放阳光检务宣传手册、职务犯罪预防宣传手册、《海检工作通讯》等宣传资料3200余份。

2. 针对性召开专场座谈会。分别组织机关、企事业、新闻媒体、律师等与检察工作有密切关联的行业代表参加检务公开专题座谈会，听取和收集意见建议。如2015年海珠区人民检察院主动邀请辖区内的23名律师事务所负责人参观检务公开大厅、案件管理中心、纪检同步监督室，并就律师会见、未成年犯罪嫌疑人不起诉案件程序告知和检律交流互信等问题深入交流，收集10余条富有建设性的意见建议。

3. 常态化开展检察官“五进”活动。以检察官进机关、进社区、进村社、进企业、进校园为载体，通过建设“清竹园”户外廉政教育基地，举办“爱廉日”、“送廉书进村入社”、“暖企走访”、“说法校园行”等一系列主题活动，“零距离”开展普法宣传，深入了解群众对检察工作的新需求新期待，切实解决群众反映的突出问题。如2014年11月，海珠区人民检察院联合最高检检察日报社举行“正义之美·检察文化大讲堂”活动，面向全区副处级以上领导干部、纪检监察干部、各经济联社负责人、区内企业代表等700余人讲授廉政课，并深入珠江啤酒厂等大型国企宣传廉政文化。2012年以来，共开展普法宣传与法律咨询2316次，举办专题讲座115场，派发普法资料7428份，提供法律援助600余次，为民办实事1300余件。

（五）以外部监督为动力，提升检察工作的公正性

1. 自觉接受人大监督。一是主动向人大及常委会汇报检察工作的重要部署和重大事项，定期专项报告反贪污贿赂、反渎职侵权、案件管理、贯彻新刑事诉讼法等检察工作的开展情况、遇到的问题和存在的困难。二是把加强人大代表日常联络工作作为“一把手”工程，实行院领导走访人大代表包干制度，定点联系各街道联组的人大代表，对区18个街道人大联组实行“一年一走访”。采取个别走访、集中座谈、寄送书面材料和报刊等方式，及时通报检察工作的重大部署、重大事项和工作进展等情况，听取和收集代表意见建议118条。

2. 主动接受社会监督。积极邀请政协委员、企业代表、专家学者、普通群众等社会各界人士有序参与和监督检察工作，就如何加强和改进检察工作听取各方意见建议。如海珠区人民检察院建立庭审评议制，在观摩公诉出庭活动结束后开展问卷调查和座谈，收集对公诉工作的意见建议，共累计收集意见建议近70条。邀请人民监督员、特约检察员开展职务犯罪案件监督审查，参与专项执法检查、接待来访群众等检务活动，2012年以来共审查

案件68件，参与检务活动27次。将人民监督员邮箱公布在检察外网，供网民举报和反馈意见。

3. 邀请专家参与决策。建立动态化检察机关专家库，对检察工作中的重大业务问题、重大疑难复杂案件或者制定全院性指导文件和制度规范等，开展专家咨询论证，增强检察决策的科学化、民主化。共邀请知名学者、行业专家参加疑难案件研讨8次，讨论制定《关于开展服务“国际展都”建设工作实施意见》、《未成年人附条件不起诉制度实施办法》等重要文件5份，为检察工作科学发展提供智力支持。

二、当前检务工作存在的问题和面临的困难

通过近年来的探索与实践，海珠区人民检察院检务公开工作取得了一定成效，有力促进了检察工作的科学发展。一是执法观念进一步更新，接受监督的意识得到增强。二是工作机制进一步完善，执法行为的规范得到强化。三是工作作风进一步转变，人民群众的满意度得到提升。同时，我们也清醒看到，深入推进检务公开是一项长期、系统工程，目前工作离规范化、制度化和长效化还有不少差距，实践中也面临诸多困难：一是个别干警存在“怕麻烦”、“担心泄密”、“影响工作开展”等错误思想，在实践中常把检务公开与检察工作对立起来。二是检务公开形式不够多样，检务公开专业化水平有待进一步提升。

三、检务工作的下一步工作计划

曹建明检察长指出，检务工作越公开就越有公信力，越是及时主动公开，就越能促进公正执法，赢得群众信赖。接下来，我们将进一步增强深化检务公开的责任感和紧迫感，着力抓好制度建设和平台建设，继续拓展检务公开的深度和广度，以执法办案信息公开为核心全面深化检务公开，不断提高检察机关执法司法公信力和亲和力。重点做好以下四个方面工作：

一是进一步健全检务公开制度。完善规范化建设，加强检务公开规范审查和保密审查，保证公开工作扎实稳妥推进。加强检察机关内部协作，制定检务公开工作的绩效考核办法，确保检务公开工作责任到人、执行到位。在深化检务公开的同时，健全权利保障机制，充分保障诉讼各环节诉讼参与人的合法权益。

二是进一步充实检务公开内容。将检务公开落实到司法办案的全过程，在不违反法律规定和不泄露国家秘密的前提下，能公开的一律公开，做到程

序公开与实体公开并重，案件信息公开与检务信息公开并重，一般案件公开与职务犯罪案件公开并重，不断增强司法办案的透明性和公开性。

三是进一步创新检务公开形式。探索网络视频公开，对案件公开听证现场情况等进行适度公开。探索网络在线访谈，由职务犯罪侦查、刑事检控、控告申诉等部门负责人通过“网上检察院”，与网民进行在线交流。以法律法规、典型案例、工作流程为主要素材，自编自制微视频、微动漫、微小说、微故事等，以群众喜闻乐见的方式扩大检务公开影响力。

四是进一步完善检务公开平台。完成检察外网升级改造，专设“网上检察院”，整合查询、咨询、控告、申诉及其他业务办理，并与微信公众号实现无缝对接，为群众提供便捷服务。开通新闻客户端，加大新闻发布频次，强化新闻传播的权威性。新建律师接待室，配备全程录音录像系统及远程视频接待系统，进一步畅通检律交流渠道。

广州海珠：行贿犯罪档案查询可即查即取

正义网（钟亚雅　通讯员冯志鹏）“没想到这么快，材料递上去不到5分钟就能拿到结果告知函，以前要等上几天的，办事效率真高!” 近日，来自广州市水木投资咨询有限公司的小孙对广州市海珠区人民检察院高效办理行贿犯罪档案查询业务发出感叹。

据了解，按照现行法规规定，企业或个人申请查询行贿犯罪档案一般需要3个工作日左右的时间才能收到答复。“遇法定节假日或资料不全需重新补交等情况的，申请人可能一个星期都拿不到结果，因为这个耽误了投标的并不少见。” 该院检察长蔡世葵介绍。海珠区检察院在了解这一情况后高度重视，立即研究出台查询工作改进措施，在院检务大厅开辟专门服务窗口，安排业务熟练的专职工作人员接待业务申请人，现场通过全国联网数据库的计算机终端和打印设备办理查询申请，在材料齐全的情况下，5分钟不到申请人即可拿到查询结果。

行贿犯罪档案查询是社会诚信体系建设的重要组成部分，有犯罪记录的单位或个人，在参与招投标等市场经济活动时可能会被有关主管部门或招标方限制准入、取消投标资格等处理。

该院还将行贿犯罪档案查询服务整合到微信公众服务平台“海珠检察”中，申请人可事先通过公众号预约，并比照查询指引准备好所需材料，然后按照约定时间到检察院即可优先办理，更体现办事的优质、高效。

“我们在微信公众号上列明了所需材料清单及格式，方便申请人比照着准备，以免到现场办理时才发现有缺漏。” 该院案管中心主任曲学智说。这一人性化做法也受到了前来办事群众的好评。

在行贿查询现场的留言簿上，各种字迹密密麻麻地写着不同留言。不少申请人写上“方便快捷，省了不少时间”、“窗口服务人员态度好，解答耐心” 的评价。也有申请人写下对进一步开拓网上查询功能的建言，以便于招标方网上直接查询结果以及申请人在网上直接打印获取告知函。

2015年以来，该院共受理查询7257次，同比上升45.66%，其中查询到有犯罪记录的52人次。“接下来我们还将继续根据收集的建议，探索优化行贿犯罪档案查询工作方式，为群众提供更好、更优质服务。”该院检察长蔡世葵说。

（载正义网，2016年2月8日）

公诉案件流程可网上查询

——广东海珠：检务公开拓展群众外部监督途径

本报讯（记者钟亚雅　通讯员许洁霞）近日，为了收集一宗抢劫案的相关材料，易律师从案发地广东省广州市海珠区赶到了犯罪嫌疑人的家乡阳江市。为查询案件到了什么阶段，身在外地的易律师通过海珠区检察院的官方网站迅速查阅到了该案进行公诉流程的相关信息。

“2010 年 7 月，我院的案件管理中心正式成立，律师接待、案件查询等职能都由我们统一行使。”该院案管中心主任曲学智向记者谈起了公诉案件流程网上查询机制的艰难起步阶段。“那时候虽然检察系统信息化建设已经起步，‘数字化’电子阅卷系统完成了基本开发，但官方网站的建设还不成熟，如何实现网上查询和预约，成为一道难题。在资金不足的情况下，我们只能选择当时运营成本较低、传播能力较强的博客作为第一个面向公众的查询平台，很快我们还开通了微博。现在我们主要将案件公诉流程发布在我院互联网官方网站，如果律师手头无电脑设备，还可以用手机关注我院的微信，我们会试点在小范围内提供特殊查询服务。”

打开该院互联网官方网站主页上的“检务公开”专栏，可以看到辩护律师阅卷预约、特定案件会见申请、咨询业务电话、律师友情提醒等相关内容。“除未成年人犯罪的案件外，所有公诉案件的受理、延期、退补、起诉、移送其他检察院办理等情况，我们都会在 3 天内将案件犯罪嫌疑人姓名、案由、所处阶段以及相关流程等制成表格在官方网站上公布。”专门负责接待律师的检察官介绍说，“律师只要通过发送邮件预约，我们当天就会联系各业务部门审批预约申请，统一向申请人反馈处理结果。如果预约时间是晚上或周末，我们会在下一个工作日优先处理”。

“公诉案件流程网上查询是‘阳光检务’的重要体现，既方便律师预约阅卷，也方便其他案件当事人和家属及时了解案件流程和进度，同时也是群众对检察院案件办理情况的外部监督途径。”该院检察长蔡世葵说。公诉案件流程网上查询机制建立以来，该院案件管理中心共在互联网上公布公诉案件流程562次，接受律师预约1817人次，收集律师意见、建议150余条，进一步维护和保障了代理律师、案件当事人及广大公众对检察工作的知情权、参与权、表达权和监督权。

（载《检察日报》2014年7日22日第2版）

1627个考评关键点确保程序公正

——广州海珠：完善流程监管规范检察权运行

本报讯（通讯员狄波）近年来，广东省广州市海珠区检察院通过完善流程管理积极探索规范司法的有效途径，效果良好。

该院注重完善司法操作规程，制定了《规范化管理体系文件操作规程》，并根据新出台的法律法规和司法解释，及时对规范化文本进行规程修改，并从中识别出1627个司法考评关键点，厘清每个部门、每个岗位、每个环节的权力边界，明确规定办案工作的各个过程、环节的工作要求、标准和内部审批权限，从程序和办案纪律两方面指引各项业务工作，使得司法行为更加规范。

同时，该院还注重实行数字化流程管理。将检察阶段刑事诉讼的每个节点纳入案管中心管理，落实统一受案、全程管理、动态监督的要求，有效防止程序违法、超期羁押情况的发生。截至目前，该院共流转监控批准逮捕案件6297件、公诉案件7746件、民行案件110件、延长羁押案件272件，确保了案件程序公正。该院还建立"每案必查"的案件程序评查机制，加强对办案程序的自身监督。在案件归档环节，评查案件办理程序是否依法合规，对于不符合程序要求的案件，依法补正并追究相关人员责任。

数字化技术对规范司法的推动，不仅体现在加强内部管理上，也体现在主动接受外部监督上。2011年以来，该院全面推行案件公开，对公诉案件的受理、延期、退查、起诉、开庭等信息予以公开。截至2014年，该院已经将公开的内容拓展至司法办案各个阶段的法律文书以及各类重要案件信息。另外，该院还建成门户网站、手机网站、微信公众号"三位一体"的案件流程、法律文书、重要案件信息发布平台，实现在信息化条件下网上网下的一站式检务服务。该院建立的律师数字化阅卷机制也对检察干警司法办案形成监督。截至目前，该院已向律师免费提供案卷电子数据复制材料887次。

（载《检察日报》2015年4月2日第2版）

以柔性执法提升检察公信力

孙　麒*

"柔性"一词意为"柔韧的、灵活的、能适应新环境的、可通融的"，因此，柔性执法最基本的特征是始终把人作为主体和目的，执法行为具有非强制性、自愿性、灵活性、双向互动性。对此，笔者认为，用法治思维指引执法行为，积极探索柔性执法，将生硬、冰冷的强制性执法转变为灵活、温暖的人性化执法，是以人为本，践行党的群众路线的直接体现，也是不断提高检察公信力，实现执法为民的路径选择。

一、检察公信力与柔性执法的概念

对于什么是"公信力"，学界有不同看法。有学者认为，在英语中，与"公信力"比较接近的词就是"accountability"（问责制），意思就是对自己做的事作出报告、解释和辩护的责任和能力，对自己的行为负责任，并接受质询和监督。据此，将"公信力"界定为政府的诚信力、威信力、影响力和号召力。也有学者认为，"公信力"就是政府等机关全面履行职责，赢得党、国家和人民群众的信任的能力。以上观点均将"公信力"定义为"能力"，其主体限定为政府等公共权力部门，社会公众则成为了客体。但在笔者看来，能力只是公信力建设所必须的要件而非"公信力"本身，"公信力"的主体应包括政府等公共权力部门和社会公众两个方面。因此，笔者认为，"公信力"中的"公"，指的是社会公众；"信"指的是信任、信赖；"力"是指程度。更进一步，检察公信力则是指社会公众对检察机关的满意度和信任度，它是检察机关法律监督能力和检察工作的权威性、公正性和透明性的体现。

对于柔性执法，有人认为它是一种先进的执法理念，但笔者认为从本质上讲更多体现为一种执法方式。它是在尊重保障人权、民主法治、执法和谐

* 广东省广州市海珠区人民检察院监所科副科长。

等先进理念和政策的指导下，灵活运用倾听、告知、调解、解释、协商、公开等多种执法手段，促成执法主体与执法对象之间的合作，减少矛盾纠纷，促进执法和谐，实现法律效果、社会效果、政治效果的有机统一和检察公信力的提升。

二、检察公信力建设与柔性执法的关系

（一）具有趋同的价值追求

如前所述，检察机关公信力既然体现社会公众对检察机关的满意度和信任度，那么，加强公信力建设对于树立检察机关法律监督权威、推进民主法治建设和促进社会和谐必然存在不可低估的价值。同样，柔性执法的价值落点也是如此。由于中国社会还处于转型阶段，法制建设不够健全，各种利益冲突凸显，检察工作本身存在执法不公、不严、不文明或者违法办案，甚至腐败现象。然而，随着民主意识和权利意识进一步增强，社会公众对检察工作抱有更高期望，提出了更高的要求。这一矛盾的存在就需要检察机关从执法为民、执法公开、执法民主、执法和谐的理念出发，克服强制性执法方法简单、僵化、机械等缺点，灵活运用参与、民主、协商、和谐、解释等多种手段，促成检察机关与执法对象之间的充分合作，努力减少对抗和冲突，促进执法和谐，实现法律效果、社会效果和政治效果的有机统一。通过制度建设、能力建设和认知度建设来大力提高检察公信力，树立“维护公平正义”的法律监督权威，推进法治社会的建设。

（二）存在辩证的“体用”关系

检察公信力建设包括认知度和信任度两个方面的建设。认知度很好理解，与知晓度近义，即公众对检察机关的职能、检察执法工作程序及法律适用等方面的认识和理解程度，这个主要是通过检察宣传、正面教育、释法说理等方式加以培育。信任度建设则涵盖价值决策、制度运行和执法能力与执法方式建设。检察机关作为专门的法律监督机关，社会公众最直接的标准就是看检察机关的执法是否公正。如果公正不能保证，维护和提升公信力则无从谈起。正如周永康所言，切实保证执法公正是检察机关公信力建设的首要任务和基础工程。要实现执法公正，首先在检察机关的领导制度和决策制度上，应继续坚持检察长、党组、检委会等领导方式和民主集中制度，保证组织决策的科学性、合理性、人民性、持续性和效率性；其次要加强自律机制、他律机制、问责机制建设，通过检务公开、案件考评、执法岗位责任追

究、内外监督等制度的建立和完善来促进有法必依，实现合法性、程序性、和合理性的统一，保证执法公正；最后是加强队伍建设，通过一系列机制创新，提高执法能力和法律监督能力，改善检察执法方式方法，使其真正担负起法律赋予检察机关的责任，树立检察权威，取信于民。

柔性执法作为一种以人为本的执法方法，不仅可以进一步培养检察干警的人权意识、证据意识、程序意识、监督意识、时效意识，实现执法理念的更新，促成理性、平和、文明、规范执法习惯的养成，还可以促进执法方式的进一步转变，使检察人员在执法办案中求真求善，运用参与、民主、协商、和解、解释、宣传、公示等多种执法手段，争取执法对象的理解与合作，减少社会冲突和对抗，最大限度增加和谐因素，降低信访风险，实现法律效果、社会效果和政治效果的有机统一。柔性执法追求该相同价值维度所藉的方式也正是检察公信力认知度和信任度建设的部分内容。所以，从检察公信力建设的内容看，柔性执法与之显然存在一种目的与手段的关系，即以检察公信力为体，以柔性执法为用。

（三）遵循一致的基本原则

由于检察公信力建设与柔性执法都是在建设和谐社会、民主法治社会的语境下提出来的，具有相同的价值维度，这使得它们在基本原则的遵守上也具有高度重合性，具体包括法治原则、人本原则、平等原则、协商原则和服务原则五个方面。

1. 法治原则。严格执法、依法办案等法治基本原则和精神是公信力建设和柔性执法的前提和基础，两者相辅相成，辩证统一。检察执法活动必须把法律的刚性和执法手段的柔性有机结合起来，准确把握法律的精神和实质，严格依法办案，在法律规定的范围内合理行使自由裁量权，避免出现因人而异超出、降低法律规定的范围和标准，或者对违法犯罪行为毫无原则的妥协或让步。

2. 人本原则。以人为本和尊重保障人权是柔性执法的基本原则之一，它体现了公信力建设和柔性执法的首要价值取向。人本原则要求检察机关采取人性化的执法方式，在执法办案过程中以人为中心，以人为目的，尊重人、理解人、关心人、研究人，关注人的尊严、尊重人的价值、保障人的自由平等权利，避免因片面强调法律的刚性和威慑力而忽略法律本身应有的人文关怀。

3. 平等原则。“法律面前人人平等”是法治的基本原则，也是实现社会公平正义的基本前提，不允许任何超越法律的现象和特权存在。因此，执法者与执法对象在人格和法律上是平等的，没有高低贵贱之分，这要求在执法办案中必须转变以执法者自居的观念，充分尊重当事人的人格，文明规范执法，依法维护当事人的主体地位和诉讼权利。

4. 协商原则。执法和司法程序是一种多方参与的民主程序，本质上是一个多方良性互动、多元利益博弈的过程。为切实保障诉讼过程的公正性，在执法办案当中，检察机关应当提供与执法对象及相关当事人面对面协商、沟通、交流的机会和平台，以便充分表达其观点和利益诉求，而不是随意支配、限制或者剥夺对方的权利，这也是执法司法民主、和谐的基本要求。

5. 服务原则。执法者与执法对象之间的平等关系使得执法主体与执法对象之间的关系由单纯命令、控制的关系转向执法服务关系。执法者在严格执法的同时，要为执法对象提供服务，通过告知其享有的权利义务、执法司法程序、救济权利和途径，提供法律咨询、法律援助，促成当事人和解，开展释法说理等方式帮助排忧解难，找到解决问题的方法和途径。

三、以柔性执法提升检察公信力的具体措施

（一）以柔性执法提升公众对检察机关的认知度

1. 注重阐释，运用释法说理机制，增进公众对法律适用的了解。办案执法中作出相关决定时，特别是对于作出不立案、不批准逮捕、不起诉、不提请抗诉、不提出检察建议、终止审查等决定的案件，要注重在办案中运用以情、以理、以法、以据、以策等方法，积极疏导和化解矛盾，做到案结事了，维护司法权威和社会稳定。对于不服公安机关立案或不立案决定、不服批准逮捕或不批准逮捕决定、不服法院判决等刑事、民事行政申诉案件，要及时将审查结果及理由、法律依据等反馈申诉人，并耐心沟通，详细解释相关法律规定和诉讼程序。通过强化释法说理，让公众对法律的适用有更为清晰的认识，从而提升公众对检察工作的理解。

2. 注重透明，推行检务公开，保障公众对检察执法的知情权。要取得人民群众的信任，检察机关就必须高度关注司法公开，积极回应社会舆论。首先可以采取平面与立体、有形与无形相结合，加大正面宣传，让社会了解检察工作、理解检察工作、认同检察工作，树立检察机关的正面形象和执法权威，提高公众对检察机关的认知度。其次是寓教于案，适时公布法律文书，围绕认定事实、采信证据、适用法律进行充分论证，让群众心服口服。最后是深化检务公开，利用互联网等现代信息技术手段，建立案件办理情况查询系统，方便当事人及其法定代理人、近亲属对处于检察环节案件办理情

况、诉讼权利和监督渠道的查询；在检察外网上开辟留言板、官方微博、检察长信箱，增进检民互动，扩大沟通渠道；实行个案媒体通报制度，对社会影响大、关注度高的案件及时主动向新闻媒体公开办理程序和结果，满足公众对案件的知情权；积极宣传法律法规、检察职能、工作成果、典型人物，深化人民群众对检察工作的认知。

（二）以柔性执法提升公众对检察机关的信任度

1. 注重倾听，充分听取各方意见，注重执法公平公正。改变高高在上的执法者形象，平等对待当事人，认真倾听诉求，保障执法公平并拉近执法者与当事人之间的距离。首先是要认真听取当事人的意见和犯罪嫌疑人的辩解，必要时根据案件需要召开公开听证会，听取包括专家学者、社会工作者、人民监督员、群众在内的各方意见。对于是否符合逮捕条件有疑问的、犯罪嫌疑人要求向检察人员当面陈述的、侦查活动可能有重大违法行为的、案情重大疑难复杂的、犯罪嫌疑人系未成年人的、犯罪嫌疑人是盲、聋、哑人或者是尚未完全丧失辨认或者控制自己行为能力的精神病人等情形，更要做好提审讯问工作，全面听取犯罪嫌疑人的辩解。其次是认真审查辩护律师的书面意见。对于辩护律师提交的关于“不构成犯罪、无社会危害性、不适宜羁押、侦查活动有违法犯罪情形”等书面意见的，应充分重视，及时审查由；对于辩护律师提出要求说明案件处理意见的，应认真听取并做好笔录附卷。

2. 注重调解，运用和解机制，帮助修复社会关系。首先是开展双方当事人刑事和解，对于“因民间纠纷引起，涉嫌刑法分则第四章、第五章规定的犯罪案件，可能判处三年有期徒刑以下刑罚的；除渎职犯罪以外的可能判处七年有期徒刑以下刑罚的过失犯罪案件”，犯罪嫌疑人与被害人已达成和解协议的，要认真审查和解的自愿性、合法性及履行情况。如果情况属实的，在审查批捕阶段可作出不批准逮捕的决定，起诉时可以向法院提出从轻处罚的量刑建议。对于上述案件，犯罪嫌疑人方与被害人方有刑事和解意向，但尚未达成和解协议的，应最大限度给予双方和解的时间，尽力促成和解，并可主持制作和解协议书。其次是善用民事行政申诉案件和解机制，对于当事人有和解意愿且具备和解可能的案件，积极引导、促成当事人达成和解，最大限度地满足双方当事人的利益。

3. 注重帮助，开展人性化执法，给予人文关怀。柔性执法方式要求执法者在执法过程中要以人为本，尊重人、关心人和理解人。所以，首先要实施关爱制度，对执法对象及时进行心理安抚和教育疏导，对困难家属提供帮助，与自侦办案对象所在单位积极沟通，避免因办案给单位或企业造成负面影响。其次要加强对特殊人群的帮扶，派专人办理未成年人犯罪案件，为在押未成年人设置流动图书车和实施心理干预，帮助顺利回归社会；建立羁押必要性协同审查机制，着重对涉嫌罪行较轻且羁押时间较长的、表现良好的以及老弱病残的犯罪嫌疑人、被告人进行重点跟踪，定期排查，确保审查及时，同时建立意见听取机制，充分听取办案机关、被羁押人及其家属、辩护人的意见，确保审查公正。

4. 注重服务，提供专业支持，帮助排忧解难。利用专业技能为执法对象提供法律服务，帮助解决实际困难和问题，是取得民众信任的重要方式。首先要在执法时要及时告知当事人诉讼权利义务、执法司法程序、法律后果、权利救济途径、执法人员职责等，为其享受权利和履行义务提供方便。其次要为当事人及其家属提供法律咨询、法律援助，开展法律救助，及时进行国家赔偿；为企业开展“暖企预防”，根据企业需要开展预防咨询、法制宣传、制度评估预防等服务，帮助建立和完善职务犯罪预防机制。最后是通过派驻街道检察室，建立律师接待“一站式”服务窗口，开通电子信箱，开展视频接访、下访巡访等多种途径，畅通群众行使诉讼权利的渠道，保障其诉求得到及时回应。

（该文于2013年广州市检察机关
落实党的十八大精神研讨征文活动中荣获三等奖）

附　录

广州市海珠区人民检察院
改进司法理念与司法办案方式暂行规定

（2014 年 9 月 22 日第十五届检察委员会第九十四次会议通过）

第一章　柔性执法的任务、基本原则

第一条　为尊重和保障人权，规范检察人员司法行为，根据《中华人民共和国刑事诉讼法》及有关法律法规、司法解释等规范性文件，制定本规定。

第二条　柔性执法是在理性、平和、文明、规范的执法理念指导下，灵活运用沟通、引导、和解、帮助、宣教等多种手段，促进执法和谐，实现执法办案法律效果、社会效果和政治效果的有机统一的执法方式。

第三条　柔性执法应当在法律规定的范围内实施，准确把握法律政策，兼顾灵活性和原则性，根据情势变化作出适当调整。

第四条　坚持以人为本，在执法办案中注重人性化执法，尊重和保障犯罪嫌疑人、被告人及所有诉讼参与人的正当合法权益。

第五条　注重法治服务，在执法办案中提供法律咨询、法律指引、司法救助等服务。

第六条　注重教育感化挽救，可不起诉的一律不起诉。

第七条　切实贯彻检务公开，可公开的一律公开。

第八条　凡违反本规定的，由纪检监察部门督促纠正。

第二章　职务犯罪侦查

第九条　对情节轻微的犯罪嫌疑人，经检察长同意，无须采取抓捕方式到案的可以采取口头方式通知到案。

第十条　采取强制方式到案的，遇有下列情形之一，除有碍侦查外，经检察长同意可以暂缓强制到案：

（一）犯罪嫌疑人在接送未成年子女放学或上学的途中的；

（二）犯罪嫌疑人未成年子女处于中考、高考等重大考试期间的；

（三）犯罪嫌疑人正在主持重大会议或仪式的；

（四）犯罪嫌疑人患重大疾病住院期间、怀孕、哺乳或手术恢复期生活未能自理的；

（五）犯罪嫌疑人是企业负责人或技术骨干，立即到案可能严重影响企业正常生产经营的；

（六）其他应当暂缓的情形。

第十一条　在拘传时，非因必要情况，应当避免在老弱病残幼等亲属在场的情况下对犯罪嫌疑人采用械具。

第十二条　侦查人员应当合理安排讯问和犯罪嫌疑人饮食、休息的时间。一般不进行夜间审讯，如确有必要，一般不超过 22 时。单次讯问犯罪嫌疑人的持续时间不得超过 6 小时。

根据犯罪嫌疑人的宗教信仰、饮食习惯，合理安排犯罪嫌疑人饮食。

第十三条　在办案区内，由定点医院医生在讯问前和讯问后，分别对犯罪嫌疑人身体进行检查；在讯问过程中，提供 24 小时接诊和紧急情况下的救治工作。

第十四条　在侦查过程中，犯罪嫌疑人提出处理工作、家庭事务的合理请求时，在不影响侦查工作的情况下，可以帮助其通知工作单位和家属妥善处理。

第十五条　具备下列情形的犯罪嫌疑人，如实供述犯罪事实并积极退赃或挽回经济损失，且不存在涉嫌数罪并罚情形，取保候审不妨碍侦查的，应当适用取保候审：

（一）贪污、受贿数额在 10 万元以下，并具备下列条件的：

1. 具有法定从轻、减轻处罚情节；

2. 贪污、受贿二次以下；

3. 不属于贪污救灾、抢险、防汛、防疫、优抚、扶贫、移民、救灾及募捐款物；

4. 不属于故意刁难、要挟有关单位、个人，索取财物。

（二）行贿数额在 20 万元以下，并具有下列情形的：

1. 向二人以下行贿的；

2. 未将违法所得用于行贿的；

3. 不属于向负有食品、药品、安全生产、环境保护等监督管理职责的国家工作人员行贿，严重危害民生、侵犯公民生命财产安全的；

4. 不属于向行政执法机关、司法机关的国家工作人员行贿，影响行政执法和司法公正的。

（三）挪用公款数额在20万元以下，并具有下列情形的：

1. 挪用公款二次以下的；

2. 挪用公款未用于赌博、吸毒等非法活动的；

3. 未因挪用公款影响生产、经营，造成较大经济损失的；

4. 不属于挪用用于救灾、抢险、防汛、优抚、扶贫、移民救济款物归个人使用的。

（四）利用影响力受贿数额在10万元以下。

第十六条　犯罪嫌疑人家中有未成年子女或生活无法自理的近亲属无人照顾，且犯罪情节较轻的，可以采取非羁押性强制措施，已经羁押的可变更为非羁押性强制措施。

第十七条　犯罪嫌疑人为企业负责人的，如对其采取羁押性强制措施可能导致企业破产、停产、员工罢工等严重影响生产经营、社会稳定，根据案件情况可以采取非羁押性强制措施，已经羁押的可变更为非羁押性强制措施。

第十八条　查封扣押冻结涉案财物，可能引发或加剧企业经营风险的，可暂不予查封、扣押、冻结。

第十九条　对于被羁押的犯罪嫌疑人开展人本关爱，存在下列情形的，为其提供非涉案信息书面沟通便利：

（一）犯罪嫌疑人为企业负责人的，因企业生产经营必需的；

（二）犯罪嫌疑人家属存在婚丧嫁娶、重大生活决策等情形，需要其决定的；

（三）犯罪嫌疑人提出的为满足其正常生活和身体健康需求的物品的；

（四）其他需要及时与羁押场所外人员进行沟通的情形。

第三章　审查逮捕与公诉

第一节　适用无逮捕必要和相对不起诉的标准

第二十条　在案件事实清楚、证据充分的前提下，可能被判处三年以下刑罚，犯罪嫌疑人自愿认罪，同时具备以下情形之一的，应当以“无逮捕必要”不批准逮捕：

（一）属于预备犯、中止犯，或者防卫过当、避险过当的；

（二）主观恶性较小的初犯、偶犯，犯罪后有自首、立功或者积极退赃、赔偿损失情节的；

（三）犯罪嫌疑人与被害人双方已自愿达成和解协议的轻微刑事案件；

（四）犯罪嫌疑人系未成年人或者在校学生，具备监管、帮教条件的；

（五）犯罪嫌疑人系老年人或者残疾人，身体状况不适宜羁押的；

（六）犯罪嫌疑人系正在怀孕、哺乳自己婴儿的妇女；

（七）患有严重疾病的；

（八）不予羁押不致危害社会或者妨碍刑事诉讼正常进行的其他无逮捕必要的情形。

第二十一条 侦查监督部门依法作出不批准逮捕决定的，向侦查机关发出《不批准逮捕理由说明书》，向被害人从法理、事理、情理进行说理，并向本院监察部门说理备案。

第二十二条 对于犯罪情节轻微，可能被判处三年以下刑罚，被告人自愿认罪，同时具备以下情形之一的，应当作出不起诉决定：

（一）被告人系未成年或者老年人，主观恶性较小、社会危害不大的；

（二）因亲友、邻里及同学同事之间纠纷引发的轻微犯罪中的被告人，认罪悔过、赔礼道歉、积极赔偿损失并得到被害人谅解或者双方达成和解并切实履行，社会危害不大的；

（三）初犯、偶犯，主观恶性较小，人身危险性不大的；

（四）自首且有重大立功表现的；

（五）被胁迫参加犯罪的，情节轻微的；

（六）犯罪中止，没有造成损害的。

第二节 刑事和解

第二十三条 凡符合《刑事诉讼法》第二百七十七条的规定，属适用范围之内的案件应当启动刑事和解审查程序。

第二十四条 启动刑事和解审查程序后，重点审查以下方面：

（一）犯罪嫌疑人、被害人是否自愿和解，是否达成谅解协议；

（二）双方是否实际履行协议内容；

（三）是否系未成年人、在校学生；

（四）是否属邻里纠纷或普通民事纠纷；

（五）犯罪嫌疑人是否认罪悔罪，是否具有法定、酌定从轻情节；

（六）评估犯罪嫌疑人的社会危险程度，如采取取保候审或监视居住等强制措施是否能保障刑事诉讼活动顺利进行；

（七）排除累犯、惯犯等在刑事和解适用范围之外。

第三节　服务证人作证

第二十五条　对案件进行评估并确定出庭作证的证人范围：

（一）性犯罪案件、贿赂类案件的证人；

（二）案件的关键证人；

（三）对社会影响大、矛盾突出的案件的证人。

第二十六条　根据证人身份的不同，合理判断证人出庭前的心理动态，采取有针对性的庭前辅导：

（一）针对普通证人，由案件承办人和在全院范围内随机抽取的非办案部门的特约监察员共同对证人讲解法律规定和出庭作证需要注意的事项，同时了解证人实际诉求，帮助解决并及时向法院反馈；

（二）针对未成年证人，集中具有心理咨询师资格的人员组成心理疏导小组，并邀请高校心理咨询团队作为顾问。由心理疏导小组事先进行心理疏导，必要时联合高校心理咨询团队共同开展工作；

（三）针对侦查人员出庭，事先对侦查人员进行法律规定和出庭事项的讲解，使其明确出庭作证的要求；与人民法院进行协商，制定侦查人员出庭细则，确保作证效果和身份保密。加强与公安机关的刑侦部门、派出所以及本院自侦部门的联系，通过互派人员交流学习、深入侦查机关授课等方式，强化侦查人员的规范取证和出庭作证意识。

第二十七条　对出庭作证的证人，在庭审之后进行及时回访，听取其对出庭作证的意见，并采取以下措施落实经济补偿：

（一）对于法院未能及时补偿证人的情形，加强沟通，必要时发出检察建议，督促法院尽快按照法律和司法解释的有关规定进行补偿；

（二）对于因证人与法院就补偿费用难以达成一致的情况，根据证人的要求，先行支付部分费用，并协调法院加快解决。

第二十八条　收集整理出庭证人的个人信息，及时解决证人出庭后合理的个人诉求和法律疑问：

（一）以信息化平台为基础，由专人对出庭证人的个人基本信息进行录入保存，形成相对独立的个人信息库，便于随时调取资料、了解情况，并严格信息库的保密工作，杜绝个人信息外泄；

（二）设专门人员对证人合理的法律诉求和个人要求予以及时妥善处理，并将证人诉求和解决情况及时录入到信息库，保证信息的准确；

（三）将诉求解决的情况，通过证人留存的联系方式及时予以反馈。

第四章　刑事诉讼法律监督

第一节　羁押必要性审查

第二十九条　侦查监督、公诉、监所检察部门应加强分工协作、相互配合，负责对犯罪嫌疑人、被告人逮捕后进行羁押必要性审查。

侦查监督部门对犯罪嫌疑人批捕后侦查终结前的羁押必要性进行审查，凡发现不需要继续羁押的，应当向侦查机关或者本院自侦部门发出予以释放或者变更强制措施的建议。

公诉部门对被告人在审查起诉阶段和起诉至法院后的羁押必要性进行审查，凡发现不需要继续羁押的，应当分别采取自行纠正和向人民法院发出予以释放或者变更强制措施的建议。

监所检察部门对羁押必要性开展全程审查，凡发现犯罪嫌疑人、被告人没有继续羁押必要的，一律向有关部门发出予以释放或者变更强制措施的建议，并跟踪办理情况。

第三十条　对符合《人民检察院刑事诉讼规则（试行）》第六百一十九条规定的情形之一的，可以依职权或者依申请开展捕后羁押必要性审查。重点应对以下方面进行动态审查，并依法提出是否继续羁押的意见或建议：

（一）犯罪事实是否已经查清；

（二）犯罪嫌疑人是否为犯罪情节较轻的在校学生、未成年人、妇女、老年人、残疾人；

（三）犯罪嫌疑人是否有认罪、悔罪、坦白、自首、立功、积极退赃、赔偿被害人、与被害人达成和解协议、患有严重疾病、生活不能自理等情节；

（四）案件证据是否发生重大变化，可能证明其无罪或者被判处缓刑、管制、拘役、免予刑事处罚；

（五）犯罪嫌疑人的家庭情况以及在本地有无固定居所、工作单位，是否具备取保候审、监视居住条件等情况。

第三十一条　由监所检察部门牵头，与侦查监督部门、公诉部门建立信息反馈机制，将监所检察部门掌握的羁押状况与侦查监督部门、公诉部门掌握的案情和证据情况进行共享，使各部门全面掌握案件证据、被害人意见以及在押人员的家庭状况、监管期间表现、身体状态等。

第三十二条 与医院建立长期协作，由其为检察机关正确判断在押人员是否出现不适宜羁押的疾病提供专业依据。

第二节 司法救助

第三十三条 办案部门在办理案件过程中，对符合司法救助条件的当事人，应当送达《司法救助权利义务告知书》，告知其相关的权利和义务，并及时将有关当事人的情况和材料通告、移交控告申诉检察部门审查办理。

第三十四条 给予司法救助，应当按照有关规定的条件、范围和标准进行，实现公平救助：

（一）根据相关案件和当事人实际情况合理确定救助金额；

（二）对同类案件的当事人，应当掌握基本一致的救助标准，对同类案件的当事人救助金额不一致时，须做好当事人的解释工作；

（三）不对救助额外施加限制性条件，特别是不能将是否予以救助与当事人是否息诉罢访挂钩。

第三十五条 开展司法救助应重点做好以下工作，实现及时救助：

（一）及时了解当事人相关情况；

（二）及时受理当事人提出的救助申请、开展审查工作并作出是否救助决定；

（三）决定给予司法救助的，向地方财政部门办理拨付救助款事宜，通知申诉人领取救助款；对于存在路途遥远、经济困难、行动不便等特殊情况的当事人，可以以汇款、转账或主动送达等方式交付救助款；

（四）对于急需医疗救治、生活极度窘迫、损失特别重大、情况特别紧急等特殊情况，可以依据救助标准，先行垫付救助资金，救助后及时补办相关审批手续。

第三十六条 对于决定不予司法救助的，控告申诉检察部门与相关办案部门应共同做好答复解释工作，必要时可以为当事人提供法律咨询、心理疏导等其他方式的帮助。

第三节 国家赔偿

第三十七条 在办理案件过程中或宣布检察机关相关处理决定时，对符合国家赔偿条件的当事人应送达《国家赔偿权利义务告知书》，告知其相关权利和义务。

第三十八条 赔偿申请人提出赔偿请求，如因路途遥远、行动不便等特殊情况，未能及时提供申请赔偿所需的全部材料的，控告申诉检察部门可以先行受理。

第三十九条 对于不符合赔偿立案条件或者未能按照赔偿申请人全部意愿进行赔偿的案件，控告申诉检察部门应做好答复解释工作，必要时可以为赔偿申请人提供法律咨询、心理疏导、社会救助等方式的帮助，确保化解矛盾、案结事了、息诉罢访。

第五章　未成年人、妇女权益保护

第四十条 对怀孕或正在哺乳自己婴儿的妇女，取保候审或监视居住不致发生社会危险性的犯罪嫌疑人，应当取保候审或监视居住。

第四十一条 对被判处无期徒刑、有期徒刑或拘役的罪犯，是怀孕或正在哺乳自己婴儿的妇女的，应当向执行机关建议对其暂予监外执行。

第四十二条 检察人员在办案人员讯问未成年犯罪嫌疑人的现场时，认为办案人员在讯问中侵犯未成年人合法权益的，应当及时提出意见予以纠正，并可以审查讯问笔录。

第四十三条 检察人员在办案的同时，应当对未成年犯罪嫌疑人的成长经历、犯罪原因、监护教育等情况进行全面了解，必要时应进行调查，并制作社会调查报告。

对未成年犯罪嫌疑人的社会调查，可以依托驻街检察室，联合司法局和街道社区进行。

办案时应充分考虑社会调查报告所反映的内容，综合评估未成年犯罪嫌疑人的情况。

第四十四条 对未成年犯罪嫌疑人的实际年龄不确定，影响对该犯罪嫌疑人是否应当负刑事责任认定的，可以向其出生地的基层组织或学校了解情况；仍然无法确定的，应当不批准逮捕。

第四十五条 讯问未成年犯罪嫌疑人应尽量在看守所未成年人聆讯室、院内心理辅导咨询室等讯问场所进行。

讯问未成年犯罪嫌疑人时，应当通知其法定代理人及律师或其他辩护人到场。

对无法定代理人、近亲属或律师到场的未成年犯罪嫌疑人，可以邀请区关工委、关爱团成员作为适格成年人到场监督讯问。

第四十六条 严格参照我院制定的《未成年人附条件不起诉制度实施办法》，执行未成年犯罪嫌疑人附条件不起诉机制。

第四十七条 对未成年犯罪嫌疑人的讯问，应当以温和亲切的语气和平实文明的语言进行，态度不得冷淡生硬。

第四十八条 向未成年犯罪嫌疑人展示证据时，可利用多媒体工具，以演示文稿形式将所有证据形象直观地展示。

第四十九条 对未成年犯罪嫌疑人的案件，可以实行不起诉公开咨询。在征集社会各界意见后，将意见提交检委会，由检委会作出诉与不诉的决定。

第五十条 建立庭前心理辅导机制，成立心理辅导小组，在开庭前对未成年人进行心理辅导。

第五十一条 对犯罪情节轻、悔罪态度好、适用缓刑确实不致再危害社会的未成年犯罪嫌疑人，应当建议法庭适用缓刑。

第五十二条 对犯罪后认识不深刻的未成年人，可以组织其家长、老师和心理辅导专家等进行亲情感化教育活动。

第六章 民事诉讼监督案件和解

第五十三条 办理民事诉讼监督案件，应当征询当事人的和解意愿和条件并记录在案。

第五十四条 对当事人愿意和解，且对和解条件分歧不大的，应当对当事人的和解条件进行梳理，筛选和解实质条件，释法说理，分别沟通，积极引导双方达成和解。

对当事人愿意和解，但对和解条件分歧较大的，可根据案件需要，主动联系辖区信访局、综治办、街道、人民法院等有关单位，通过多方联动引导双方达成和解。

第五十五条 对当事人达成的和解协议应当进行审查，防止因协议内容不合法或显失公平而再生纠纷。

第五十六条 和解协议原则上应在签订时同步履行，对于无法当场给付或需分期给付的，经双方同意，应当明确给付的时间。

如和解协议约定的给付时间超过案件三个月的办理期限，应当依法中止对案件的审查，待当事人履行完毕后再终结审查。

对当事人迟延履行和解协议的，应当督促当事人及时按协议履行义务。经督促仍不按和解协议履行义务的，可依职权或根据当事人的申请，恢复对案件的审查并依法进行处理。

第七章　检务公开

第五十七条　检务活动应通过官方网站、官方微博、官方微信向社会公开，公开内容包括：

（一）查办和预防职务犯罪工作重大部署，涉案金额500万元以上的或者其他有较大社会影响的职务犯罪案件的办理进展和结果，职务犯罪案件查封、扣押、冻结涉案财物处理结果，危害民生的职务犯罪；

（二）监所检察的职责及驻所检察室的设置，依法可以公开的重大活动，对久押不决、超期羁押问题以及违法或不当减刑、假释、暂予监外执行的监督纠正情况以及其他可以公开的监所检察监督成效；

（三）危害民生的职务犯罪及重大命案、黑社会性质组织犯罪、恐怖犯罪、重大涉枪犯罪、重大黄赌毒犯罪、重大金融诈骗犯罪、重大非法集资犯罪、校园犯罪、危害食品药品安全犯罪、破坏生态环境犯罪、重大安全事故犯罪等危害民生，侵害民利的典型案例；

（四）人民法院所作判决、裁定已生效的刑事案件的起诉书、抗诉书，不起诉决定书，刑事申诉复查决定书，最高人民检察院认为应当发布的其他法律文书；

（五）本院有关规定及规范性文件的背景和内容；

（六）对检察人员实名举报的调查结果。

公开内容不得涉及国家秘密、商业秘密、个人隐私、未成年人犯罪等。

第五十八条　凡侦查监督、公诉、民事行政、刑事申诉和国家赔偿类案件的程序性信息一律在互联网查询系统公开，供案件当事人以及法定代理人、近亲属、辩护人、诉讼代理人查询。

第五十九条　建设互联网控告申诉服务平台，在线接受控告、申诉、举报。

第六十条　不立案、不批捕、不起诉、不抗诉等法律文书应释法说理，并予以答复。

第六十一条　对案件事实、适用法律方面存在较大争议或有较大社会影响，拟作不立案、不起诉以及刑事申诉、国家赔偿、暂予监外执行的案件，应组织公开听证、公开答复。

第六十二条　对有重大社会影响的案件，及时发布权威信息。

第八章　辩护人及诉讼代理人权利保障

第六十三条　在官方网站、官方微博、官方微信、检务公开栏等平台公示电子邮箱、电话号码等信息，为辩护人及诉讼代理人提供便利。

第六十四条　处于侦查阶段的特别重大贿赂案件申请会见的，案件管理部门应在收到申请当日进行初步审核并移送职务犯罪侦查部门；职务犯罪侦查部门应在三日内作出决定；案件管理部门应在收到职务犯罪侦查部门作出的决定当日通知辩护人。

第六十五条　对申请、预约阅卷的，案件管理部门应在当日安排；案件管理部门进行审核后，提供电子阅卷并提供电子案卷材料。

第六十六条　对提交与案件有关材料的，案件管理部门应立即交付办案部门。

附　　则

第六十七条　本规定自公布之日起实施。

图书在版编目（CIP）数据

检察机关柔性司法的理论与实践：以广州市海珠区人民检察院为样本的分析/陈卫东，蔡世葵，陈复军主编．—北京：中国检察出版社，2017.3
ISBN 978－7－5102－1777－7

Ⅰ.①检…　Ⅱ.①陈…　②蔡…　③陈…　Ⅲ.①检察机关－行政执法－研究－广州　Ⅳ.①D926.32

中国版本图书馆 CIP 数据核字（2016）第 265370 号

检察机关柔性司法的理论与实践

——以广州市海珠区人民检察院为样本的分析

陈卫东　蔡世葵　陈复军/主编

出版发行：中国检察出版社
社　　址：北京市石景山区香山南路 111 号（100144）
网　　址：中国检察出版社（www.zgjccbs.com）
编辑电话：（010）68630385
发行电话：（010）88954291　88953175　68686531
　　　　　（010）68650015　68650016
经　　销：新华书店
印　　刷：北京朝阳印刷厂有限责任公司
开　　本：710 mm×960 mm　16 开
印　　张：14.5　插页 4
字　　数：253 千字
版　　次：2017 年 3 月第一版　2017 年 3 月第一次印刷
书　　号：ISBN 978－7－5102－1777－7
定　　价：65.00 元